CAHIERS DU CENTRE JEAN BÉRARD, XIII

# KAULONIA 1

## SONDAGES SUR LA FORTIFICATION NORD (1982-1985)

*Ouvrage financé par la Direction Générale des Relations Culturelles du Ministère des Affaires Etrangères*

# KAULONIA 1

## SONDAGES SUR LA FORTIFICATION NORD (1982-1985)

par
Henri TRÉZINY
Centre Camille-Jullian
(Université de Provence-CNRS)

avec la collaboration de

Philippe COLUMEAU (Centre Camille-Jullian), Marina PIEROBON et Jacques ROUGETET (Centre Jean Bérard) et Christian VAN DER MERSCH (Université Catholique de Louvain-la-Neuve)

*Premessa*
Elena LATTANZI
Soprintendente archeologo della Calabria

*Introduzione generale*
Maria Teresa IANNELLI
Ispettrice archeologica, Direttrice degli scavi di Kaulonia

CAHIERS DU CENTRE JEAN BÉRARD, XIII
Naples, 1989

*Diffusion des publications:*

L'ERMA di Bretschneider
Via Cassiodoro, 19
00193 Roma

R, Habelt
Am Buchenhang, 1
5300 Bonn

Les Belles Lettres
95, bd. Raspail
75006 Paris

# *Premessa*

Dopo la recentissima pubblicazione delle monografie archeologiche relative alle ricerche condotte negli ultimi anni a Locri Epizefiri e a Laos, è per me grato compito presentare un volume di studi che segna anche il ritorno della Soprintendenza Archeologica della Calabria a Kaulonia, a circa un decennio dagli scavi affidati da G. Foti ad E. Tomasello [1].

La ripresa della ricerca archeologica a Kaulonia aveva due obiettivi principali, quello di chiarire la problematica dell'organizzazione urbanistica della colonia, compito affrontato direttamente dalla Soprintendenza con il funzionario archeologo responsabile di quel territorio, M. T. Iannelli, e il secondo, strettamente collegato, di studiare la cronologia dell'impianto delle fortificazioni, affidandone le indagini ad H. Tréziny e collaboratori. Dal 1982, quindi, si affianca alla Soprintendenza, negli scavi effettuati con fondi ministeriali, una équipe scientifica coordinata da H. Tréziny del Centro Camille-Jullian di Aix-en-Provence, con J. Rougetet del Centro Jean Bérard, Chr. Van der Mersch dell'Università di Louvain-la-Neuve e S. Collin Bouffier dell'École Française de Rome, creando le premesse per l'impostazione di un programma di lavoro ampio e interdisciplinare, che, come si vedrà, non ha mancato di dare significativi risultati scientifici. Alle ricerche hanno dato il loro contributo il CNRS, l'École Française de Rome, oltre i già citati Centri Camille-Jullian e Jean Bérard, che qui si ringraziano.

La storia delle ricerche a Kaulonia inizia, come sempre, con Paolo Orsi, cui si deve la localizzazione ed i primi, fondamentali scavi, editi nelle due note monografie dei *Monumenti Antichi dei Lincei* degli anni 1916 e 1924. Dopo una breve sintesi delle ricerche fino al 1985, gli Autori presentano i risultati dei nuovi scavi delle fortificazioni (1982-1985), illustrando le strutture messe in luce, le stratigrafie che hanno permesso la ricostruzione delle vicende edilizie e storiche, i materiali di scavo, comprendenti ceramiche, coroplastica, anfore, monete e fauna. Segue un'ampia discussione dei problemi relativi alle fortificazioni e all'impianto urbanistico di Kaulonia, che non ha pretese di conclusioni definitive, ma solo di una prima messa a punto, in considerazione della complessità dei problemi messi a fuoco.

Il quadro che se ne ricava presenta approfondimenti di problemi ed elementi di novità, come la scoperta, durante lo scavo della Torre D di epoca ellenistica, nella cinta settentrionale, di un tratto delle fortificazioni di età arcaica, fortificazioni che saranno restaurate nel V a.C. e distrutte da Dionisio il Vecchio nel 389 a.C. L'esplorazione della *Neapolis* della seconda metà del IV a.C. ha rivelato che la vita e la prosperità della colonia perdurano nel secolo successivo, come testimonia la nuova organizzazione urbanistica, i contatti con le popolazioni osche dei Brettii, le grandi e

---

[1] Occorre ricordare che anche dopo gli anni settanta e prima della ripresa sistematica delle campagne di scavo negli anni ottanta, si ebbero interventi di scavo, distanziati nel tempo per carenze di uomini e mezzi di cui la Soprintendenza soffriva. Sulle ricerche più recenti della Soprintendenza a Kaulonia si veda IANNELLI-RIZZI 1986, p. 281 ss. (per le abbreviazioni, cfr. p. 1).

sontuose case ellenistiche, come la nota «casa del Drago».

Di grande interesse è soprattutto l'analisi delle anfore, che getta nuova luce sulla cultura materiale di Kaulonia. Il piano programmatico delle prossime ricerche è illustrato da M. T. Iannelli.

In un sito dove permane ancora, quasi intatto, nonostante le immancabili difficoltà dell'azione di tutela, il paesaggio agrario, è stata cura della Soprintendenza seguire ed indirizzare il progetto di parco archeologico che il Comune di Monasterace ha voluto predisporre per accedere ai finanziamenti regionali, fortunatamente sopraggiunti a completare quelli dello Stato. Nel momento in cui si apprende il buon esito del finanziamento, si auspica che il parco possa definitivamente assicurare la salvaguardia e la valorizzazione dell'importante area archeologica. Occorre anche riconoscere che, grazie all'impegno di tutela della Soprintendenza e alla collaborazione dell'Ente locale, il centro antico non ha subito le gravi manomissioni toccate ad altri siti archeologici calabresi.

Fuori del centro, a rispettosa distanza e immerso nel verde degli oliveti, sta anche sorgendo un piccolo museo, divenuto ormai strumento indispensabile per un lavoro di ricerca che richiede una programmazione a lungo termine, museo destinato ad ospitare sul luogo stesso ove sorse Kaulonia la documentazione archeologica restituita dalle campagne di scavo, insieme ai futuri rinvenimenti.

*Elena Lattanzi*

# *Introduzione generale*

## KAULONIA: UN PIANO PROGRAMMATICO DI RICERCA

Gli anni ottanta segnano l'inizio della ricerca programmatica sul sito dell'antica Kaulonia. Dopo circa un decennio dall'intervento di E. Tomasello alle mura di cinta e all'abitato [1], nel 1982, grazie ad una più capillare organizzazione interna, per l'arrivo di nuovo personale tecnico scientifico, la Soprintendenza Archeologica della Calabria riprende l'indagine sul sito dell'attuale Monasterace Marina. Il luogo è ideale per avviare un intervento programmatico di scavo, dopo avere puntualizzato la complessa problematica aperta dall'Orsi con le indagini degli anni 1891, 1912, 1913, 1915, e con la pubblicazione delle due monografie su Kaulonia, I e II memoria nei *Monumenti Antichi dell'Accademia dei Lincei*, rispettivamente nel 1916 e 1924. Era dunque inevitabile, per chi scrive, e a cui era affidato questo territorio, rimeditare, anche alla luce del progredire degli studi sul mondo magno-greco, l'opera dell'Orsi [2], in un'ottica programmatica che tenesse conto sia delle priorità scientifiche che delle necessità pratiche legate ad interventi che si sarebbero protratti nel tempo. Per fortuna, nel caso di Kaulonia, era possibile scegliere i luoghi dell'indagine, senza dovere pensare ad urgenze o necessità di tutela, come spesso accade per la maggior parte dei siti archeologici calabresi, dove i centri moderni insistono su quelli antichi, con grave penalizzazione di quest'ultimi. A Monasterace Marina, invece, anticipando quelli che sono i più moderni principi di tutela, già nel 1957, l'allora Soprintendente Alfonso De Franciscis aveva sottoposto a vincolo archeologico diretto tutto il sito della città antica compreso nel perimetro murario rinvenuto dall'Orsi; in questa lungimirante ottica, il centro urbano dell'antica Kaulonia veniva giustamente considerato come un complesso unitario da salvaguardare; per cui, con un unico Decreto ministeriale, veniva tutelato un vasto territorio compreso tra: le attuali località Castellone a Nord e Corelli a Sud, la linea di costa jonica ad Est, ed il corso del vallone Bernardo (cioè il letto del torrente ormai prosciugato) ad Ovest (cfr. fig. 1, pag. 4). Si tratta di parecchi ettari coltivati soprattutto ad oliveto ed in parte anche a vigneto (cfr. ill. pag. X), che dopo una breve pianura prospiciente il mare, si elevano sui bassi pianori e culminano nelle due collinette della Piazzetta e del Colle A, già ben individuate dall'Orsi [3].

Fino agli anni sessanta, gli unici interventi che potevano avere arrecato danni ai resti antichi e che avevano turbato in qualche modo l'ambiente, erano: la costruzione del Faro di Punta Stilo sull'omonima collina, che risale ai tempi dell'Orsi [4],

---

[1] TOMASELLO 1972 (per le abbreviazioni cfr. pag. 1).

[2] IANNELLI-RIZZI 1986, p. 293.

[3] Per la topografia del sito cfr. IANNELLI-RIZZI 1986, p. 281.

[4] La costruzione del faro di Punta Stilo aveva determinato l'intervento di scavo dell'Orsi, nel 1891. dopo il quale l'Archeologo aveva formulato l'ipotesi di identificazione di Kaulonia con Punta Stilo, ipotesi poi rivelatasi esatta; cfr. P. ORSI, NSA, 1891.

Monasterace: la collina del Faro vista dal colle Piazzetta.

la realizzazione della variante alla S.S. 106 Jonica, con la costruzione di un cavalcavia (cfr. ill. pag. XII) nelle immediate vicinanze del tempio dorico rinvenuto sempre dall'Orsi [5]. Nonostante ciò, sia dal punto di vista archeologico che paesaggistico, la situazione poteva dirsi solo leggermente deteriorata rispetto a quella conosciuta dall'Orsi che più volte nei suoi scritti o anche nei suoi taccuini aveva apprezzato, oltrecché l'interesse archeologico, anche le bellezze naturali di questi luoghi.

L'avvento degli anni settanta segna lo sviluppo edilizio dei centri costieri calabresi; invertendo la tendenza di qualche secolo fa, i luoghi di altura vengono quasi abbandonati e le popolazioni si spostano alle marine che diventano il fulcro della vita economico-sociale della regione. Monasterace Marina, in questi anni, viene popolata dagli abitanti del «paese vecchio», Monasterace Superiore, sviluppatosi intorno ad un castello medievale, che si spostano al mare, e vive il suo boom economico; ciò determina il fiorire dell'edilizia autorizzata, ma anche di quella abusiva [6] che invade con prepotenza gli spazi relativi alla fascia costiera più bassa, posti ai lati della S.S. 106 Jonica, tra la strada ferrata ed il mare; nonostante il vincolo, si costruisce nel tratto compreso tra l'attuale ponticello sul vallone Bernardo, posto immediatamente a Sud della cinta muraria (nelle immediate vicinanze della torre IX scavata dall'Orsi) ed il tempio dorico, ubicato sulla spiaggia (cfr. fig. 2, pag. 6). Qualche costruzione sorge in località Castellone nel cuore della città antica, ma per fortuna rimane isolata. In seguito, e fino a tutt'oggi, a causa dell'azione di tutela esercitata con nuovo vigore da parte della Soprintendenza Archeologica della Calabria, e anche per una certa sensibilità degli amministratori locali, che qui, diversamente che in molti altri Comuni calabresi, sembrano più attenti al fatto archeologico, il fenomeno dell'abusivismo sembra, in qualche modo, arrestarsi. Al momento attuale, il sito dell'antica Kaulonia, anche se per un tratto deturpato ed avvilito dal cemento, rimane per gran parte sgombro da costruzioni e fruibile sia dal punto di vista scientifico che paesaggistico.

La programmazione della ricerca archeologica a Kaulonia partiva da una condizione, per certi versi, ottimale.

L'indagine di Orsi su Kaulonia era stata molto ampia ed onnicomprensiva e le relative pubblicazioni erano state condotte con il solito rigore scientifico, la competenza e l'acume storico che hanno distinto tutta l'immensa opera di chi, come l'Orsi, è stato e rimane l'Archeologo per eccellenza [7]; e nonostante che, nel caso specifico della colonia oggetto del nostro esame, alcune delle tesi elaborate nei suoi scritti siano state sconfessate dai più recenti scavi [8], tuttavia, nel suo complesso, l'opera dell'Orsi su Kaulonia, densa com'è di spunti, problematiche, informazioni preziose, intuizioni geniali, rimane tuttora valida ed è pur sempre il punto di riferimento da cui partire.

L'Archeologo, nella I memoria, aveva iniziato con l'analisi storico-topografica del sito antico, poi aveva esaminato puntualmente: l'impianto della città ed il suo sistema difensivo, il tempio dorico e da ultimo la necropoli; nella II

---

[5] Orsi 1914, coll. 828-906.

[6] Questi anni sono difficili per una Soprintendenza come quella della Calabria che deve controllare un vastissimo territorio solo con qualche funzionario; per cui la situazione sfugge ad ogni tipo di tutela, soprattutto in aree, come quella lungo la S.S. 106 Jonica, dove in effetti l'abitato moderno trova la sua naturale espansione.

[7] Una valutazione storico-archeologica dell'opera dell'Orsi relativamente alle necropoli di Locri, ma che può essere estesa a tutta l'opera dell'Archeologo, è in L. Costamagna, *Paolo Orsi a Locri: le necropoli*, in *Rivista Storica Calabrese*, anno VI, nn. 1-4, Dic.-Gen. 1985, pp. 73-82.

[8] Cfr. H. Tréziny, in *Atti del XXIII convegno di studi sulla Magna Grecia, Taranto 1983*, p. 177-182, ma anche Iannelli-Rizzi 1986.

Monasterace: vicinanze del Tempio dorico, costruzione del cavalcavia lungo la S.S. 106 Jonica.

memoria, aveva riferito su un deposito votivo di terrecotte architettoniche rinvenuto alla Passoliera, attuale Terzinale, e concludeva con il «corpus» delle terrecotte calabresi e lucane. Esamineremo ora, brevemente, l'opera dell'Orsi, seguendo la suddivisione per argomenti suggerita dall'Archeologo, al fine di mettere in evidenza la problematica relativa ai vari settori della città antica, problematica da cui è scaturito il piano d'intervento avviato nel 1982, ed in gran parte attuato con la collaborazione del CNRS francese, Centro Camille Jullian, del Centro Jean Bérard di Napoli, e dell'École Française de Rome [9].

Dal punto di vista storico, la puntuale disamina delle fonti effettuata dal De Sanctis nella prima memoria dell'Orsi [10] mette in evidenza l'esiguità e spesso l'ambiguità delle notizie che vennero tramandate dagli scrittori antichi; qui basti sottolineare l'incertezza della data di deduzione della colonia, che sembra essere stata fondata dagli achei di Crotone.

Punti cardine della storia di Kaulonia, tuttora universalmente accettati, sono: la prosperità della città alla fine del VI e per buona parte del V sec. a.C., testimoniata dalla emissione degli stateri d'argento, la sua distruzione nel 389 da parte di Dionisio il Vecchio, la sua decadenza in età romana, poiché Plinio ne menziona le rovine. Idea diffusa nella monografia dell'Orsi è che la città, soprattutto per ragioni topografiche, «veniva così ad avere una posizione militarmente debole, un hinterland angusto, alpestre e di limitata feracità» [11]. Ed ancora più oltre: «venuti ultimi nella conquista della costa ionica, i kauloniesi dovettero scegliere un terreno che non era il più propizio, militarmente parlando, per l'impianto di una fortezza, ma che aveva un valore tattico, data la sua ubicazione al limitare dei due potenti Stati» [12]. L'Archeologo si riferisce a Locri e Crotone, tra i cui territori Kaulonia fungeva da Stato cuscinetto; a ciò si aggiunga la convinzione che la città costruita dai «neocauloniesi» nel IV sec. a.C., cioè dopo la distruzione dionigiana, era poverissima.

Per quanto riguarda l'impianto difensivo, l'Orsi rinvenne, eseguendo una serie di «trincee a salto», la cinta muraria che circondava la città su tutti e quattro i lati: si trattava di una cortina costruita mediante la cosiddetta «opera a sacco», con due paramenti esterni in ciottoli fluviali, spesso rafforzati agli incroci dei muri con conci di arenaria squadrati, oppure massi posti di taglio; lungo il percorso Ovest e Sud della cinta l'Archeologo scavò undici torri quadrangolari, mentre solo un breve tratto di muro, molto problematico, poté segnare lungo il lato Est, cioè sul fronte a mare della suddetta cinta [13]. Altrove [14] abbiamo evidenziato come, ad un'attenta analisi del tracciato murario fornito dall'Orsi, risultavano strane la mancanza, sul lato Nord, di opere di difesa, necessarie per un tratto della cinta che era molto vulnerabile, e, sempre su questo lato, ma anche su quello Sud, l'assenza di porte o altri accessi alla città. Era evidente dalla lettura dell'opera che le indagini in questi settori della murazione erano state oltrecché frettolose, soprattutto parziali e insufficienti, come del resto anche quelle sul fronte a mare; dopo un recentissimo scavo di Tréziny, aperto nell'88 per indagare la cinta su questo lato, si era dubitato della reale presenza della murazione, visto che l'indagine aveva

---

[9] Alle campagne di scavo hanno collaborato, ognuno per la sua specialità, oltre ad H. Tréziny, anche: Chr. Van der Mersch dell'Università Cattolica di Louvain, J. Rougetet del Centro J. Bérard di Napoli, S. Collin Bouffier dell'École Française de Rome; S. Pisapia, R. Agostino, M. G. Fortino, A. Rotella.

[10] G. DE SANCTIS, *Caulonia nelle fonti classiche*, in *MonAL*, 33, 1916.

[11] ORSI 1914, col 701.

[12] ORSI 1914, col. 770.

[13] IANNELLI-RIZZI 1986, p. 289.

[14] IANNELLI 1985, p. 38.

individuato alcuni edifici di incerta natura, ma non il muro di cinta che ci si sarebbe aspettato; invece una successiva campagna di prospezioni, eseguita dalla Cooperativa Lerici, sempre lungo questo tratto, ha effettivamente individuato la presenza della cortina muraria almeno fino al tempio dorico, e sotto il cordone dunario più arretrato, laddove era stata scavata negli anni settanta da E. Tomasello. Si tratterà ora di comprendere la relazione esistente tra gli edifici rinvenuti dal Tréziny, cui si accennava prima, e la cortina muraria stessa. Sempre in relazione a quest'ultima, sul lato Nord, l'Orsi aveva segnato a tratteggio l'andamento del tratto compreso tra la ferrovia ed il mare (cfr. fig. 1, pag. 4); l'indagine effettuata in questa zona che corrisponde alla località San Marco, iniziata dal Tréziny e continuata da chi scrive con la collaborazione di S. Collin Bouffier, ha evidenziato l'assenza della cortina muraria per il rinvenimento di edifici abitativi molto interessanti e soprattutto molto ben conservati; si deve ipotizzare, pertanto, che il tratto murario indicato dall'Orsi corresse più a Nord. Infine l'anno scorso si ebbe l'occasione, in un certo senso attesa, di effettuare un'indagine lungo il tratto Sud della murazione, dove già si era programmato di intervenire; a causa di lavori comunali lungo la S.S. 106 Ionica, in una piccola area sita tra la ferrovia e la suddetta strada, risparmiata miracolosamente all'edificazione, fu iniziato uno scavo che evidenziò la presenza della cortina muraria in prossimità di una probabile porta di accesso alla città in corrispondenza della *plateia* pI di circa 13 m. individuata in precedenza [15]. Allo stato attuale della ricerca, molto problematici, e sicuramente oggetto di successive indagini, sono: il tratto murario vicino al cimitero, che dovrebbe racchiudere la Neapolis meridionale, quello che circonda il pianoro della Piazzetta lungo il lato Est, e quello che da qui scende fino «al ciglione della duna a mare», che delimita la Neapolis meridionale. Veniamo ora all'impianto urbano; dopo le indagini effettuate in alcuni settori della città antica, l'Orsi ne ipotizzò il nucleo più antico sui colli Piazzetta e Faro e i successivi ampliamenti realizzati nei quartieri da lui chiamati Neapolis meridionale ed occidentale; nonostante i pochi dati che aveva a disposizione, l'Archeologo intuì un impianto regolare basato su assi perpendicolari, impianto che fu confermato dalle successive indagini anche recenti [16]. In effetti, gli interventi eseguiti nel corso degli anni ottanta sono stati finalizzati, oltrecché alla problematica della cinta muraria, soprattutto alla conoscenza dell'urbanistica cauloniate, i cui risultati sono stati a suo tempo pubblicati e su cui non ci sembra il caso di dilungarci; in questa sede è, invece, opportuno individuare e puntualizzare meglio la problematica, sempre relativa all'impianto urbano, non ancora affrontata e per la quale è necessario programmare gli interventi futuri.

Poiché, al momento, nonostante tutte le incertezze, i dubbi, le ipotesi non verificate fino in fondo, tutto sommato, abbiamo raccolto parecchie informazioni sull'impianto urbano posteriore al 389 a.C., sarebbe il caso di finalizzare le indagini alla comprensione dell'organizzazione urbana in età precedente; a questo fine sarebbe utile meglio individuare la problematica relativa a questo periodo, alla quale si è già accennato nel nostro lavoro su Kaulonia: indagini ed ipotesi sull'impianto urbano di età ellenistica alla luce delle più recenti campagne di scavo. In quella sede si era già notato, a proposito degli scarsi resti rinvenuti in vari settori della città, come l'orientamento delle strutture fosse diverso procedendo da Nord (Tempio, casa del Drago, case Tomasello) a Sud (Insula II di Orsi, scavo proprietà Gazzera); sulla base di questa considerazione e del fatto che nel settore Nord della città detto orientamento è

[15] IANNELLI-RIZZI 1986, *passim* e tav. 1.
[16] ORSI 1914, coll. 823-825.

fortemente ruotato rispetto all'impianto ellenistico, ed ancora, considerando che lo scavo in località S. Marco cui si è accennato prima potrebbe essere proficuo di dati relativamente al nostro problema, sembra ragionevole dare priorità all'indagine di questa zona il cui scavo è iniziato nell'88. In quest'ottica forse sarebbe utile aprire un'altra area di scavo immediatamente a Nord della gradinata del tempio dorico, dove in passato, per conto della Soprintendenza Archeologica della Calabria, era stato eseguito un breve scavo [17] che aveva rinvenuto, oltre ad alcune strutture al momento non ben chiare [18], anche materiali mobili di rilievo; quest'ultimo intervento permetterebbe forse di chiarire meglio il rapporto tra tempio-abitato arcaico / tempio-abitato ellenistico.

Una successiva fase della ricerca potrebbe prendere in considerazione la problematica relativa alle necropoli e alle aree sacre *extra moenia*. È probabile che i tempi per queste ultime indagini non siano nemmeno molto dilazionati, visto il recente finanziamento con fondi regionali del parco Archeologico dell'Antica Kaulonia, su progetto presentato dal Comune in collaborazione con la Soprintendenza Archeologica della Calabria. Oltre all'indagine sul terreno, si è cercato di programmare anche lo studio storico-archeologico del sito, per cui è in fase di realizzazione il programma di studio che porterà alla pubblicazione degli interventi inediti effettuati sul sito dopo l'Orsi.

*Maria Teresa Iannelli*

---

[17] G. FOTI, in *Atti del III convegno di Studi sulla Magna Grecia, Taranto 1963*, p. 176.

[18] Per un tentativo d'interpretazione cfr. IANNELLI-RIZZI 1986, pp. 292, 294.

## *Principales abréviations:*

| | |
|---|---|
| Adam 1981 | J.-P. Adam, *L'architecture militaire grecque*, Paris, 1981. |
| *Agora IV* | R. H. Howland, *Greek Lamps and their survivals*, *The Athenian Agora*, vol. IV, Princeton, 1958. |
| *Agora XII* | B. A. Sparkes et L. Talcott, *Black and plain pottery*, *id*, vol. XII, Princeton, 1970. |
| *Céramiques de Grèce de l'Est* | *Les céramiques de la Grèce de l'Est et leur diffusion en Occident*, Actes du colloque de Naples, 1976, Centre Jean Bérard-Editions CNRS, 1978. |
| *Fortification* | *La fortification dans l'histoire du monde grec*, Actes du colloque international CNRS de Valbonne, décembre 1982, édités par P. Leriche et H. Tréziny, Paris, 1986. |
| Garlan 1974 | Y. Garlan, *Recherches de poliorcétique grecque*, BEFAR, n° 223. |
| Iannelli 1985 | M. T. Iannelli, *Kaulonia e l'organizzazione urbana ellenica*, dans P. Spada (éd.), *Roccella - Storia degli insediamenti ed evoluzione urbanistica*, Roccella Ionica. |
| Iannelli-Rizzi 1986 | M. T. Iannelli et S. Rizzi, *Kaulonia: indagini ed ipotesi sull'impianto urbano di età ellenistica alla luce delle più recenti campagne di scavo*, dans *Rivista Storica Calabrese*, 6, p. 281-316. |
| Koehler 1979 | C. G. Koehler, *Corinthian A and B Transport Amphoras*, Ph. D. Dissertation. |
| Koehler 1981 | Ead., *Corinthian Developments in the Study of Trade in the Fifth Century*, dans *Hesperia*, 50, p. 449-458. |
| Lawrence 1979 | A. W. Lawrence, *Greek Aims in Fortification*, Oxford. |
| Lejeune 1970 | M. Lejeune, *Phonologie osque et graphie grecque*, dans *REA*, p. 271-316. |
| Lejeune 1971 | *Id.*, *Inscriptions de Rossano di Vaglio*, dans *MAL* 16, 2, p. 47-83. |
| Lejeune 1975 | *Id.*, *Inscriptions de Rossano di Vaglio 1973-1974*, dans *RAL*, 1975, p. 319-339. |
| Lejeune 1976 | *Id.*, *L'anthroponymie osque*, Paris. |
| *Locri I* | Auteurs variés, *Locri Epizephyri* I, Florence, 1978. |
| *Locri Epizefiri* | *Locri Epizefiri. Ricerche Archeologiche su un abitato della Magna Grecia*, cat. exposition, Locres, 1983. |
| Martin 1964 | R. Martin, *Manuel d'architecture grecque*, I, Paris. |

*Meligunìs-Lipára 2* — L. BERNABÒ BREA et M. CAVALIER, *Meligunìs-Lipára. 2. La necropoli greca e romana nella contrada Diana*, Palerme, 1965.

MOREL 1981 — J.-P. MOREL, *La céramique campanienne. Les formes*, BEFAR, n° 244.

ORSI 1914 — P. ORSI, *Caulonia, campagne archeologiche del 1912, 1913 e 1915*, dans *MonAL*, 23, 1914 [*sic*], col. 685-944.

SÄFLUND 1935 — G. SÄFLUND, *The dating of ancient fortifications in Southern Italy and Greece with a special reference to Hipponium*, dans *Op.Arch.* 1 = *AIRRS* in-4°, 4, p. 87-119.

SCHMIEDT-CHEVALLIER 1959 — G. SCHMIEDT et R. CHEVALLIER, *Caulonia e Metaponto*, dans *L'Universo*, p. 1-22 (Caulonia).

*Tarente 1961* — *Atti del I° Convegno di Studi sulla Magna Grecia, Tarente 1961*, Naples 1962, etc.

*Tolve* — G. TOCCO *et al.*, *Testimonianze archeologiche nel territorio di Tolve*, cat. d'exposition, 1982.

TOMASELLO 1972 — E. TOMASELLO, *Monasterace Marina. Scavi presso il tempio dorico di Punta Stilo*, dans *NSA*, 1971, p. 561-643.

VAN DER MERSCH 1985 — CHR. VAN DER MERSCH, *Monnaies et amphores commerciales d'Hipponion*, dans *PP*, 221, p. 110-145.

VAN DER MERSCH 1986 — ID., *Productions magno-grecques et siciliotes du IVe s. av. J.-C.*, dans *Recherches sur les amphores grecques*, *BCH* Suppl. XIII, p. 567-580.

WINTER 1971 — F. E. WINTER, *Greek Fortifications*, Londres.


Les abréviations des revues sont celles de *L'Année Philologique*.

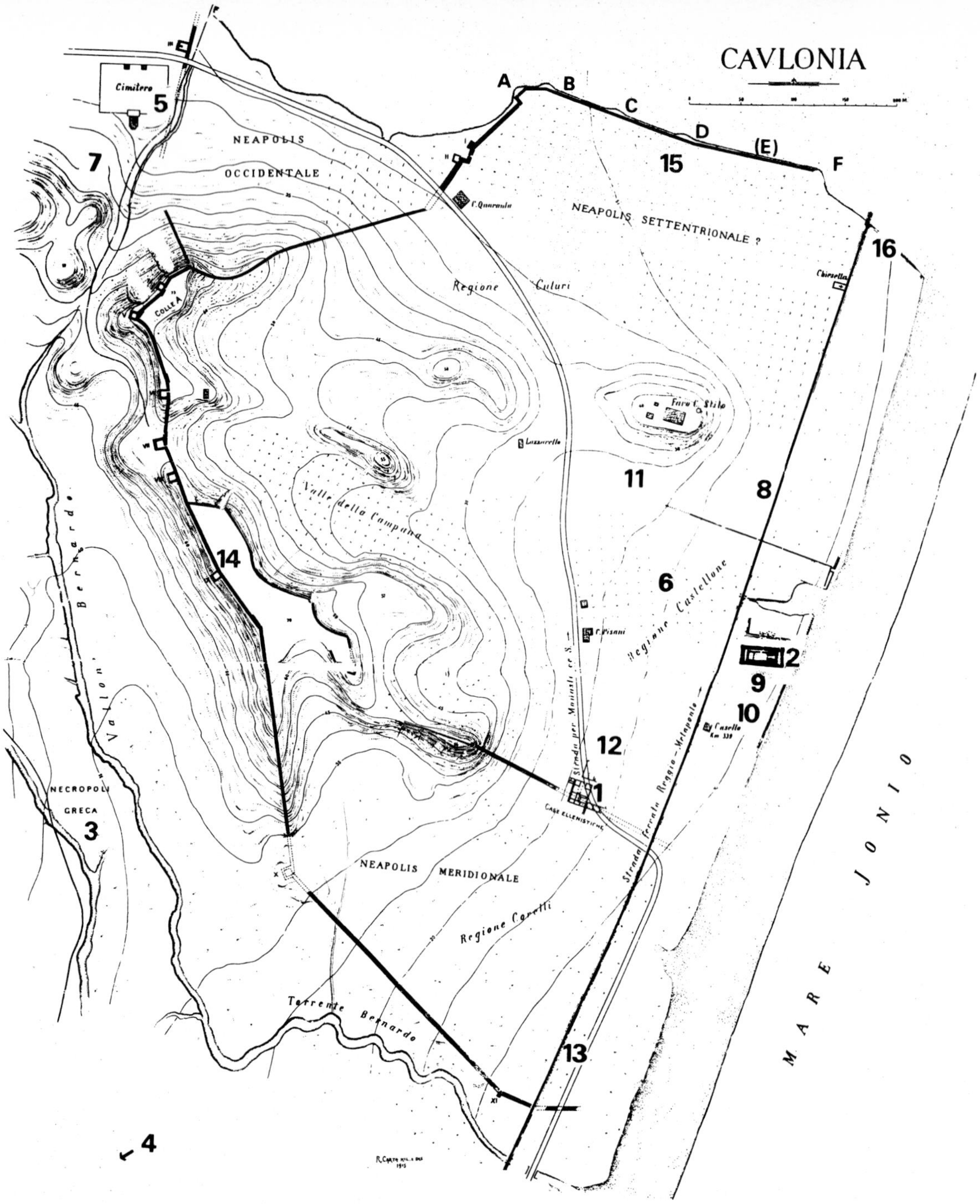


Fig. 1. Plan général de Kaulonia (d'après ORSI 1914, pl. I) : 1 à 5, fouilles P. Orsi (1912-1923); 6 à 9, trouvailles diverses (1950-1969); 10-11, fouilles E. Tomasello (1970-1971); 12 à 16, fouilles récentes et en cours (1978-1986).

# 1. INTRODUCTION

## 1.1. LES FOUILLES DE KAULONIA* (fig. 1)

C'est à Paolo Orsi que l'on doit la découverte du site de Kaulonia autour de la colline du phare de Punta Stilo, à proximité de l'habitat moderne de Monasterace Marina [1]. Entre 1912 et 1915, Orsi dégagea une bonne partie de la fortification, quelques îlots d'habitation hellénistiques (fig. 1,1), le temple du V$^{e}$ siècle (fig. 1,2), la nécropole du Vallone Bernardo, au sud-ouest de la ville (fig. 1,3) [2]. En 1923, il publie les terre scuites architecturales de la colline de la Passoliera (fig. 1,4), ainsi que quelques notices sur des trouvailles fortuites dans l'habitat et la nécropole nord-ouest (fig. 1,5) [3]. Par la suite, Kaulonia fera l'objet de nombreuses discussions ou mises au point [4], mais il faut attendre la fin des années cinquante pour trouver quelques notices archéologiques sur des trouvailles sporadiques [5].

En 1959 paraît l'important article de G. Schmiedt et R. Chevallier, *Caulonia e Metaponto*, où les données des fouilles de P. Orsi sont réexaminées à partir des photographies aériennes. Ce travail qui fut pour Métaponte le point de départ des recherches de D. Adamesteanu, a été peu utilisé pour Kaulonia. En 1962, dans les Actes du Deuxième Congrès de Tarente, D. Adamesteanu publie une autre photographie aérienne de Kaulonia, assortie d'hypothèses sur la voirie côtière [6].

Des fouilles importantes des années soixante, on n'a malheureusement aucune publication, même sommaire: au sud-est de la colline du phare, habitat hellénistique de la «Casa del Drago» (fig. 1,8), décoré de mosaïques dont le plus beau panneau est actuellement au Musée National de Reggio [7]; au sud du temple, sondages Chiartano (fig. 1,9), très mal documentés [8]. En 1970 et 1971, une fouille d'urgence au sud du temple (fig. 1,10), mettant au jour une porte dans la muraille et des structu-

---

* On emploiera systématiquement la graphie Kaulonia (en abrégé KL) pour désigner le site antique sur la commune de Monasterace Marina, afin d'éviter les confusions avec les localités modernes de Caulonia (anciennement Castelvetere) et Caulonia Marina, situées une vingtaine de kilomètres plus au sud, et qui font également l'objet de recherches archéologiques.

[1] L'identification du site a donné lieu à de nombreuses polémiques: cf. P. ORSI, *NSA*, 1891, p. 61 sqq; ORSI 1914, col. 703-705. Bibliographie complète dans IANNELLI 1985, p. 28-29.

[2] ORSI 1914, col. 706-778 (fortification); 778-827 (habitat); 828-906 (temple); 906-941 (nécropole).

[3] P. ORSI, *Caulonia. II Memoria*, dans *MonAL* 29, 1923, col. 409-490.

[4] SÄFLUND 1935 (fortifications); *Id.*, dans *OpArch* 2 = *AIRRS* in 4°, 5, 1939 [1941], p. 80-82 (temple du V$^{e}$ s.) et *infra*, notes 11 à 15.

[5] A. DE FRANCISCIS, *NSA*, 1957, p. 184-185 (*arulæ*, loc. Castellone, fig. 1,6?); *ibid.*, p. 186-187 (*sima* archaïque, loc. Garretto, fig. 1,7); *Id.*, *NSA*, 1960, p. 416-418 (tuiles timbrées, Piazzetta, fig. 1,14).

[6] D. ADAMESTEANU, *Le fotografie aeree e le vie della Magna Grecia*, dans *Vie di Magna Grecia, Tarente 1962* [1963], p. 54-55 et fig. 8.

[7] Le relevé au 1/50 de la Casa del Drago a été réalisé en 1984 pour le compte de la Surintendance par J. Rougetet (Centre Jean Bérard); *infra*, fig. 73.

[8] Un plan des sondages Chiartano est publié par TOMASELLO 1972, p. 562, fig. 1.

Fig. 2. Vue aérienne de Kaulonia.

res diverses, a été aussitôt publiée [9]; et des sondages pratiqués au sud de la colline du phare (fig. 1,11) ont découvert un nouvel îlot d'habitation qui a fait l'objet d'une présentation rapide [10]. D'autres fouilles d'urgence, encore inédites, ont eu lieu depuis dans l'habitat: propriété Gazzera (fig. 1,12), propriété Guarnaccia (fig. 1,13).

## 1.2. La fortification

Lorsqu'Orsi publia en 1915 les fortifications de Kaulonia, il disposait d'une documentation réduite: on ne connaissait en Occident que les fortifications (depuis toujours visibles) de Syracuse et de Pæstum, ou des murailles récemment fouillées (Sélinonte), parfois par Orsi lui-même (Mégara Hyblæa, Reggio, Locres). Ces fortifications, comme leurs homologues de Grèce propre, étaient fort mal datées (elles le sont encore souvent...). Observant qu'un secteur de la muraille était recouvert par un habitat d'époque hellénistique, Orsi eut donc tendance à dater trop haut l'ensemble de la fortification, qu'il situait à l'époque archaïque. Or les murs de Kaulonia, par l'ampleur et le nombre des tours, l'emploi du mortier de chaux et quantité de détails techniques revêtaient une grande importance pour l'histoire des fortifications grecques.

L'article de G. Säflund sur Hipponion était une mise au point nécessaire, qui amenait l'auteur à proposer pour Kaulonia une date à l'époque hellénistique. Son argumentation a été dans l'ensemble acceptée depuis, notamment par Lugli [11], qui aurait même volontiers abaissé encore la datation, par M. E. Blake [12], G. Schmiedt et R. Chevallier [13], Winter [14], Lawrence [15].

En 1972, E. Tomasello, à la suite de la fouille d'un mur appartenant probablement à l'enceinte (et sur lequel on reviendra dans le ch. 5), contesta les conclusions de Säflund et de Lugli «almeno per il tratto di fortificazione da noi scavato» [16].

La restriction s'imposait: la fortification fouillée par Orsi n'est pas unitaire. Les principaux secteurs publiés, au nord et à l'ouest du site, sont indubitablement de facture hellénistique; mais d'autres tronçons en bordure de mer, très proches techniquement de celui qu'a étudié E. Tomasello, ont un aspect très différent et pourraient être plus anciens.

## 1.3. Les sondages 1982-1985

À partir de 1981, la Surintendance de Calabre a repris des programmes de recherche dans la région de Kaulonia, sur une villa romaine au sud de la ville [17], dans le territoire [18] et dans l'habitat lui-même: sondages dans l'habitat hellénistique de la Piazzetta (fig. 1,14) en 1983; extension des

---

[9] Tomasello 1972, p. 561-591 (campagne 1970) et 591-637 (campagne 1971).

[10] *Ibid.*, p. 637-643.

[11] G. Lugli, *La Tecnica Edilizia Romana*, Rome, 1957, p. 290.

[12] M. E. Blake, *Ancient Construction in Italy from the Prehistoric period to Augustus*, Washington, 1947, p. 90-91.

[13] Schmiedt-Chevallier 1959, p. 22, considèrent comme acceptables les commentaires de Lugli, mais nuancent fortement leurs conclusions.

[14] Winter 1971, p. 95 et n. 69; p. 148 n. 75.

[15] Lawrence 1978, p. 209, 341, 365, 458.

[16] Tomasello 1972, p. 631.

[17] P. Orsi, *NSA*, 1891, p. 69; *Tarente 1981*, p. 231; *Tarente 1982*, p. 557; *Tarente 1983*, p. 572.

[18] Contrada Ieritano (commune de Camini): *Tarente 1971*, p. 457-461; Iannelli 1985, p. 48-50. Torre Camillari (Caulonia Marina): Iannelli 1985, p. 51.

Fig. 3. Le rempart nord, vu en direction de l'est.

fouilles de E. Tomasello au sud et au sud-est du phare en 1984 et 1985 (fig. 1,11 et 8).

En 1982, considérant que la fortification publiée par Orsi, probablement hellénistique, avait dû succéder à une (ou plusieurs) phase(s) antérieure(s), nous avons proposé à la Surintendance de pratiquer quelques sondages sur la fortification nord, peu étudiée par Orsi. Diverses anomalies attiraient l'attention. Au nord de la grande porte fortifiée fouillée par Orsi se trouve un grand bastion d'angle, que nous appellerons désormais A, percé de deux poternes et soutenu par une terrasse curviligne. Un tel dispositif donnait l'impression d'une superposition de monuments pouvant appartenir à des phases différentes. Or l'examen des photographies aériennes et du plan de R. Carta montrait l'existence sur tout le front nord d'une succession régulière de saillies curvilignes analogues à celles du «bastion» A (fig. 1, B, C, D, F). L'espacement moyen entre B et C, C et D est de 75 m environ; entre D et F, 150 m, d'où la restitution d'une saillie intermédiaire (E).

Pour des raisons pratiques, on a choisi d'intervenir sur le point D (on dira plus avant la tour D), où l'on peut remarquer sur le plan un léger infléchissement de la fortification nord. Quatre campagnes de fouilles ont eu lieu entre les mois d'octobre 1982 et juin 1985, sous la responsabilité de H. Tréziny, et avec la collaboration à partir de 1983 de Chr. Van Der Mersch [19].

## 1.4. Présentation

Ce fascicule concerne les sondages sur la tour D et ses abords immédiats, à l'exclusion des recherches menées dans l'habitat par M. T. Iannelli, qui feront l'objet d'une autre publication.

La publication de la fouille proprement dite occupe les chapitres 2 à 4 (structures, stratigraphies, matériels), tandis que les chapitres 5 et 6 proposent des réflexions plus générales sur la fortification et l'urbanisme de Kaulonia.

C'est pour nous un grand plaisir de remercier le Surintendant, Dott.ssa Elena Lattanzi, qui a immédiatement accepté ce projet de travail sur les fortifications de Kaulonia, et nous a donné les moyens de le réaliser. Par ses conseils, et par ses visites sur le chantier, elle a bien voulu témoigner de l'intérêt qu'elle portait à la recherche.

La Dott.ssa M.T. Iannelli, responsable du site de Kaulonia, a bien voulu nous associer à ses travaux: ce texte lui doit beaucoup, et les recherches qu'elle a menées contemporainement sur le plan d'urbanisme ont fortement contribué à notre réflexion commune. Qu'elle trouve ici l'expression de notre amicale gratitude.

La fouille, entièrement financée par la Surintendance, s'est faite avec les ouvriers de l'entreprise Leotta de Monasterace et grâce à l'appui constant du contremaître Bova, que nous remercions. Nous avons aussi bénéficié sur le terrain de la collaboration des gardiens de la Surintendance, ainsi que des employés de la coopérative «Kaulon», qui ont travaillé avec nous depuis 1984, et des dessinateurs de la Surintendance (R. Niccolò, G. Pileggi, N. Romeo), dont l'appui a été souvent précieux.

---

[19] Une présentation rapide des premiers sondages a été faite par H. Tréziny, *Tarente 1983*, p. 177-182 et par Iannelli 1985, p. 32-39; voir aussi la chronique des fouilles de l'École Française de Rome, dans *MEFRA* 96, 1984, p. 550-551; 97, 1985, p. 572; 98, 1986, p. 419; 99, 1987, p. 525, et H. Tréziny, *Kaulonia (Calabre): urbanisme et fortifications à la lumière des fouilles récentes*, dans *RA*, 1988, p. 205-212.

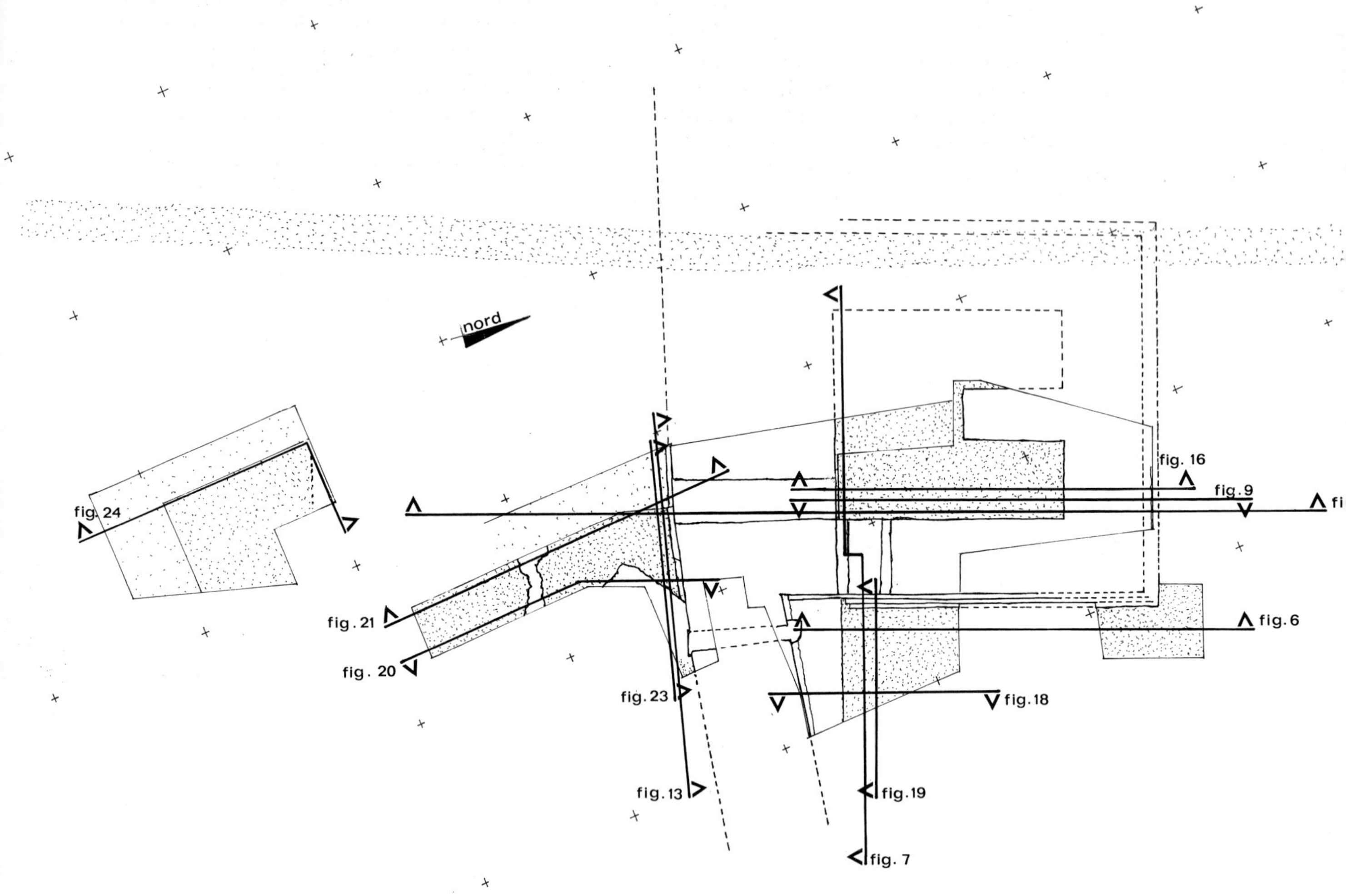


Fig. 4. Tour D. Schéma de répartition des élévations et des coupes stratigraphiques, éch. 1:200.

Plusieurs organismes français ont également contribué au financement et au bon déroulement des travaux: le C.N.R.S. (Direction des Relations et de la Coopération Internationale), l'École Française de Rome (G. Vallet, puis Ch. Pietri, Directeurs, M. Gras, puis M. Lenoir, Directeurs des Études), le Centre Camille-Jullian, et bien entendu le Centre Jean Bérard (G. Vallet, M. Cébeillac-Gervasoni, O. de Cazanove) qui accueille en outre cette publication dans ses *Cahiers*. Que tous soient ici chaleureusement remerciés.

On a implanté sur le site un carroyage général délimitant des carrés de 5 m de côté. Chaque objet est désigné de la façon suivante: KL 83 (année de fouille) QV643 (n° du sondage) 3 (unité stratigraphique) 1 (n° individuel du fragment inventorié), ou, en abrégé 643.3.1. Dans la pratique, les fragments publiés seront désignés par un numéro de catalogue, dont la correspondance avec les numéros d'inventaire est donnée en annexe.

Le chapitre sur les amphores (4.9.) a été rédigé par Chr. Van der Mersch, celui sur la faune (4.12.) par Ph. Columeau, avec une note de J. Desse et N. Desse-Berset, que nous remercions de leur collaboration.

Les plans et relevés sont de J. Rougetet, les dessins de céramique de M. Pierobon, les photographies de G. Imparato (Centre Jean Bérard).

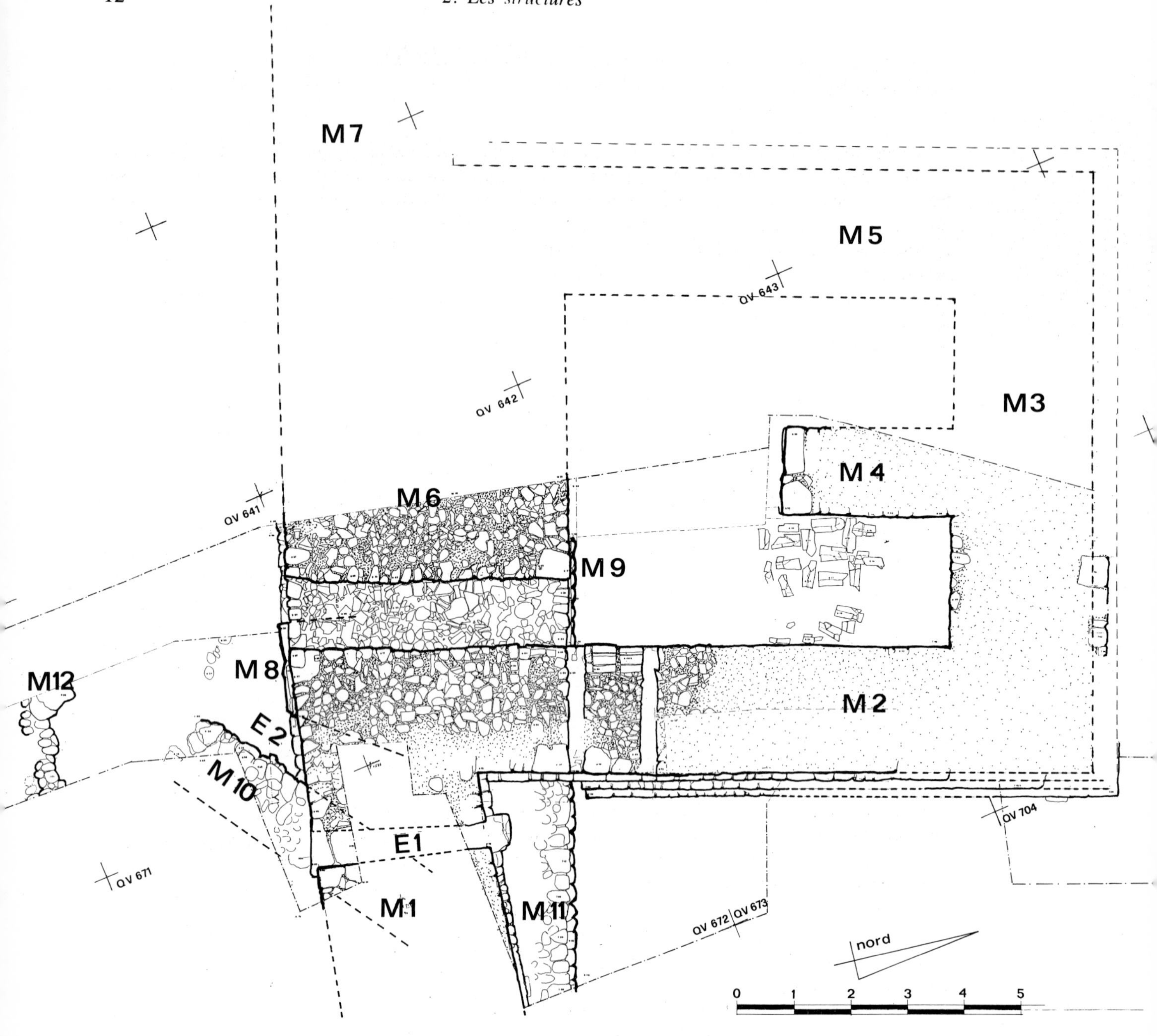


Fig. 5. Plan de la tour D, éch. 1:100.

# 2. LES STRUCTURES

Une fois dégagée la végétation de ronces et de vigne sauvage, le point du talus choisi pour l'implantation des sondages se présentait comme une terrasse débordant en arc de cercle le rebord du plateau. Sous une faible couche d'humus apparaissait une couche compacte de galets de rivière recouvrant toute la pente et se terminant en arc de cercle, à la façon d'un mur. Le parallèle avec les dessins publiés par Orsi pour le bastion A [1] était frappant. À la fouille cependant, il apparut vite que cette «structure» n'était qu'un éboulis, et non pas, comme le croyait Orsi, une «scarpata». Il se peut que cet éboulis ne provienne pas directement de l'effondrement des structures antiques, mais plutôt du lent travail d'épierrage des champs en amont; cependant, tout le matériel trouvé dans ces niveaux superficiels est antique.

Les structures antiques retrouvées dans les sondages 1982-1985 se répartissent en trois niveaux archéologiques principaux. Le premier niveau, évidemment le mieux conservé, correspond à la fortification publiée par Orsi. Il se compose ici d'une courtine (murs M1 et M6, d'est en ouest) et d'une tour rectangulaire D (M2, 3 et 4). Les murs M5 et M7, restitués, n'ont pas été fouillés: la partie ouest de la tour avait en effet été traversée dans les années cinquante par la tranchée de pose d'une canalisation d'eau potable. Sans préjuger de leur date exacte, qui sera discutée plus loin, nous appellerons ces structures «hellénistiques».

Au-dessous du parement interne de la muraille hellénistique se trouve une phase plus ancienne, dite «classique», composée des murs M8 et M10. Plus bas encore, sous le parement externe de la fortification hellénistique, apparaît une phase «archaïque» (murs M9 et M11), à laquelle appartient aussi plus à l'intérieur le mur M12, qui entretient avec la fortification des liens complexes.

## 2.1. Les structures hellénistiques

La courtine M1, large de 3,10 m contre la tour D, a une structure extrêmement originale (fig. 7 et fig. 8). La fondation (cote moyenne 7,84 / 7,90 m) est entièrement en galets de rivière, sans mortier et sans emploi de tuiles ou autres calages. Au-dessus de ces assises et en retrait de 15 à 20 cm, commence l'élévation proprement dite, formée contre la tour de blocs de moyenne dimension, grossièrement taillés, séparés par des calages: éclats de pierre et plaques de schiste gris-vert à noir. Une dalle plus importante, débordant de 40 cm, constitue le débouché d'un égout. Le même appareil se retrouve à l'est de l'égout sur une cinquantaine de centimètres seulement. Plus à l'est, la fondation est surmontée d'une assise de réglage en blocs bien taillés sur leur parement externe, et surtout sur leur lit d'attente qui forme un plan parfaitement horizontal (cote 8,78 m) et supporte une élévation en tuiles plates. Malheureusement, la présence d'un olivier sur le mur n'a pas permis de vérifier si cette structure s'étendait à toute la largeur de la courtine.

---

[1] Orsi 1914, pl. II.

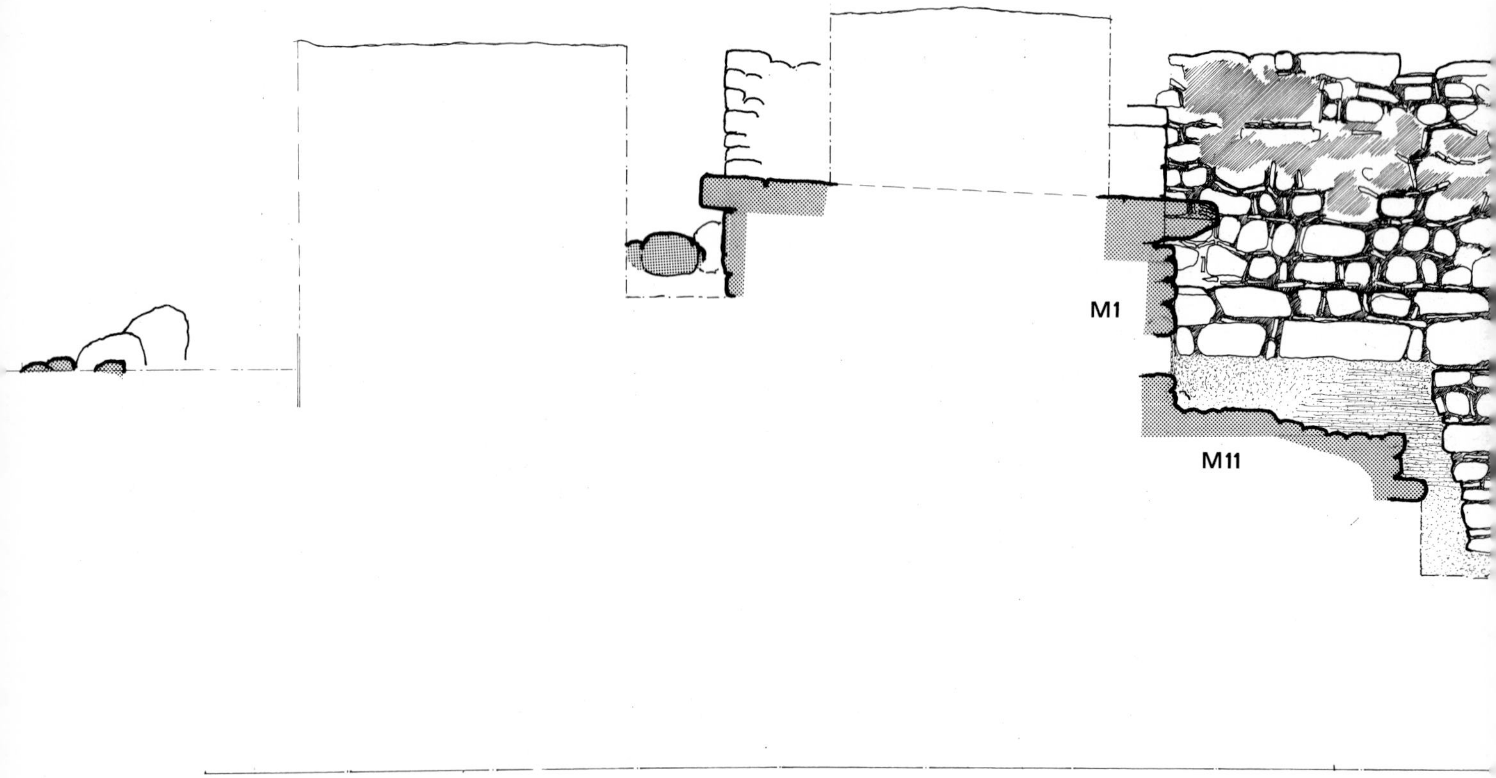


Fig. 6. Elévation est du mur M2, éch. 1:50.

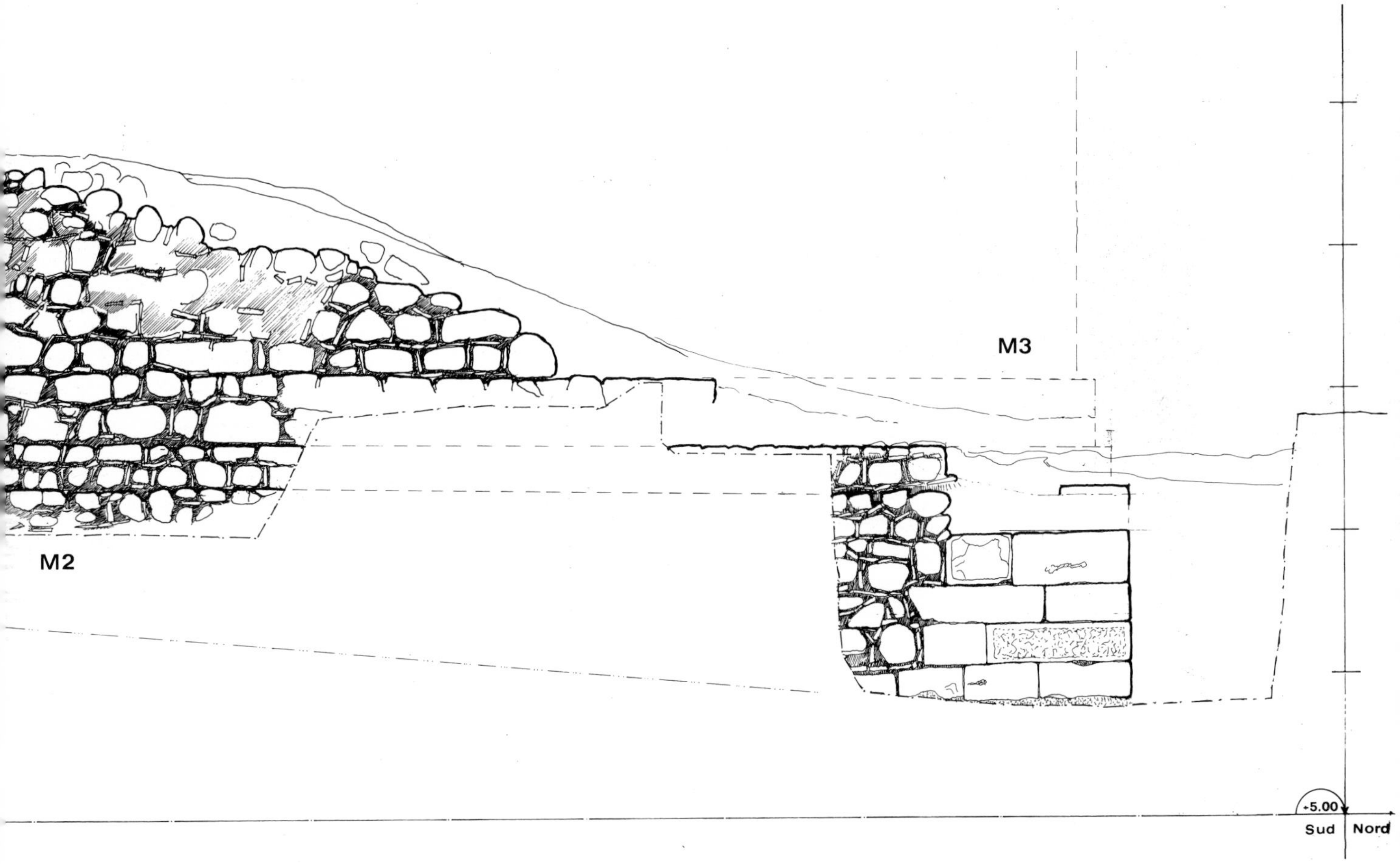
M3
M2
+5.00
Sud
Nord

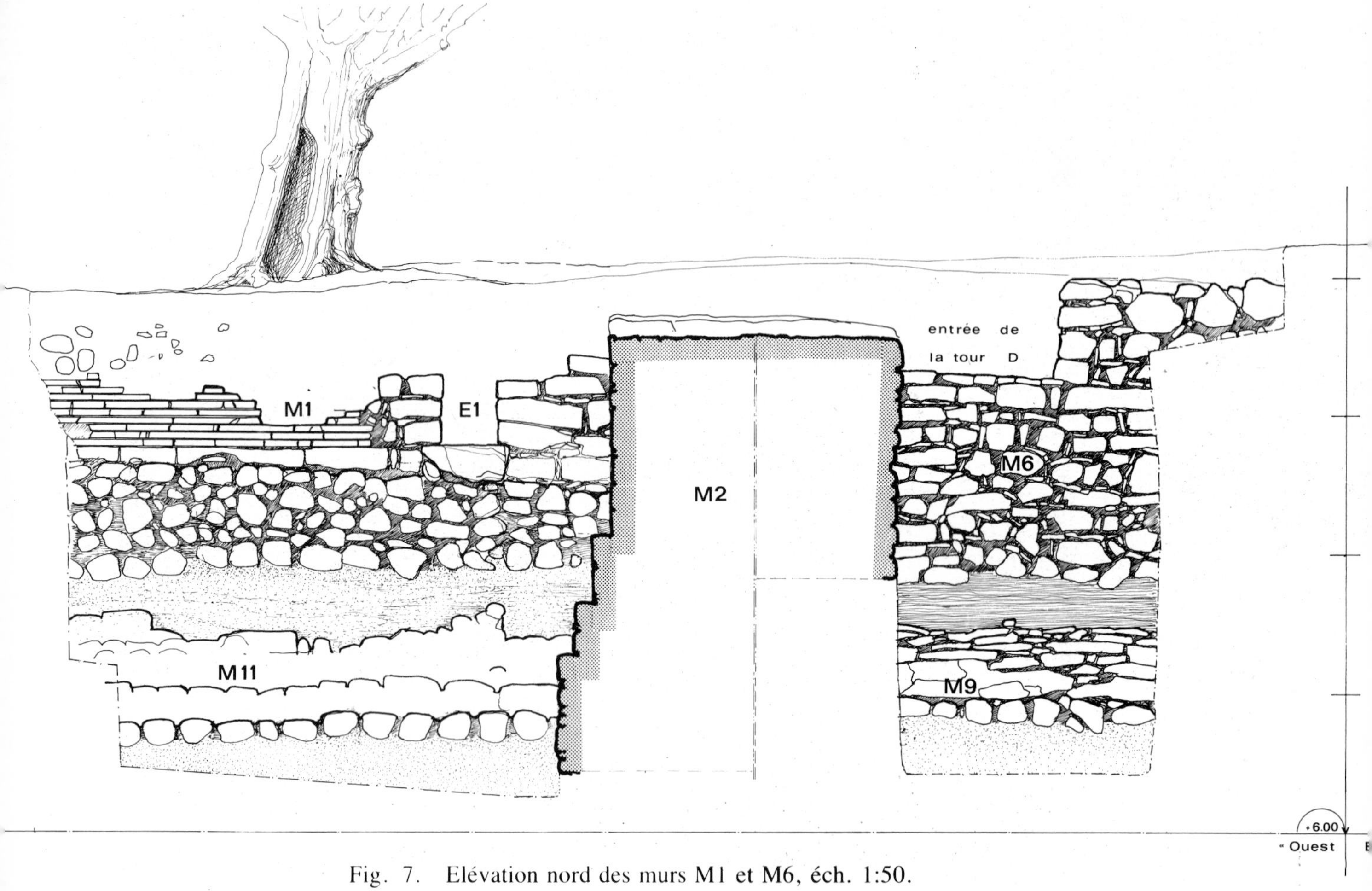


Fig. 7. Elévation nord des murs M1 et M6, éch. 1:50.

Fig. 8. Sondage QV 672: niveaux hellénistiques et murs M1 et M2 vus du nord.

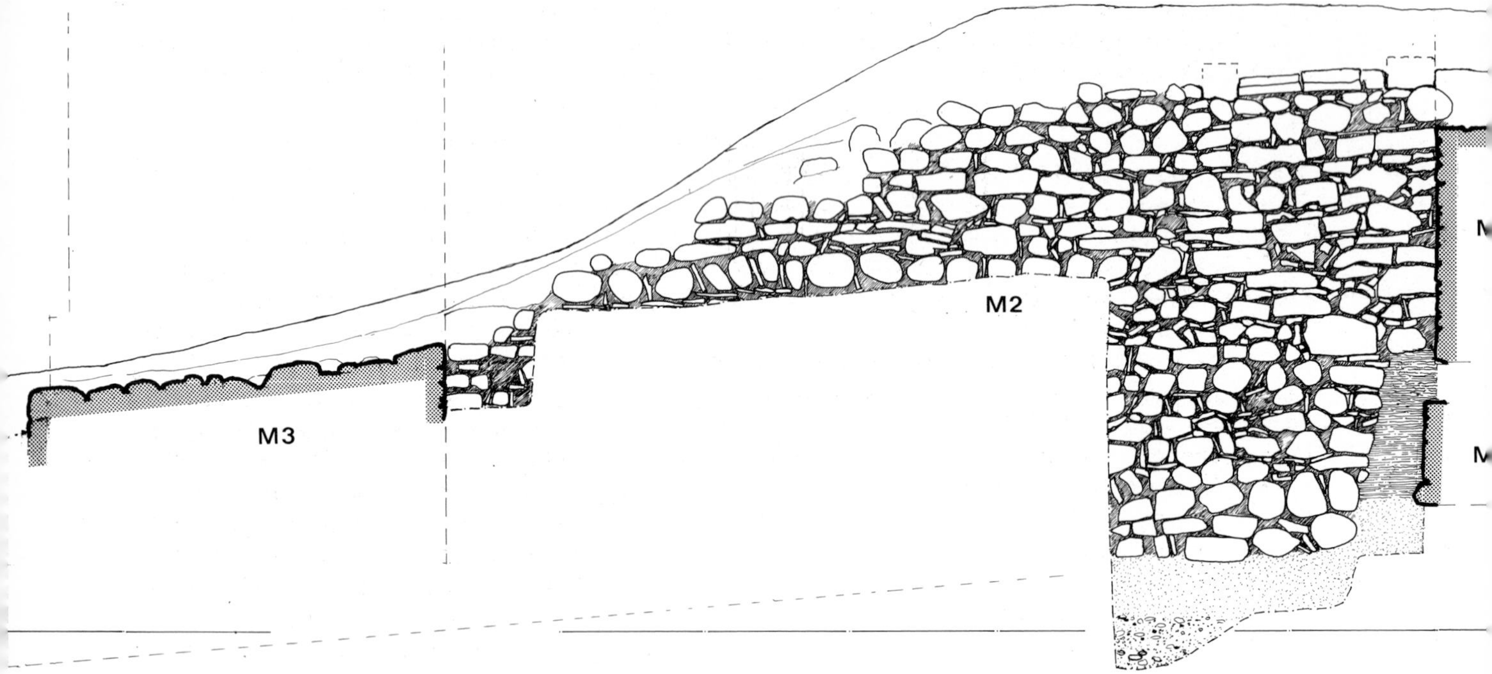


Fig. 9. Elévation sud du mur M2, éch. 1:50.

Des murs en tuiles se trouvent à Kaulonia dans des structures d'habitat, sans doute du III$^{e}$ s., de la Casa del Drago. On connaît aussi, au début du III$^{e}$ s., les courtines en couvre-joints semi-circulaires de Cozzo Presepe [2]. Par contre Orsi n'a rien signalé de tel dans les fortifications de Kaulonia, et il s'agit probablement d'un cas exceptionnel, d'une réfection ponctuelle, bouchage d'une brèche plutôt que d'une porte. La partie ouest de la courtine et l'égout sont liés à la tour D et à la phase principale de la muraille.

Quoique partiellement fouillée, la tour D est un monument imposant, large de 10,40 m à l'élévation (restituée par symétrie), en saillie de 11 m par rapport à la courtine. C'est, avec les tours III et VII d'Orsi, l'une des plus grandes de Kaulonia (voir *infra*, p. 137-141 et fig. 75). Au sud, la tour est liée à la courtine, qui devient un massif de 5,10 m d'épaisseur (sur la question du mur de gorge, cf. *infra*, p. 143). La fondation du mur M2 (fig. 6 et 7) est d'abord au niveau de celle de la courtine (cote 7,90 m), puis elle plonge en légère oblique jusqu'à la cote 6,50 m, et continue à s'abaisser doucement jusqu'à l'angle nord-est (cote 5,80 m). Simultanément, elle s'élargit du côté externe en trois ressauts de fondation successifs de 14 cm environ de large et de hauteur variable. La largeur du mur est passe donc de 2,20 m en élévation à 2,60 m en fondations. Le mur frontal M3, moins bien conservé, est construit de la même façon, sa largeur variant de 3 m en fondation à (sans doute) 2,60 m en élévation. Le contrefort M4 n'a pas été fouillé en profondeur mais devait être fondé lui aussi assez bas.

La construction utilise des galets de rivière et quelques blocs de pierre de dimensions variées, grossièrement taillés, sans aucun liant autre que de la terre («tajo»), mais très régulièrement encadrés en parement de plaques de schiste selon la technique «en nids d'abeille» déjà décrite par P. Orsi [3]. On notera l'absence quasi-totale de tuiles en parement, sauf dans les parties basses de la fondation et sur le parement interne de M6. On s'explique mal une différence de traitement dont la finalité n'est peut-être pas esthétique: on retrouve les plaques de schiste à l'intérieur de la tour, dans des secteurs qui n'étaient certainement pas visibles, et le parement externe était lui-même recouvert d'un enduit blanc très dur, déjà noté par Orsi, et qui devait cacher le détail de l'appareil (fig. 8) [4].

Dans la structure des murs, la tuile est par contre omniprésente. L'étude de la porte d'entrée à la tour montre bien le système utilisé: de véritables lits de tuiles plates fragmentaires séparent les assises de galets, d'autres fragments de tuiles calant les pierres verticalement. Le sol de la porte était sans doute constitué d'un lit de tuiles, peut-être recouvert de briques.

Une courtine large de 3 m, haute de 4 m environ, mettant en œuvre un lit de tuiles tous les 30 cm, utiliserait 40 m$^{2}$ de *tegulæ* au mètre linéaire, soit 16000 m$^{2}$ de *tegulæ* (environ 40000 tuiles) pour le secteur de 400 m entre la porte nord-ouest et la mer. Cela représente dans l'urbanisme de l'époque hellénistique la couverture d'environ 100 maisons, ou 10 îlots d'habitation, ou encore tout le quartier situé au nord du

---

[2] J.-P. Morel, *Fouilles à Cozzo Presepe, près de Métaponte*, dans *MEFR* 82, 1970, p. 77-79; pour la chronologie de Cozzo Presepe, voir aussi E. McNamara *et al.* dans *Metaponto 2*, *NSA*, 1977 Suppl. [1983], p. 383-389.

[3] Orsi 1914, col. 775-776.

[4] Pour une autre interprétation, cf. *infra*, p. 150, p. 151 et note 38.

Fig. 10. Angle nord de la tour IV, d'après ORSI 1914, fig. 14.

Fig. 11. Angle nord-est de la tour D.

phare, entre la mer et la Casa Quaranta. Au-delà de l'approximation évidente des chiffres, on comprend que la fortification a réutilisé d'énormes quantités de tuiles brisées, ce qui n'a pu se faire que dans des conditions historiques déterminées [5].

L'angle nord-est de la tour D est formé de blocs en grand appareil, plutôt soignés (fig. 11). Quatre assises sont conservées; le premier niveau de la fondation devait en compter cinq. D'après la parallèle de la tour IV, le grand appareil devait être utilisé en angle dans le reste de la fondation et au moins la partie basse de l'élévation. L'origine des blocs n'est évidemment pas locale; aucun n'est manifestement un bloc de remploi. Pourtant, la variété des traitements surprend: un bloc en boutisse a un bossage très prononcé; un autre est piqueté au centre, avec ciselure lisse. Dans la tour IV d'Orsi (fig. 10), certains joints sont entourés d'une ciselure assez large, donnant l'effet d'un bossage plat [6].

Le mur contrefort M4 est une particularité que l'on retrouve dans la tour III d'Orsi, à proximité du cimetière. Selon Orsi, il servait à «sorreggere il ballatoio in legname, per la difesa del piano superiore», interprétation qui laisse entendre que le plancher ne couvrait que la moitié antérieure de la tour. Malheureusement, M4 n'est conservé que jusqu'à la cote de 9,40 m, tandis que le plan de marche dans le couloir d'accès à la tour est à la cote 9,60 m.

Un détail, nulle part mentionné dans la publication d'Orsi, mérite qu'on s'y arrête. Dans le mur est de la tour (M2) sont creusées deux ouvertures, larges chacune d'une trentaine de centimètres, qui traversent le mur de part en part. Le fond de ces ouvertures est à la cote 9,60 m, leur hauteur conservée 10 cm, leur espacement 1 m. Si l'on excepte deux briques fragmentaires à l'extrémité ouest, les matériaux sont les mêmes que pour le reste de la construction; aucun enduit n'est visible, aucune pente n'est perceptible. Il y avait probablement d'autres ouvertures analogues plus au nord, mais elles ne sont pas conservées.

Parmi les diverses hypothèses possibles, on peut écarter celle d'évacuations d'eau, dont on ne verrait guère l'utilité en cet endroit, ou celle de meurtrières, faute d'embrasure suffisante. En principe, des encastrements de poutres pour supporter le plancher de la tour ne devraient pas traverser le mur de part en part. C'est pourtant faute de mieux l'interprétation que nous adopterons, en rappelant que l'extrémité des poutres était peut-être recouverte et protégée par l'enduit blanc; par ailleurs, les poutres pouvaient également jouer un rôle de chaînage (mais ce serait le seul exemple à Kaulonia). Si l'on admet cette interprétation, le plancher de la tour devait se trouver 30 cm environ au-dessus du niveau de marche dans l'entrée, surmontant un «rez-de-chaussée» dont nous verrons plus loin en étudiant la stratigraphie qu'il ne devait être qu'un vide sanitaire ou, au mieux, un magasin entièrement fermé.

La fonction du contrefort M4 n'est donc pas de *soutenir* le plancher mais de le *renforcer* dans la partie antérieure, en même temps bien sûr que de contrebuter le front de la tour. Cela est probablement l'indice de l'utilisation de machines de guerre défensives trop lourdes pour un plancher normal.

La fouille n'a donné que peu d'indices sur l'élévation de la tour D. On y reviendra plus loin, dans les chapitres synthétiques sur la fortification hellénistique (5.2.3.).

---

[5] Les fouilles de l'automne 1988 ont en effet démontré que les niveaux de destruction du début du IV$^{e}$ s. avaient été dans certains secteurs entièrement décapés à l'époque hellénistique.

[6] BLAKE, *Ancient Constructions in Italy*, *op. cit.*, p. 90, considère ces blocs des remplois ou «a purchase of a miscellaneous assortment from some distant quarry».

Fig. 12-13. Sondage QV 641, vu du sud-ouest et élévation sud des murs M6, M8 e M1, éch. 1:50.

L'égout E1, qui traverse la courtine M1, n'a été fouillé qu'à ses deux extrémités; on ignore donc s'il disposait d'un système de grille pour empêcher le passage de l'ennemi, mais cela paraît peu probable en raison de son étroitesse. L'écoulement se faisait normalement du sud vers le nord, avec une pente de 5% environ. La cote de départ (8,94 m) suppose un sol *intra muros* à la cote 9 m, ce qui peut faire difficulté, comme on le verra plus loin.

## 2.2. Les structures d'époque classique

Le parement interne des murs M1 et M6 s'appuie sur une fondation débordante qui représente un vestige d'une construction plus ancienne (fig. 12 et 13).

Le mur M8 a l'apparence d'un pilier construit en blocs grossièrement taillés, de dimensions variées, n'utilisant ni les tuiles, ni les galets de rivière. Vers l'ouest, au-dessous de l'entrée de la tour, il s'arrête en coup de sabre: là, les constructeurs de la tour D ont dû fonder le mur M6 nettement plus bas. À l'est, M8 se coude vers le nord-est, formant un angle obtus bien appareillé. M10 est parallèle à la branche oblique de M8, mais il est beaucoup moins bien conservé; son extrémité sud se réduit à un bloc de fondation. Il s'enfonce sous M1 au niveau de l'égout hellénistique E1. Entre M8 et M10, la fondation en galets de M1 est simplement posée sur un épais remplissage de sable et de graviers, ce qui a interdit de fouiller plus avant le passage, que l'on appellera E2. Large de 90 cm, E2 a été interprété d'abord comme une poterne [7]; pour des raisons que l'on exposera dans les chapitres suivants, on tendra plutôt à y voir un égout de grandes dimensions. Le fond du passage est marqué par une dalle de pierre à la cote 8,30 m, soit 0,64 m au-dessous de l'égout hellénistique E1. On relèvera également l'existence, à l'intérieur du passage et plaquées contre M8, de deux *tegulæ* fragmentaires en position verticale (vestiges d'une couverture ?).

Le parement extérieur des murs M8 et M10 est noyé sous la masse des constructions hellénistiques, si bien que l'on a du mal à imaginer comment fonctionnait le système. Mais l'appartenance de M8/10 aux fortifications de Kaulonia ne fait aucun doute en raison à la fois de la situation géographique du monument et des analogies techniques avec les murs publiés par P. Orsi et E. Tomasello au sud du temple (*infra*, 5.2.).

## 2.3. Les structures archaïques (fig. 7, 14 et 15)

À l'intérieur de la tour D, à l'aplomb du parement externe de M6, est apparu à la cote 7,50 m un nouveau mur appelé M9, formé de dalles plates sur une fondation débordante de galets de rivière. La hauteur totale de ce socle, qui se termine par un niveau parfaitement horizontal, est de 70 cm seulement. Le sommet de M9 est séparé du bas de M6 par une épaisseur de 30 à 40 cm d'argile brune (fig. 15). À l'extérieur de la tour D, à l'est de M2, le décalage entre M1 et M6 a permis de fouiller M11, prolongement est de M9. Moins bien préservé, le mur conserve la même structure, et surtout, dans l'angle sud-ouest (contre M1/2), un tas de terre argileuse brune. Quoique l'on n'ait retrouvé dans l'argile aucune trace de joints, il est très probable que cette argile brune est ce qui reste d'une élévation de briques crues dont M9/11 est le *lithologèma*.

---

[7] *MEFRA* 97, 1985-1, p. 572.

Fig. 14. Sondage QV 672, superposition des murs M1 et M11 vus du nord.

La cote de ce mur (6,80-7,50 m) par rapport à celle de M8/10 (9,30-8,00 m), outre la différence d'appareil, permet d'affirmer qu'ils n'appartiennent pas à la même phase de construction, et que M9/11 est antérieur à M8/10. Malheureusement, la surimposition de la muraille hellénistique a supprimé tout lien stratigraphique entre les deux structures.

On remarquera, sans proposer d'interprétation satisfaisante, que le mur hellénistique M6 aligne son parement externe sur celui de M9, et son parement interne sur M8; et que le décrochement dans les fondations de M2 semble «respecter» M9. Pourtant, les fondations de M6 s'arrêtent à 40 cm des assises de pierre de M9, qui auraient permis de mieux asseoir le mur hellénistique. Tout se passe en fait comme si la construction hellénistique avait suivi l'alignement du mur archaïque, sans que celui-ci soit visible dans le secteur considéré.

Le mur M12, très mal conservé, est formé d'une ou deux assises de galets de rivière, en pente forte vers le nord; par sa position stratigraphique, il est sûrement archaïque, mais sa fonction et sa date exactes n'apparaissent pas clairement (v. *infra*, p. 41).

Fig. 15. Sondage QV 642, superposition des murs M6 et M9 vus du nord.

# 3. LES STRATIGRAPHIES

On décrira les stratigraphies sondage par sondage, en regroupant les unités stratigraphiques en niveaux homogènes: on appellera I la couche superficielle, postérieure à l'abandon de la ville à la fin du III^e^ siècle av. J.-C.; II les niveaux hellénistiques (IV^e^-III^e^ s.); III les niveaux d'époque classique (V^e^-IV^e^ s.); IV les niveaux archaïques (VII^e^-VI^e^ s.).

## 3.1. L'INTÉRIEUR DE LA TOUR D (sondage QV 643; fig. 16)

— couche I. Sous la couche d'humus superficielle et le niveau homogène de galets de rivière qui tapisse la pente (Ia), on rencontre plusieurs couches de terre brune assez compacte; le profil en dôme des couches Ic et Id est caractéristique de niveaux de remplissage systématique, dont on peut presque identifier les pelletées. Matériel de la couche I:

- céramiques archaïques: coupe à filets (fig. 28, n° **18**), coupes B2 et divers fragments à bandes.

- céramiques classiques: lèvres de coupe de type Bloesch C (lèvre concave), fig. 36, n° **112**; pyxide, fig. 46, n° **287**; fond à décor imprimé, fig. 37, n° **142**; amphores corinthiennes B.

- céramiques hellénistiques: coupelle concave-convexe, fig. 39, n° **180**; bol à décor de type Gnathia, fig. 40, n° **199**; lampe, fig. 49, n° **348**; fragment de paroi de vase cottelé à vernis noir; lèvre de patère de forme Lamboglia 36; brique timbrée, fig. 69, r.

L'élément le plus récent de la couche I est la monnaie romaine n° **470**, datable vers 217-215 (fig. 70).

— couche II. Antérieur au remplissage Ic-d, le niveau IIa, à peu près horizontal, est marqué par des lentilles de cendre peu épaisses et discontinues; il surmonte une alternance de couches de terre brune et de lits de tuiles (IIb).

Matériel de la couche IIa-b:

- céramiques archaïques et classiques: coupes ioniennes de type B2, skyphoi à décor subgéométrique; lékanai et petites tasses à bandes; fragment d'arula archaïque, fig. 51, n° **354**; coupes attiques du V^e^ s.; fragment de cratère à figures rouges (fig. 35, n° **104**) dont un autre fragment vient du sondage 609, vingt mètres plus au sud.

- céramiques hellénistiques: coupelle concave-convexe, fig. 39, n° **182**; skyphoi à vernis noir IV^e^-III^e^ s.; pointe d'amphore, fig. 67, n° **521** (III^e^ s.).

Signalons également dans la couche IIb deux fragments d'ossements humains (p. 118) dont la signification en ce lieu est obscure. Les fouilles récentes dans l'habitat (lieu-dit San Marco) au nord-est de la ville antique ont montré qu'il existait *intra muros* des nécropoles tardives (III^e^-IV^e^ s. de notre ère), mais elles sont accompagnées d'un matériel céramique (sigillée claire D) et numismatique caractéristique, totalement absent pour l'instant dans le secteur de la tour D. Orsi 1914 (col. 941) signale également dans le secteur de la Casa Quaranta la présence de tombes *intra muros* qu'il date à l'époque hellénistique; le seul fragment qui pourrait évoquer un contexte funéraire est un pied de lécythe d'époque classique (inv. 643 56.370, non reproduit).

L'ensemble de couvre-joints IIc n'est pas l'écroulement d'une toiture (il n'y a pas de

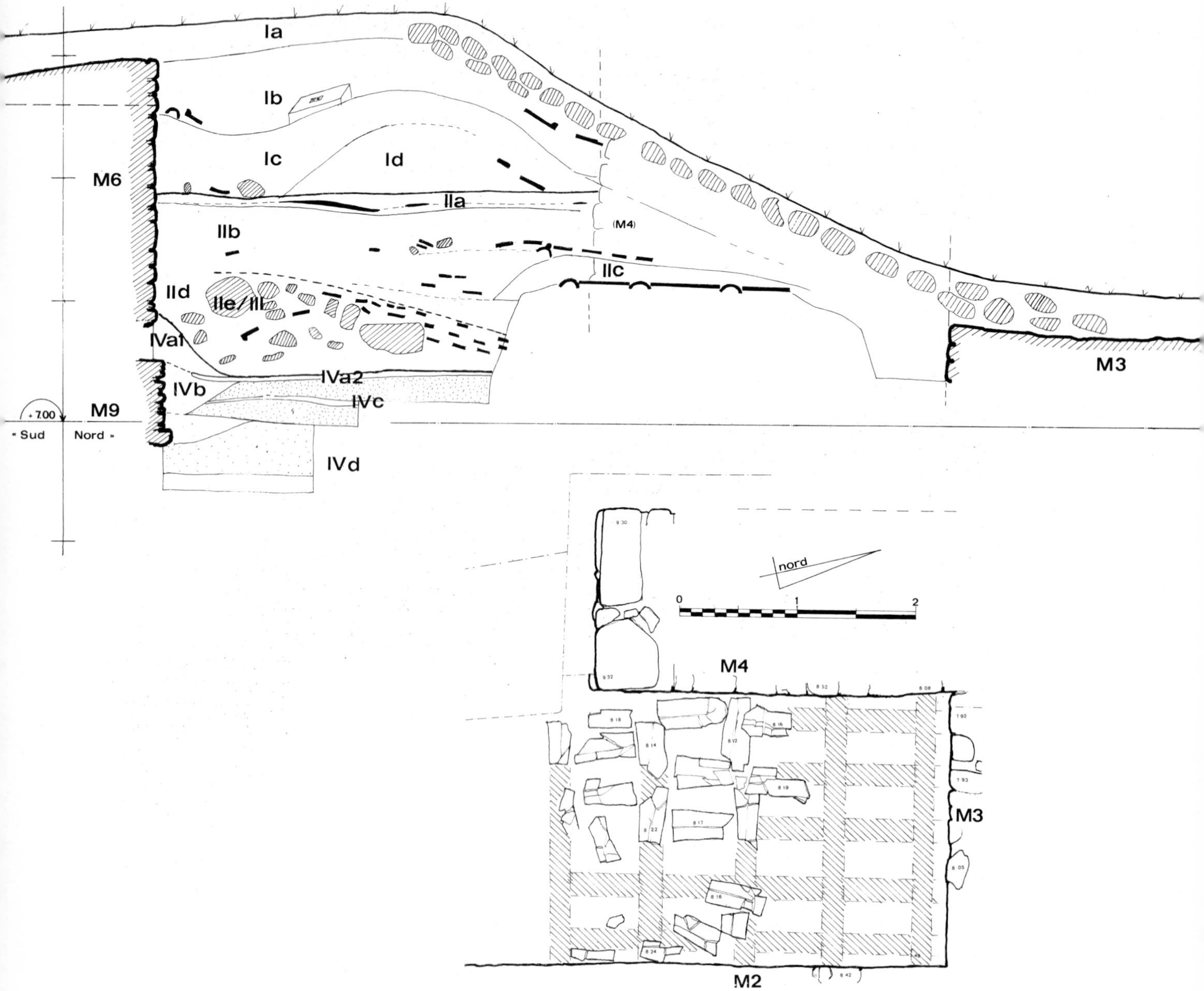


Fig. 16-17. Sondage QV 642-643, coupe stratigraphique sud-nord à l'intérieur de la tour et plan de la structure IIc, éch. 1:50.

*tegulæ*) mais une structure en place, en forme de grille. On compte trois rangées de couvre-joints dans le sens est-ouest, auxquelles on peut en ajouter deux dans la partie nord, très érodée. Dans le sens nord-sud, il y a sans doute place pour cinq rangées, dont deux longent les murs M2 et M4 (fig. 17). Cette structure, qui devait utiliser 40 *imbrices*, semble limitée au compartiment nord-est de la tour, entre les murs M2, M3 et M4. Sa cote moyenne actuelle est de 8,24 m; le plancher de la tour devait se trouver à la cote 9,60 m ca, ce qui ne laisse de toute façon pas la place pour se tenir debout. On pourra imaginer que les tuiles (peut-être posées sur une armature de bois) servaient de support pour des marchandises stockées dans le sous-sol de la tour.

— couche III. La couche IIe/III, fouillée dans la moitié sud du sondage (la «grille» IIc étant laissée en place), est visiblement antérieure à IIc. Elle est constituée d'un tas de pierres de dimensions variées, mêlées et surmontées de fragments de *tegulæ*. Ces pierres ne constituent ni un mur ni un dallage, et ne semblent pas provenir non plus de l'élévation du mur hellénistique. La matériel, peu abondant, provenant de ces niveaux, est essentiellement d'époque classique: coupelle à vernis noir, fig. 39, n° **166**; lèvre de cruche du type fig. 47, n° **310-312**; fragment de *tegula* à couverte rouge. Le fragment le plus récent pourrait être la lèvre d'amphore, fig. 67, n° **515** (début du IVe siècle ?).

On supposera que ces pierres proviennent des niveaux d'effondrement III de la phase classique de la muraille (murs M8-10), affouillés par les fondations de la muraille hellénistique (IIe). Une anomalie stratigraphique mérite d'être notée: la couche IIe/III vient s'appuyer contre le parement ouest du mur M2, dont elle recouvre entièrement la tranchée de fondation; par contre, elle s'arrête à 20/40 cm au nord du mur M6, comme si elle avait été entaillée par la tranchée de fondation IId de ce mur. Sauf accident localisé, il s'agit peut-être d'une indication sur le mode de construction de la muraille hellénistique; les fondations de la tour, beaucoup plus profondes, ont pu être mises en place avant celles de la courtine elle-même, si bien que les matériaux provenant de la tranchée de fondation de la courtine sont venus s'appuyer contre le mur de la tour. En tout état de cause, le sommet de IIe/III constitue le premier niveau archéologique qui puisse être contemporain de l'utilisation de la tour D.

— couche IV. La couche d'argile verdâtre IVa2, épaisse d'1 à 2 cm seulement, scelle une série de niveaux archaïques; vers le nord, elle s'enfonce sous les tuiles IIc; vers l'est, elle est entaillée par la tranchée de fondation du mur M2. Au sud, la situation est plus complexe: la couche IVa2 se relève légèrement, puis disparaît; elle est surmontée d'un niveau de terre argileuse brune IVa1, qui se prolonge entre la fondation de M6 et le sommet de M9. Il s'agit probablement de la coulée de l'élévation en briques crues de M9.

Les niveaux inférieurs (IVc) font alterner des couches de sable jaune quasi-stérile et des lentilles de terre brune. Contre M9, un certain nombre d'anomalies révèlent divers moments de creusement et de remplissage de la tranchée de fondation (IVb). Dans tous ces niveaux, le matériel céramique est extrêmement rare et se réduit à des fragments informes qui pourraient être archaïques; les niveaux IVd sont stériles.

## 3.2. Sondages à l'extérieur de la tour (QV 672-673-704; fig. 18 et 19)

— couche I. La couche I, épaisse de 70 cm environ, recouvre un niveau de tuiles IIa, de densité variable, qui s'appuie sur les fondations des murs hellénistiques et passe au-dessous du niveau d'écoulement de l'égout E1. Le matériel

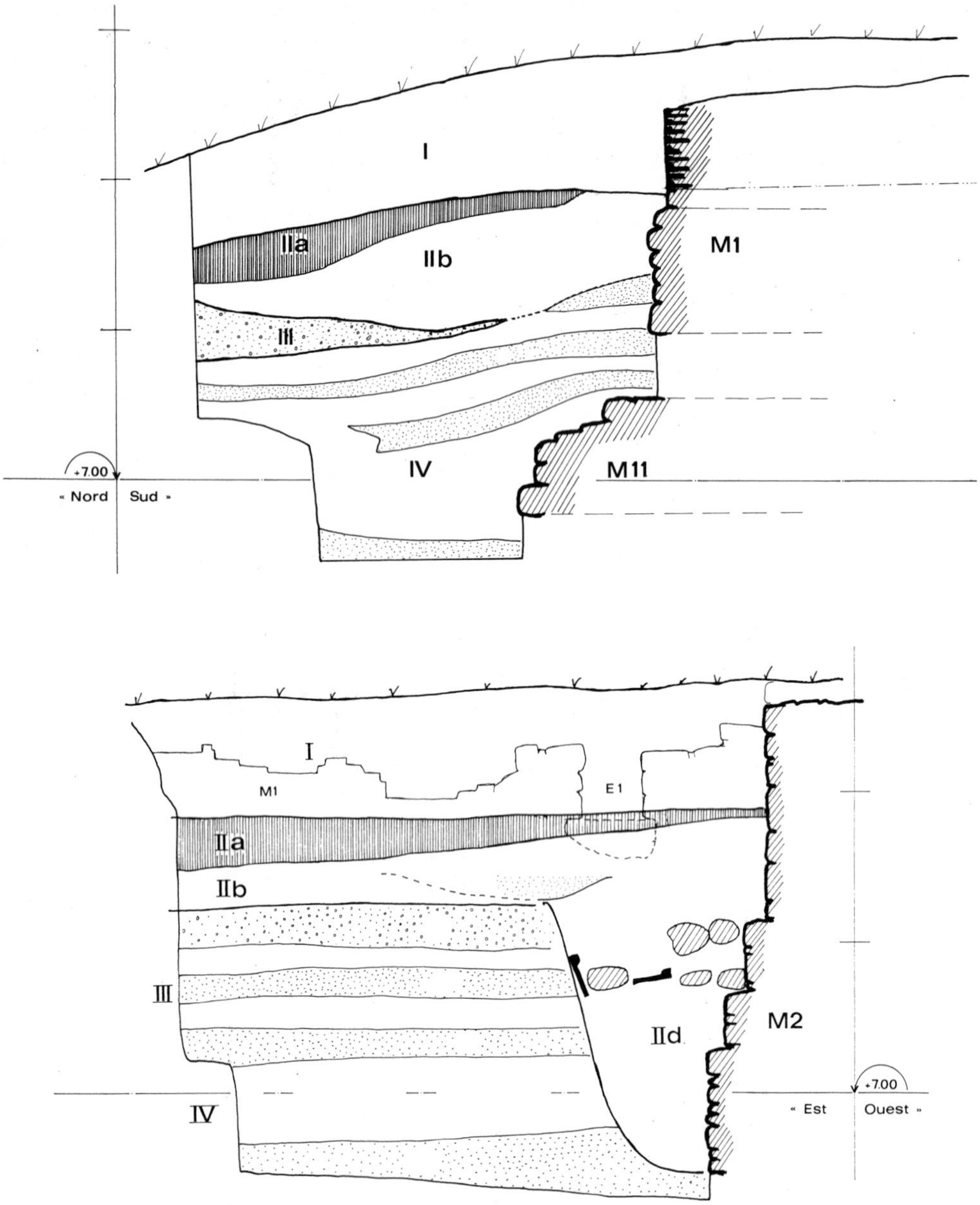


Fig. 18-19. Sondage QV 672-673, coupes stratigraphiques nord-sud et est-ouest, éch. 1:50.

des couches I et IIa est extrêmement mélangé. On y trouve un fragment d'anse de cruche à pâte sans doute corinthienne et décor subgéométrique du début du VII^e^ s. (672.1.2), divers fragments archaïques (céramiques à bandes, coupes ioniennes), des céramiques d'époque classique et hellénistique, jusqu'aux patères de forme Lamboglia 36.

— couche IIb. La couche IIb est également appuyée contre M1, sans tranchée de fondation visible; contre M2 par contre, elle devient progressivement plus dure et plus sombre, et correspond sans doute au départ de la tranchée de fondation de M2. Le matériel de cette couche n'est pas très différent de celui de la couche précédente, mais le matériel le plus récent (skyphoi à lèvre extroverse, petit vase cottelé à vernis noir) date peut-être encore du IVe s.

— couche IIc (fig. 19). La couche IIc est la tranchée de fondation du mur M2. Etroite et peu profonde au sud, elle s'élargit et s'approfondit vers le nord en même temps que la fondation elle-même. Le bord de la tranchée était souligné par des tuiles en position oblique, et son fond était rempli de *tegulæ* et de pierres. Notons dans le remplissage une plaque de schiste noir, du type de celles qui sont utilisées dans les parements de la tour.

Le matériel comprenait des vases de cuisine (fig. 56-57, type 1.1 et 1.2), des fragments de coupes attiques de type C et de coupes «de Castulo» (fig. 37, nº **134**), d'amphores chiotes du Ve s., amphores à lèvre en bourrelet, corinthiennes A, lékanai à bandes, skyphoi à vernis noir du Ve s. Signalons également un fragment de tuile avec timbre circulaire (fig. 69 d), et un fragment d'*imbrex* semi-circulaire.

Tout ce matériel est archaïque ou classique, les éléments les plus récents pouvant se dater à l'extrême rigueur au début du IVe s. («Castulo cup»). Le fragment fig. 36, nº **106** à lèvre extroverse, est douteux; il pourrait appartenir à des classes de skyphoi du IVe siècle, plutôt après 350 (Morel 1981 F4341, 4373, etc.), mais le diamètre apparent du vase (21 cm ca) et la minceur de la paroi en feront plus volontiers la partie supérieure d'une coupe dérivée des «cup skyphoi» attiques de la fin de l'archaïsme (*Agora XII*, nº 563, 569). Aucun des fragments considérés n'est donc nécessairement postérieur au début du IVe s.

La tranchée de fondation de M2 a également été explorée dans l'angle nord-est de la tour (sondage QV 704). Elle a fourni un matériel peu abondant, mais cohérent avec les données précédentes: fond de coupe, pâte brune, vernis de rouge à brun rouge très écaillé peut-être brûlé, décor de spirales et de palmettes (fig. 37, nº **153**); coupelle à vernis noir à courbure continue (fig. 39, nº **169**); anse ronde verticale à vernis noir, probablement skyphos de type B. Ce matériel est également datable dans la deuxième moitié du Ve s. ou au début du IVe s.

— couche III. Entaillée à l'ouest par la tranchée de fondation du mur est de la tour M2, la couche III semble passer sous les fondations de la courtine M1. Elle est très sableuse et, par endroit, riche en gravillons et en tessons. C'est une couche archéologique extrêmement importante, que l'on retrouvera *intra muros* dans le sondage QV 641. Elle est cependant difficile à restituer en plan à cause de l'étroitesse du sondage et des caractéristiques de la zone puisque, comme on le voit sur les coupes (fig. 18 et 19), plusieurs couches et lentilles de sable se succèdent, avec des épaisseurs et des extensions variables. Le matériel est extrêmement abondant et relativement homogène. Les fragments vraiment archaïques sont peu nombreux: fragments de skyphos de type corinthien récent (fig. 32, nº **73**); lèvres d'amphore à bourrelet et corinthienne A (fig. 64, nº **482**); fragments de coupes B2 et d'hydries à bandes.

Le matériel le plus abondant est du Ve s., depuis les coupes attiques de type C jusqu'aux

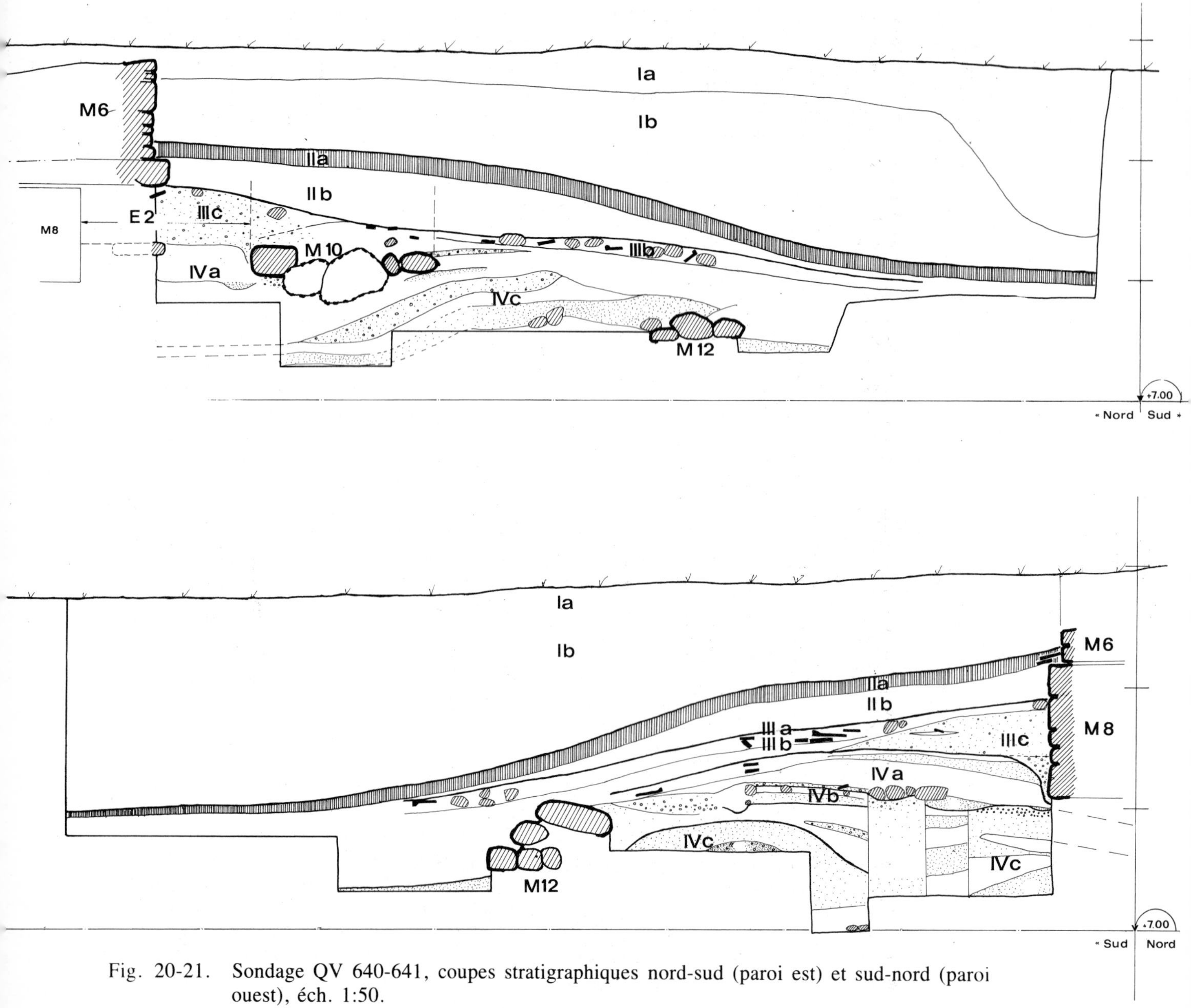


Fig. 20-21. Sondage QV 640-641, coupes stratigraphiques nord-sud (paroi est) et sud-nord (paroi ouest), éch. 1:50.

formes «délicates» de la deuxième moitié du siècle (fig. 37, n° **145** et **149**), en passant par les «Castulo cup» (fig. 37, n° **139**); on notera également la présence de cruches à lèvre plate (fig. 47, n° **310**) et de vases de cuisine d'époque classique (*chytrai*, fig. 56, type 1; *lopades* à encastrement, fig. 59, n° **420**). On peut donc dater la constitution de la couche III de la fin du V^e^ s. ou des premières années du IV^e^ s.

— couche IVa. Au-dessous des niveaux sableux du V^e^ s. apparaît, notamment dans l'angle sud-ouest (contre M1/2) une couche de terre brune, dont on a dit plus haut qu'elle devait correspondre à ce qui subsistait de l'élévation en briques crues de M9/11.

Le matériel de cette couche est peu abondant, mais se date assez bien dans la première moitié du V^e^ s.: fragment de lampe à vernis noir à bord relevé (fig. 49, n° **346**, deuxième quart du V^e^s.); petite coupe archaïque (fig. 30, n° **36**); tête de statuette (fig. 50, n° **349**, troisième quart du VI^e^ s.).

— couche IVb. La couche IVb correspond à la hauteur des fondations de M11. Aucune tranchée de fondation n'est visible. Le matériel est nettement archaïque, plutôt assez ancien (VII^e^ et première moitié du VI^e^ s.): pied d'amphore attique SOS (fig. 64, n° **485**); anse à décor subgéométrique (fig. 47, n° **322**), fragment de col d'amphore corinthienne A archaïque; lèvre d'amphore à petit bourrelet; fragment de skyphos de type corinthien à triglyphes (fig. 32, n° **66**).

Les couches sableuses IVc et IVd sont stériles.

### 3.3. Les sondages adossés à la muraille (QV 640-641-671, fig. 20 à 23)

— couche I. La couche Ia, noirâtre et relativement meuble, a été remuée par les travaux agricoles; la couche Ib est plus brune et plus dure. Une fosse noire creusée dans la partie sud de QV 640 correspond sans doute à l'extrémité d'une tranchée pour la plantation de vignes entre les rangées d'oliviers, à la fin du siècle dernier. Le matériel de la couche I, très érodé en Ia, mieux conservé en Ib, est relativement ancien. La céramique archaïque est très présente (coupes ioniennes, amphores à lèvre en bourrelet) ainsi que le matériel des V^e^ et IV^e^ siècles. Par contre, le matériel du III^e^ s. est très rare; signalons une lèvre d'amphore corinthienne A tardive (fig. 68, n° **526**).

— couche II. La couche IIa est un épais niveau de *tegulæ* et de couvre-joints polygonaux (fig. 22). Contrairement à d'autres sondages (fouilles San Marco 1986 dans l'habitat) où les tuiles sont presque entières, ou du moins aisées à reconstituer, elles sont ici extrêmement fragmentées. Cela signifie peut-être qu'elles se trouvaient à une grande hauteur, et de fait elles ne peuvent guère provenir que de la toiture de la tour. Plusieurs fragments de *tegulæ* portaient le timbre osque ꓭE (*infra*, p. 114-115 et fig. 69). La couche IIa est nettement appuyée sur le ressaut de fondation du mur M6. Elle est en légère pente dans le sens ouest-est, mais surtout en pente assez forte du nord (cote 9,30 m) vers le sud (8,00 m), soit une pente moyenne de 20% qui, on y reviendra plus loin, fait difficulté. Sous les tuiles se trouve une couche IIb de terre, mêlée de pierres dans la partie sud.

Matériel de la couche IIb: deux fragments de lèvre de patère de forme Lamboglia 36; plusieurs fragments de céramique de cuisine de type hellénistique (fig. 61, type **440**); fragments d'amphore gréco-italique et d'amphore punique de type Maña C1 (fig. 68, n° **524**); une monnaie de bronze des Brettii (fig. 70, n° **533**) datable vers la fin du III^e^ s.

La couche IIb, qui représente sans doute l'effondrement de la toiture de la tour D, date

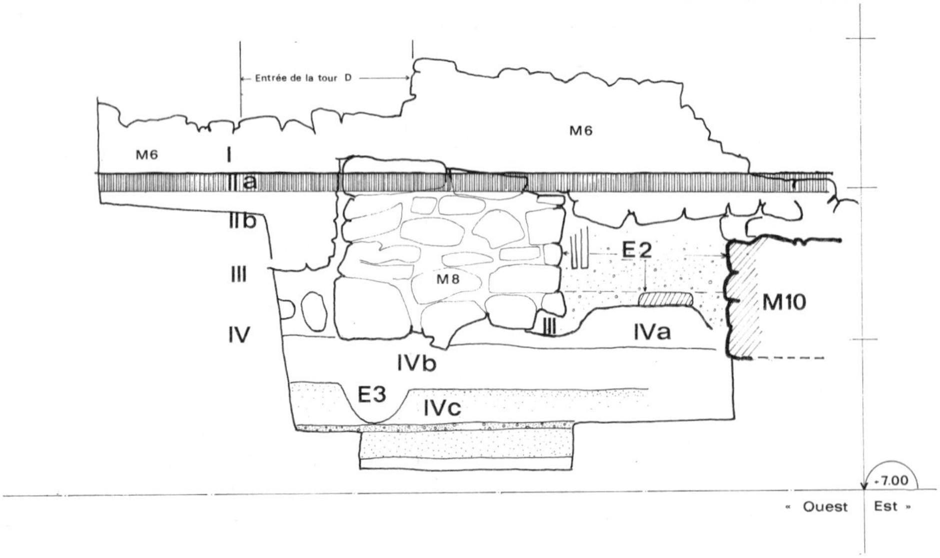


Fig. 22-23. Sondage QV 641, niveau d'effondrement des tuiles hellénistiques, vu du sud-ouest, et coupe stratigraphique ouest-est au-dessous des murs M1 et M6, éch. 1:50.

donc du IIIe s., et probablement de la fin du siècle si l'on accepte la chronologie basse pour les monnaies des Brettii (*infra*, p. 117).

— couche III. Elle est marquée d'abord par un niveau ténu de petits graviers (IIIa), qui a pu constituer un plan de marche, puis par un niveau de tuiles IIIb, nettement moins épais et moins étendu que IIa, et surtout, contre le mur M6, une épaisse couche de sable et de gravillons IIIc, correspondant parfaitement par sa position et par sa texture à la couche III du sondage QV 672, (p. 31).

Matériel de la couche III: lèvre de coupe-skyphos à lèvre concave, fig. 36, nº **109** et **110**; fond analogue au nº **132**, fig. 36; fond de coupe à vernis noir à décor imprimé, fig. 37, nº **140**; idem, à pied mouluré, fig. 37, nº **148**; coupelle à vernis noir, fig. 39, nº **165**; fragment de coupelle du type fig. 39, nº**173**; lékanai à bandes, pyxides globulaires à bandes; fragments de pieds et de lèvres d'amphores chiotes, amphores à lèvre en quart de cercle.

La couche IIId, creusée dans la couche IVa, est la tranchée de fondation de M8; elle a donné peu de tessons, dont le fond de coupe-skyphos nº **132** (fig. 36), datable entre 480 et 450 environ.

— couche IV. La couche IV est un ensemble complexe, divisé en trois strates principales. La couche IVa, entaillée au nord par la tranchée de fondation de M8, est un épais niveau d'argile grise surmonté d'une couche de sable et de quelques tuiles. On appelle IVb une série de niveaux de sable et d'argile mêlés de petits galets et de quelques fragments de tuiles. Ces niveaux sont imbriqués les uns dans les autres mais dessinent en plan des alignements est-ouest; il semble que l'on soit en présence d'ornières, remplies de sable et parfois de pierres. Ces niveaux sont en pente légère du sud vers le nord et s'enfoncent sous la fondation du mur M8; vers le sud, ils affleurent au niveau d'arasement du mur M12.

La couche IVc est essentiellement sableuse, mais, comme les précédentes, très peu homogène: on y trouve en alternance des niveaux de sable, de gravillons, de terre plus argileuse. Le caractère ondoyant et lenticulaire de cette stratigraphie ne permet pas de la suivre en plan. On notera cependant, au centre de la figure 13, un amas de sable jaune surmontant un autre niveau de sable jaune d'or assez vif; ces niveaux semblent être en pente forte vers le nord. Cette stratigraphie s'interrompt au sud au niveau du mur M12; au-delà de M12, on passe directement de la couche hellénistique II à la couche IVc.

La figure 16 montre la paroi nord du sondage et la stratigraphie au-dessous des fondations de M8. On observe l'égout E2, entre M8 et M10, la tranchée de fondation IIId creusée dans l'argile grise IVa, puis les couches IVb et c (plus sableuse), mais aussi, creusée dans la couche IVc, une petite tranchée E3, qui a pu servir à l'évacuation des eaux.

Le matériel de la couche IVa est peu abondant: signalons surtout le fragment de coupe attique des Petits Maîtres (fig. 35, nº **97**) et le petit skyphos hémisphérique à vernis noir, fig. 38, nº **161**. La couche IVb a donné également peu de matériel, de faciès peu caractéristique. Par contre, le matériel de la couche IVc est très abondant: coupes subgéométriques à filets, fig. 28, nº **2**, **5**, **6**, **9**, **10**, **17**; skyphoi à décor subgéométrique, fig. 30, nº **67**, **68**, **71**; skyphos à vernis noir, fig. 38, nº **155**; coupes de type B2, fig. 29, nº **27**, fig. 30, nº **43** et **53**; fragment de pithos (?) à décor imprimé, fig. 50, nº **350**; petites amphores, fig. 47, nº **307**, **316**, **317**; lèvre d'amphore ou d'hydrie, fig. 47, nº **304**; plat de cuisine, fig. 56, nº **376**; cruche, fig. 48, nº **331**; lèvre d'amphore en bourrelet («ionio-massaliète»); plat à rebord, fig. 41, nº **216**.

À l'exception de quelques fragments plus anciens qui pourraient remonter au VIIe s., ce matériel couvre essentiellement la deuxième

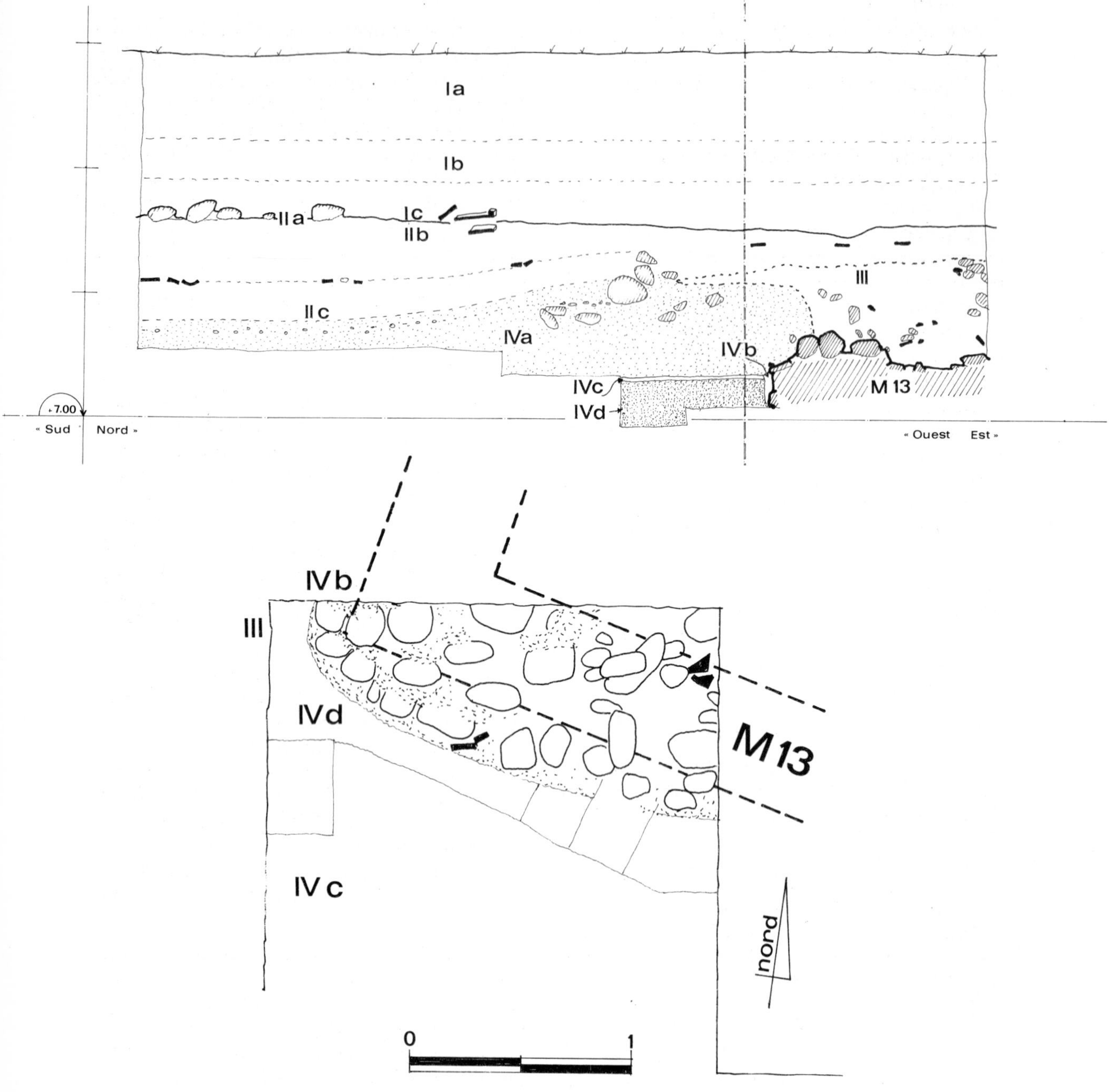


Fig. 24-25. Sondage QV 609, coupe stratigraphique sud-nord (paroi ouest) et ouest-est (paroi nord), éch. 1:50, et plan de la partie nord, éch. 1:40.

moitié du VI$^{e}$ s. et le premier quart du V$^{e}$ s. C'est à cette dernière période (premier quart du V$^{e}$ s.) que l'on fera remonter les traces d'ornières IVb.

## 3.4. Les sondages intra muros (QV 608-609)

Ces sondages avaient pour but d'étudier les rapports entre la fortification et l'habitat *intra muros* en prolongeant vers le sud la tranchée QV 643-642-641-640; seule la présence d'un olivier a conduit à adopter un tracé «en baïonnette». Les terrains non archéologiques, dont on avait pu apprécier l'épaisseur dans le sondage QV 640, ont été décapés à la pelle mécanique jusqu'à la cote 9 m ca. La couche Ia a été remuée par les travaux agricoles; Ib est un terrain en place, contenant quelques tessons mais non stratifié. La couche Ic est un niveau d'argile verdâtre, très fine et absolument stérile, qui prend en séchant la couleur et la consistance du plâtre gris.

— couche II. La couche II est d'épaisseur très variable: 50 cm environ au nord, 1 m dans la partie sud du sondage. Elle se compose d'abord d'un niveau de galets de rivière IIa, de densité inégale, ténu vers l'ouest et le sud, très épais contre la berme est (fig. 24), mêlé de fragments de *tegulæ* et de couvre-joints polygonaux ou semi-circulaires; noter un fragment de *faîtière*. Le niveau IIa disparaît totalement vers le nord et semble résulter de l'écroulement d'une structure qui se serait trouvée dans la berme est, sous l'olivier; il pourrait s'agir d'un mur de l'habitat hellénistique. Le matériel de ce niveau (US 609 1 à 4) est très mélangé. Signalons le pied de coupe («delicate class»), fig. 37, n° **151**; la lampe, fig. 49, n° **342**; le plat à rebord, fig. 41, n° **207**; le plat de cuisine, fig. 61, n° **444**; le mortier, fig. 43, n° **250**; la lèvre de cruche, fig. 47, n° **309**.

Les niveaux suivants IIb et IIc, séparés par un mince niveau de *tegulæ*, sont en pente légère du nord vers le sud. Ils sont formés d'une terre argileuse assez dure, contenant quelques pierres (US 609, 5 à 10). Ces couches se datent aux IV$^{e}$-III$^{e}$ s. par des fragments de patères de forme Lamboglia 36 (fig. 40, n° **187**), des skyphoi à vernis noir (fig. 40, n° **190**, **194**), des plats de cuisine tardifs (fig. 58, n° **407**; fig. 59, n° **430**; fig. 61, n° **443**), le fragment de trépied (?) à décor de silène (n° **352**, fig. 53 et fig. 54). Mais le matériel est abondant pour toutes les périodes. Signalons des fragments d'amphore attique SOS ou à la brosse (fig. 57, n° **387**); des coupes à filets (fig. 28, n° **7** et **19**); des fragments d'épaule d'une oenochoè corinthienne récente (fig. 32, n° **84**); de skyphoi subgéométrique (fig. 32, n° **72**) et corinthien récent (fig. 32, n° **77**); un pied et divers fragments de coupe ionienne (fig. 30, n° **46**); au V$^{e}$ s., le fragment de cratère à figures rouges, fig. 35, n° **104**; les skyphoi à vernis noir, fig. 40, n° **195** et **197**; le skyphos à lèvre concave, fig. 35, n° **108**; les coupelles à vernis noir, fig. 39, n° **171** et **174**; le skyphos du type B, fig. 38, n° **163**. On notera aussi la présence de nombreuses formes de plats de cuisine (fig. 57, n° **396**; fig. 58, n° **399**; fig. 59, n° **428**; fig. 60, n° **433**, **436**, **438**; fig. 61, n° **447**; fig. 62, n° **450** et **452**), de mortiers (fig. 43, n° **246**), de plats à rebord (fig. 41, n° **218**, **219** et **221**), de lékanès (fig. 45, n° **276** et **283**). Remarquable est aussi dans ces niveaux la présence de pains d'argile rouges d'un côté, verts de l'autre, associés à des fragments de tuiles tordues, des déchets de cuisson divers, à deux petits vases que l'on peut interpréter comme des isolateurs de four. De ces niveaux proviennent également quelques fragments de grands vases enrobés dans une argile semi-cuite, dont on retrouvera des éléments dans les couches suivantes.

— couche III. Les niveaux d'époque classique sont à peu près absents du sondage. On trouve seulement dans la partie nord-est, à la cote 7,90 m environ, un niveau de galets avec des fragments de pithos en pâte rouge et quelques tessons de la première moitié du V$^{e}$ s. À la même période se

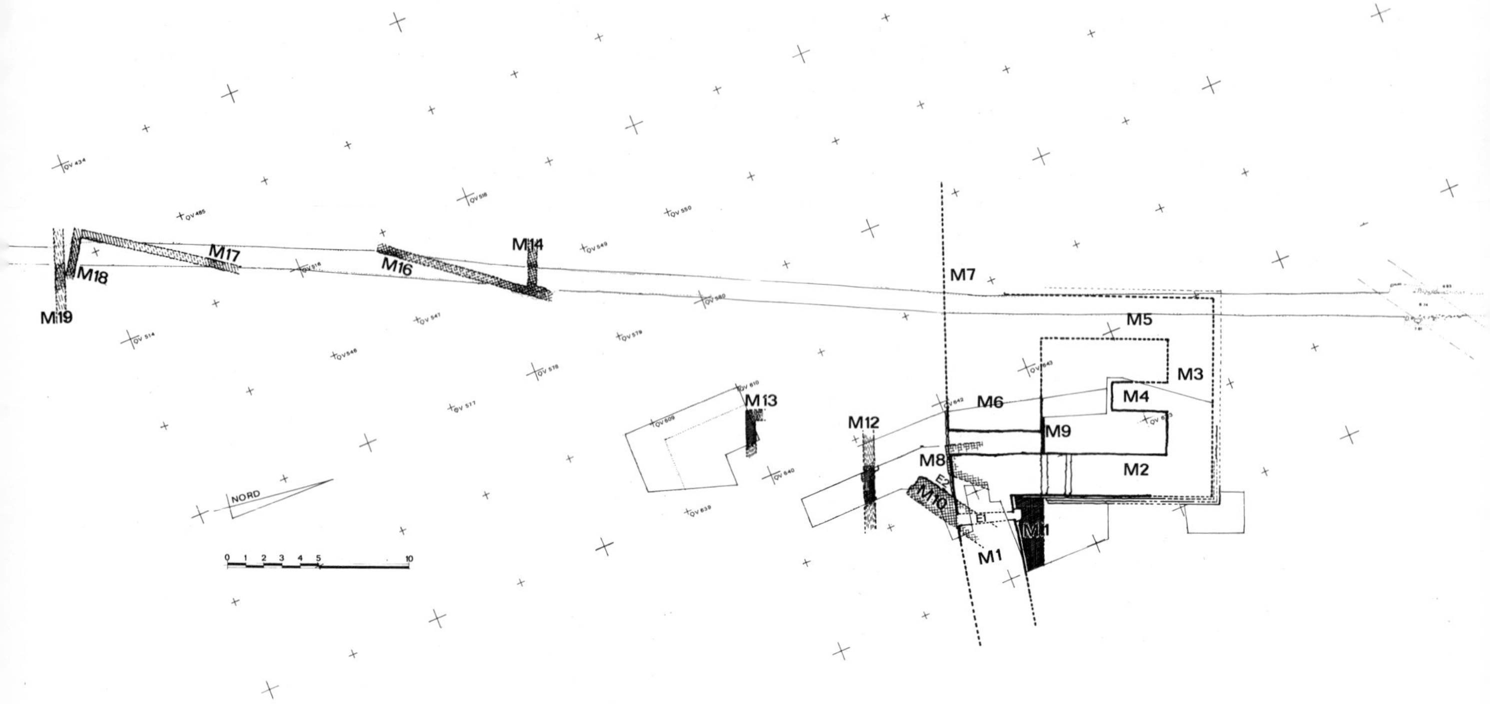


Fig. 26. Plan général des sondages et de la fouille d'urgence, éch. 1:400.

rattache sans doute une grande fosse pleine de tuiles et de pierres, qui est certainement la tranchée de récupération des matériaux d'un mur que l'on appellera M13. La matériel de cette tranchée, peu abondant, est surtout archaïque: pied de grand vase à arêtes rayonnantes (VII$^{e}$ s.?), fig. 32, n° **74**; coupe à bandes, fig. 31, n° **65**; coupes ioniennes, fig. 29, n° **23** et **31**, fig. 30, n° **34**, **39**, **40**; mais le fragment de cratère à figures rouges, fig. 35, n°**101** et l'antéfixe à tête de Gorgone, fig. 52, n° **351**, permettent de dater cette couche vers 450 ou plus tard. Immédiatement au-dessous de cette couche III commencent les niveaux archaïques.

— couche IV. Dans toute la moitié sud du sondage, on passe sans transition des niveaux hellénistiques à la couche IV, datable autour du milieu du VI$^{e}$ s. On appellera IVa la partie supérieure de cette couche très sableuse, jusqu'à la cote 7,30 m ca. Elle contient essentiellement des fragments de coupes subgéométriques à filets (fig. 28, n° **8** et **12**), de skyphoi à décor subgéométrique (fig. 32, n° **69** et **70**) ou à arêtes rayonnantes (fig. 32, n° **74**), de coupes ioniennes de type B2 (fig. 29, n° **22**, **24**, **28**, **29**, **33**; fig. 30, n° **49**) et peut-être B1 (non illustré, inv. 609.13.8); l'anse d'amphorette, fig. 47, n° **321**, la lèvre d'amphorette, fig. 47, n° **319**, le fragment de lampe, fig. 49, n° **341**, les lékanès, fig. 45, n° **264** et **265**, s'accordent bien à ce contexte; les tessons de la fin du VI$^{e}$ s. semblent absents.

La couche IVa est séparée d'un autre niveau sableux IVd, de consistance à peu près identique, par un niveau de petits gravillons IVc. La couche IVd contient quelques fragments céramiques de faciès ancien: coupes subgéométriques à filets, fig. 28, n° **11**, **15**, **20**; coupes à bandes, fig. 31, n° **63** et **64**; skyphos à arêtes rayonnantes, fig. 33, n° **83**; *chytra*, fig. 56, n° **375**. Rien dans ce matériel n'est forcément postérieur au début du VI$^{e}$ s. La fouille, menée jusqu'à la cote 6,90 m, n'a pas rencontré de niveau vraiment stérile.

La structure M13 se présente comme le remplissage d'une fosse aux parois quasi verticales. La partie inférieure, plus large, contient exclusivement des pierres, séparées du sable par une couche plus brune (IVb). Il faut sans doute y voir la tranchée de fondation de M13, creusée à partir d'un niveau supérieur au sol IVc. La tranchée de récupération, large de 50 cm environ, doit correspondre à peu près à la largeur de l'élévation du mur. En plan, M13 semble faire retour vers le nord, et paraît, autant qu'on puisse en juger sur des vestiges aussi réduits, parallèle au mur M12 et à l'enceinte archaïque (fig. 26). Il est difficile de dater précisément M13, quoique son niveau de fondation impose de le situer à l'époque archaïque. Les fondations de M13 sont en pierres non appareillées, mais l'élévation devait être en blocs assez importants pour que l'on ait jugé intéressant de les récupérer. On a retrouvé dans la partie sud du sondage le niveau de fréquentation IVc, ainsi que la couche sableuse IVd, dans laquelle était creusée une petite fosse de 10 cm de diamètre, haute de 15 cm environ, remplie d'une terre sableuse brune; il s'agit très probablement d'un trou de poteau se référant à une structure antérieure à M13, mais la faible extension de la fouille ne permet pas d'en dire davantage.

## 3.5. La fouille d'urgence

La commune de Monasterace a entrepris en juin 1985 de changer une canalisation d'eau mise en place dans les années 1950, et qui traversait toute la partie nord du site. L'utilisation dans un premier temps de moyens mécaniques lourds a entraîné quelques destructions et permis de mettre au jour des segments de murs antiques. Au nord de la muraille, la tranchée n'a permis de déceler aucune trace de fossé ou de *proteichisma*. Les observations faites *intra muros* se limitent à une tranchée d'une trentaine de mètres environ, dans laquelle on a procédé au nettoyage des structures visibles en paroi et à quelques élargissements mineurs pour mieux apprécier la direction des vestiges. Aucune observation stratigraphique digne de ce nom n'a pu être faite. On décrira les structures mises au jour du nord au sud.

M14: mur orienté ONO-ESE, conservé sur 1 m de long dans le carré QV 548; largeur: 48 cm; cote de fondation: 9 m; arasement: 9,19 m.

M15: élément de mur orienté NNE-SSO, très mal conservé; apparemment lié à M14.

M16A: prolongation de M15 vers le sud, mieux conservé; largeur: 34 cm.

M16B: prolongation de M16A vers le sud (carré QV 516); fondé à la cote 8,90 m ca, conservé sur 80 cm de haut environ, en cinq assises de petits moellons; les deux assises supérieures ont basculé vers l'ouest. Au sud, le mur s'arrête en coup de sabre, sur un piédroit de porte ou un retour à angle droit vers l'ouest.

M17A: parement ouest d'un autre mur parallèle à M16, formé de blocs plus gros en arénaire très friable. Largeur: 40 cm environ (carré QV 485).

M17B-18: prolongation de M17A vers le sud et retour à angle droit vers l'est. Après 2,10 m, M18 s'arrête, probablement sur un piédroit de porte. Cote de la fondation: 9,10-9,20 m; arasement: 9,45 m; largeur: 42 cm.

M19: mur ONO-ESE, à peu près parallèle à M14; M19 est clairement superposé à M18; fondation: 9,45 m; arasement: 9,84 m; largeur: 50 cm.

Les murs M15-16-17-18 forment évidemment un ensemble cohérent, fondé à la cote 8,90 m ca, arasé vers 9,45 m; M19, par sa position stratigraphique et son orientation différente, appartient à une phase distincte; quant à M14, orienté comme M19 mais apparemment lié à M15-16, il suggère que des structures ont pu être en usage dans les deux phases. Notons que M14 et M19, larges tous deux d'une cinquantaine de cm (une coudée ?), ont une orientation de 12 à 16 degrés vers le nord-est; or les axes de l'habitat hellénistique, dont les recherches de Schmiedt et Chevallier, mais aussi les fouilles récentes, ont montré qu'il s'étendait au nord du phare, sont orientés à 15 degrés vers le nord-est. Il est donc probable que M19, et peut-être M14, appartiennent au réseau des murs hellénistiques. Au même ensemble pourrait appartenir le mur écroulé dont on a envisagé l'existence dans le sondage QV 609 (*supra*, p. 37, couche IIa).

Les autres murs sont plus étroits et orientés à 25-30 degrés vers le nord-est. Une telle orientation, différente de celle de l'habitat archaïque et classique au sud du phare, se retrouve dans l'égout E2 de la muraille classique sous la tour D, mais aussi dans les murs d'habitation pré-hellénistiques du quartier nord-est (fouilles S. Marco, commencées en 1986). Malgré le caractère lacunaire des données, il ne semble donc pas trop hasardeux d'envisager, à l'arrière de la tour D, deux phases de l'habitat antique, orientées différemment. L'espacement entre les murs M16 et M17 (2,50 m environ) pourrait correspondre à une rue, orientée dans la direction de l'égout E2.

## 3.6. Les stratigraphies. Conclusions

### *3.6.1. Les niveaux archaïques (couche IV)*

Relativement bien conservés, les niveaux archaïques sont d'interprétation difficile. Dans aucun sondage *intra muros* on n'a rencontré de niveau vraiment stérile, sans trace d'occupation humaine: la fouille a atteint la cote 6,90 m en QV 609, 7,30 m, avec un petit sondage jusqu'à 6,90 m, en QV 640-641. Il est donc impossible de restituer le mouvement du terrain avant la construction des premières fortifications. On peut dire cependant que ce terrain est avant tout sableux, avec quelques galets de petites dimensions, et présente dans les parties basses des alternances de couches sableuses de couleurs et de textures différentes, sans doute liées aux crues du fleuve Assi.

Le premier niveau identifié d'occupation archaïque est sans doute le sol IVc du sondage QV 609 (cote 7,30 m), datable vers le premier quart du VI$^{e}$ s. Le dernier niveau serait la couche IVb en QV 641, peut-être un sol de rue, datable vers la fin de la période archaïque ou au début de la période classique.

Le mur M12 est une structure en galets de rivière, parfois de grandes dimensions, mais il est très mal conservé; il est fondé à la cote 7,50 m environ, incliné (ou basculé ?) vers le nord, et appuyé sur des niveaux sableux. La fonction de ce mur a donné lieu successivement à trois hypothèses qu'il vaut la peine d'énumérer à présent.

1) M12 est un mur d'habitat archaïque qui doit s'interpréter avec M13 (QV 609); on aurait alors la limite nord de l'habitat archaïque, 7,50 m environ au sud du parement interne de la muraille (dont on estime la largeur à 3 m). Mais M12 est fondé 40 cm plus haut que M13, ce qui paraît d'autant plus excessif pour un même bâtiment que le terrain doit être plutôt en pente vers le nord.

2) M12 est le parement interne d'un grand terrassement appuyé sur M9/11 et supportant le sol de rue IVb; on aurait ainsi une énorme construction de 11,50 m environ, jouant sans doute à la fois un rôle de fortification et de digue contre les crues du fleuve. De telles dimensions et une telle fonction ne doivent pas nous surprendre à l'époque archaïque [1], mais on s'étonnera qu'une telle construction ait un parement externe en briques crues, sur un socle en pierre relativement bas.

3) M12 est le parement interne d'un *agger* de sable dont le parement externe est enfoui sous les constructions hellénistiques, en arrière de M9/11. Cet *agger* aurait alors toutes chances d'être antérieur à M9/11, et pourrait se dater vers le début du VI$^{e}$ s.

De ces trois hypothèses, la troisième, qui nous semble mieux rendre compte des données stratigraphiques, aura notre préférence, mais il est impossible, en l'état actuel des connaissances, de trancher en toute rigueur.

Quoiqu'il en soit de la fonction de M12, le mur M9/11 est sûrement archaïque, mais on n'a aucune raison de le dater avant le milieu du VI$^{e}$ s. Sa destruction, peut-être progressive, se situe dans la première moitié du V$^{e}$ et se marque par les coulées d'argile brune ou grise des sondages QV 642, 672 et 641 (couche IVa).

### *3.6.2. Les niveaux classiques (couche III)*

Le matériel du V$^{e}$ s. est extrêmement abondant dans le secteur de la tour D, particulièrement à l'entrée et à la sortie de l'égout E2, mais aussi dans tous les niveaux archéologiques d'époque hellénistique. L'écoulement des eaux dans l'égout E2 semble s'être fait à la cote 8,30 m ca, ce qui suppose un sol vers 8,40 m en QV 640-641, vers 8,50 m au moins en QV 609, dans des niveaux remaniés à l'époque hellénistique. Ce sol peut correspondre également au niveau d'occupation des murs M16 à M18 de la fouille d'urgence (fondations vers 8,90-9,20 m).

---

[1] La «muraille-digue» de Mégara Hyblæa mesure jusqu'à 11 m d'épaisseur, s'il faut en croire F. S. CAVALLARI, dans *MonAL* 1, 1889, col. 733-736.

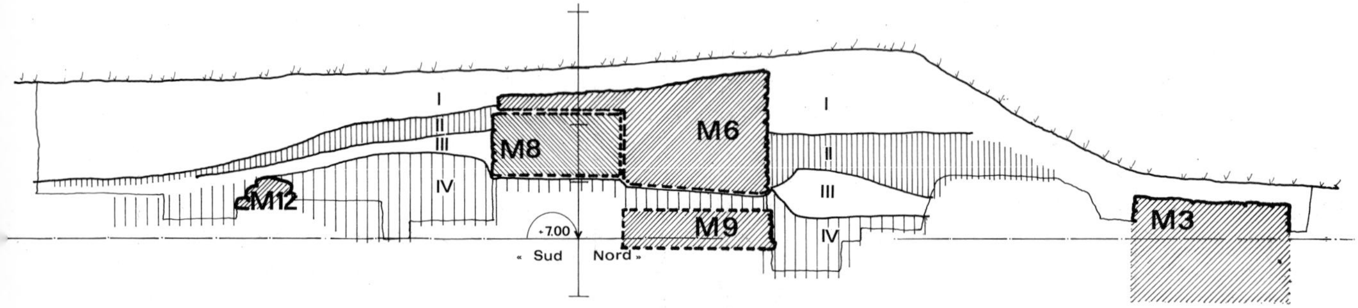


Fig. 27. Coupe stratigraphique schématique de la tour D.

### *3.6.3. Les niveaux hellénistiques (couche II)*

On a vu que la fortification hellénistique est traversée par un égout E1 dont la cote de départ est 8,93 m. Or le plan de marche d'époque hellénistique, recouvert d'un épais niveau de tuiles et daté clairement au III$^e$ s., descend de la cote 8,90-9,00 m contre le rempart à la cote 8,00 m au sud du sondage QV 640, et même à la cote 7,80 m dans le sondage QV 609. Il va de soi que l'eau ne pouvait plus s'écouler par l'égout... L'explication la plus simple consiste à faire de l'égout E1 une réfection tardive, en liaison avec un sol situé à la cote 9,00 m que l'on n'aurait pas vu à la fouille. Mais rien dans la structure de E1 ne permet de penser à une réfection. Et on se rappellera que les niveaux classiques (couche III), très épais contre la muraille, à l'entrée de l'égout E2, disparaissent vers le sud, où l'on passe sans transition du III$^e$ au milieu du VI$^e$ s. La même situation se reproduit dans le sondage QV 609. On notera enfin que le niveau de fondation des murs probablement hellénistiques de la fouille d'urgence (M19) se situe à 9,45 m, ce qui suppose un sol d'habitat un peu plus haut, 1,50 m au-dessus du bas des couches du III$^e$ s. en QV 609. Cette différence de niveau excède nettement la pente naturelle du terrain sur une quarantaine de mètres.

Il faut donc se résoudre à envisager un vaste remaniement du terrain dans le courant du III$^e$ s., un recreusement des niveaux du V$^e$ et du IV$^e$ siècles, pour constituer une grande fosse orientée à peu près nord-sud, pour des raisons qui nous échappent, mais que l'on peut conjecturer. L'importance de l'évacuation des eaux pluviales est attestée par l'existence d'un petit fossé E3 dans les niveaux archaïques, d'un grand égout E2 dans la phase du V$^e$ s. et d'un égout plus modeste E1 dans la phase hellénistique. N'a-t-on pas jugé nécessaire au III$^e$ s. de procéder à des aménagements plus importants, dont l'extension réelle ne peut être appréciée par de simples sondages? Cela rendrait compte entre autres choses de la surprenante inversion stratigraphique du sondage QV 609, dans lequel le matériel du V$^e$ s., absent de la couche III, se trouve en abondance dans la couche II, où le matériel hellénistique est rare.

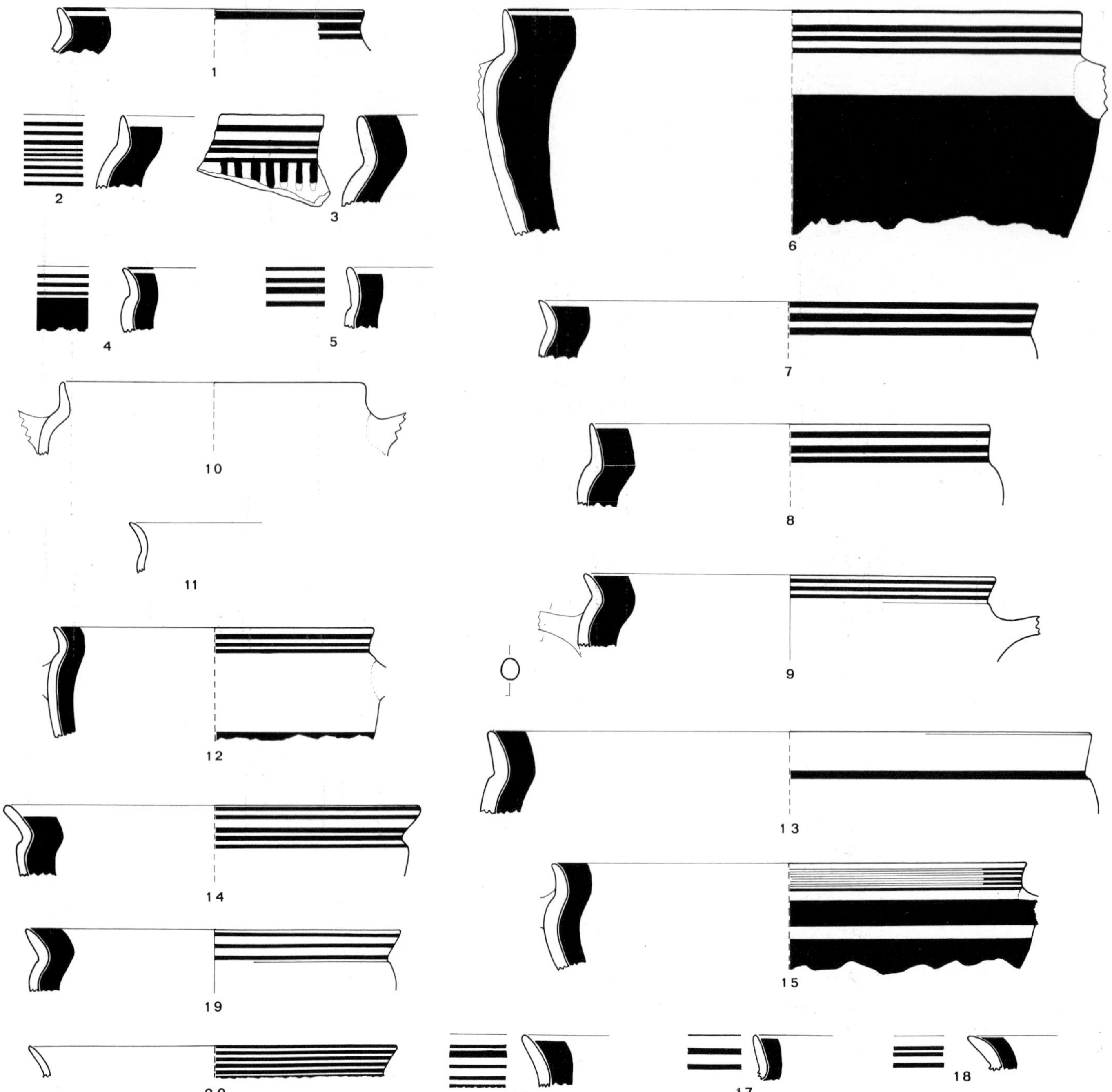


Fig. 28. Coupes subgéométriques, coupes à filets, éch. 1:2.

# 4. LE MATÉRIEL

Le matériel céramique provenant des remblais de la tour D n'est ni le mieux conservé, ni le mieux stratifié de Kaulonia. Il nous a semblé cependant que les publications précédentes ne donnaient pas une idée suffisamment précise du faciès céramique de la cité achéenne et qu'une présentation de ce matériel par séries typologiques serait utile. Cette publication n'est pas exhaustive; en l'absence de situations stratigraphiques nettes qui permettraient de proposer des chronologies, on se bornera à une présentation rapide des diverses catégories, en insistant sur les quelques cas pour lesquels on peut apporter des informations nouvelles (coupes ioniennes, céramique de cuisine, timbres sur tuile, amphores). Les fragments sont désignés par le numéro de catalogue qu'ils portent sur les planches d'illustration; la correspondance avec les numéros d'inventaire est donnée en annexe.

## 4.1. CÉRAMIQUES ARCHAÏQUES DE TYPE CORINTHIEN OU IONIEN

### *4.1.1. Coupes subgéométriques à filets (fig. 28)*

Il n'y a pas dans les fouilles de la tour D de fragments qui se rattachent aux séries géométriques. Le fragment n° **1**, donné comme exemple, provient du secteur de la Casa del Drago, au sud-est du phare; il s'agit d'une coupe corinthienne se rattachant au style de Thapsos, et que l'on peut dater vers la fin du VIII$^{e}$ s., mais ce fragment est pour l'instant isolé. Le fragment n° **2** reprend par son décor la tradition décorative du style de Thapsos, mais le profil, dépourvu de tout gonflement de la lèvre, trahit une date tardive (cf. C. Sabbione, *Le aree di colonizzazione di Crotone e Locri Epizefiri nell'VIII e VII sec. a.C.*, dans *ASAA*, 60, 1982, p. 269 n° 44 et fig. 11, de Crotone; premier quart du VII$^{e}$ s.?).

Les autres vases de la figure 28 appartiennent aux séries subgéométriques du VII$^{e}$ s. L'argile est généralement fine, de couleur beige variant du paille au grisâtre. Le vernis, le plus souvent mal conservé, est brun mat, sauf dans quelques cas (n° **12**) où il prend une couleur rouge. Autant que l'on puisse en juger sur des fragments, la principale forme représentée est la forme profonde du protocorinthien subgéométrique (T. J. Dunbabin, *Perachora 2*, p. 75-76), mais la plupart de nos fragments viennent sans doute de productions coloniales.

Les fragments **2** à **12** proviennent des sondages *intra muros* (QV 609, US 16 à 28; 640, US 15 à 20; 671, US 18) et notamment des niveaux les plus profonds (couche IVc). Aucun n'a été découvert dans les sondages pratiqués à l'extérieur de la muraille archaïque (QV 642-643 et 672).

Les fragments **13** à **20** proviennent de «coupes à filets», qui ne se distinguent pas toujours nettement des précédentes sur de petits fragments. La forme générale est plus proche de celle des coupes «ioniennes» que de celle des coupes de tradition protocorinthienne; ce matériel est abondant à Sybaris (*NSA*, 1970, Suppl. 3, p. 157-160 et 265-270), à Crotone (Sabbione, *art. cit.*, p. 268-269) et se trouve dans les niveaux les plus anciens de Poseidonia vers 600 (E. Greco, *La ceramica arcaica di Poseidonia*, dans *Il commercio greco nel Tirreno...*, Salerne, 1981, p. 57-66).

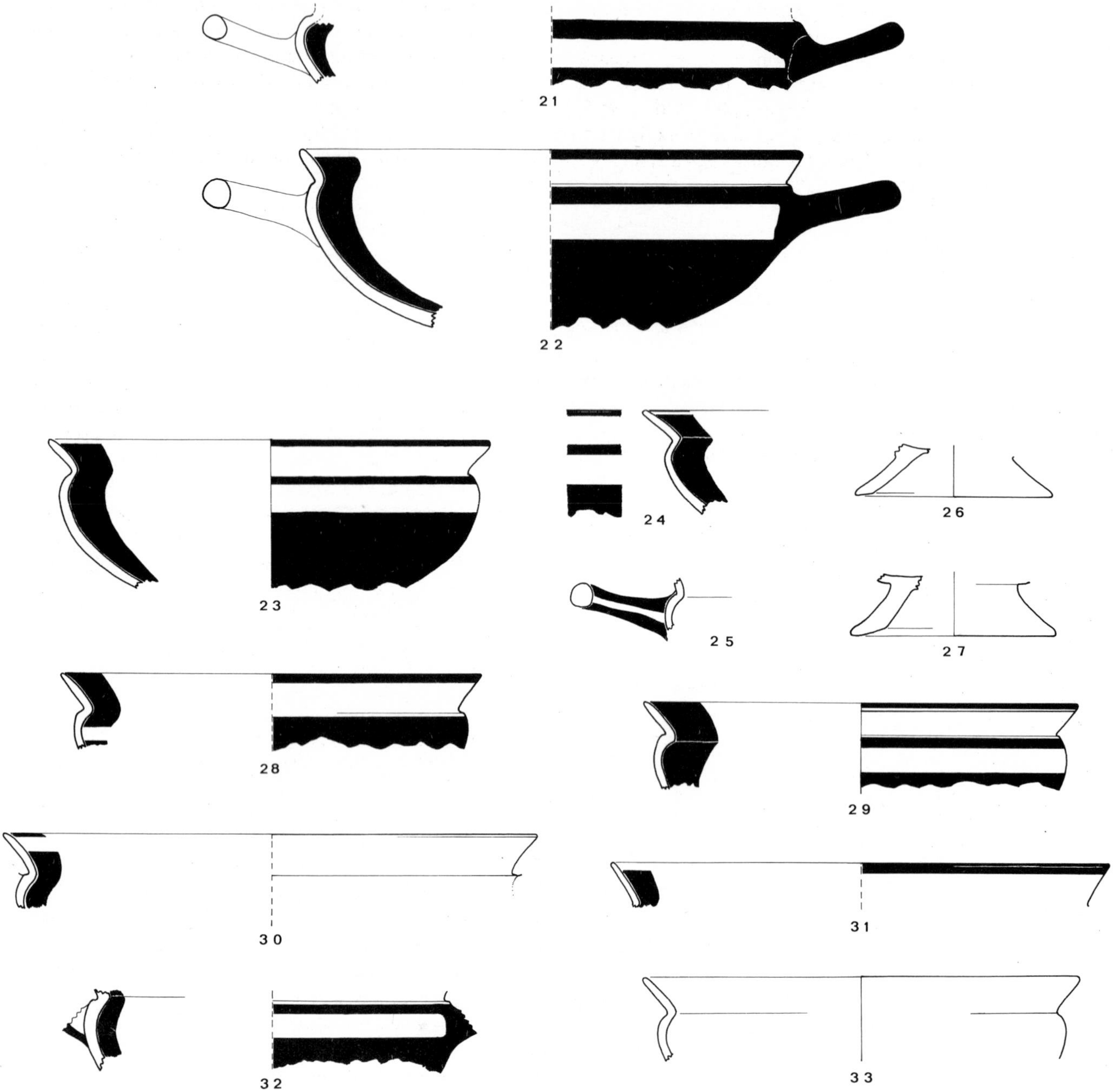


Fig. 29. Coupes "ioniennes" de type B2 à engobe rouge, éch. 1:2.

### *4.1.2. Coupes «ioniennes» (fig. 29 à 31, 33)*

Un seul fragment non illustré (inv. 609.13.8), se rattache sans doute au type B1 de G. Vallet et Fr. Villard (*MEFR* 67, 1955, p. 23): paroi fine, beau vernis noir, deux lignes en rehaut pourpre. Tous les autres appartiennent au type B2. On distinguera par la technique deux séries principales.

a) argile beige, assez claire. Les parties réservées sont couvertes d'un engobe rouge, qui donne à la céramique un aspect rouge et noir. Le vernis est d'excellente qualité, généralement noir, quelquefois rouge (n° **32** et **33**). La paroi est mince, l'épaule bombée, l'articulation de la lèvre très marquée. La décoration est traditionnelle, avec une ligne réservée à l'intérieur de la lèvre. Le n° **28** présente exceptionnellement une ligne réservée à l'intérieur, à la hauteur des anses; le n° **22** a une lèvre plus courte et une paroi un peu plus épaisse; le n° **27** a une argile brun clair et un vernis brun rouge mat. Le dessous du pied est également recouvert d'engobe rouge.

Les fragments **36**, **39**, **45**, **51** à **53** ont une argile analogue, apparemment dépourvue d'engobe, mais cela est sans doute dû à un mauvais état de conservation. Le fragment n° **36** a un vernis rouge et rappelle par son profil la coupe de Vélia, *Céramiques de Grèce de l'Est*, pl. 150.

b) argile rose-orangé, sans engobe (n° **34** et **35**, **40** à **43**). Certains fragments évoquent les productions éléates (argile orangée), d'autres pourraient être attiques (pâte rosée). Le fragment **39** a une pâte nettement rouge, un très beau vernis noir, une lèvre très droite. Le fragment **49** enfin a une argile ivoire très fine, une couverte brun rouge à l'extérieur de la lèvre; la vasque est réservée à l'intérieur, sauf une bande brune au haut de la lèvre.

La littérature sur les coupes «ioniennes» est extrêmement abondante, et on se bornera à renvoyer aux bibliographies données dans *Céramiques de Grèce de l'Est*. On sait aujourd'hui qu'une grande partie des coupes de type B2 n'était pas importée mais fabriquée localement dans des centres variés: en fait, il n'est pas improbable que chaque centre grec de quelque importance ait eu son céramique et que l'on y ait fabriqué la plupart des produits de consommation courante, particulièrement les coupes «ioniennes». Malheureusement, on ne dispose pas encore d'une étude d'ensemble de ces productions régionales.

La production à pâte beige et engobe rouge, qui veut peut-être imiter des productions attiques, est bien attestée à Sybaris où elle constitue le groupe I défini par A. Bedini (*NSA*, 1970, Suppl. 3, p. 261-265), mais l'engobe rouge apparaît dans les cinq catégories définies. De même, une «ingubbiatura color rosa carico, oppure rossiccia o aranciata» apparaît sur la plupart des fragments de Locres (G. Bacci, dans *Locri I*, p. 78). La même technique s'observe sur des fragments de Crotone, mais rien de tel n'est signalé à Siris (B. Hänsel, *NSA*, 1973, p. 446-449) ou à Métaponte (F. D'Andria, *NSA*, 1975, Suppl., p. 372 et renseignements A. De Siena), où l'argile est plutôt chamois et où une fabrique locale est certaine.

À Tarente, les coupes B2 ont en général une argile rosée ou orangée, considérée parfois comme attique (P. Pelagatti, *ASAA*, 1955/1956, p. 16-17; F. G. Lo Porto, *BA*, 1961, p. 272, 280). On sait qu'en Campanie les coupes produites dans la région de Vélia ont une pâte orangée sans engobe; en Sicile la plupart des coupes B2 de Mégara Hyblæa, considérées comme importées par G. Vallet et Fr. Villard (*Megara Hyblæa 2. La céramique archaïque*, 1964), ont une pâte beige sans engobe; à Himère, plusieurs techniques sont attestées (*Himera 2*, I, p. 268 sqq.).

On proposera donc de considérer les coupes à engobe rouge comme des productions régionales calabraises, à attribuer à un (ou plusieurs) centre(s) de la côte ionienne, entre Locres et Sybaris, et dont la diffusion a dû rester locale.

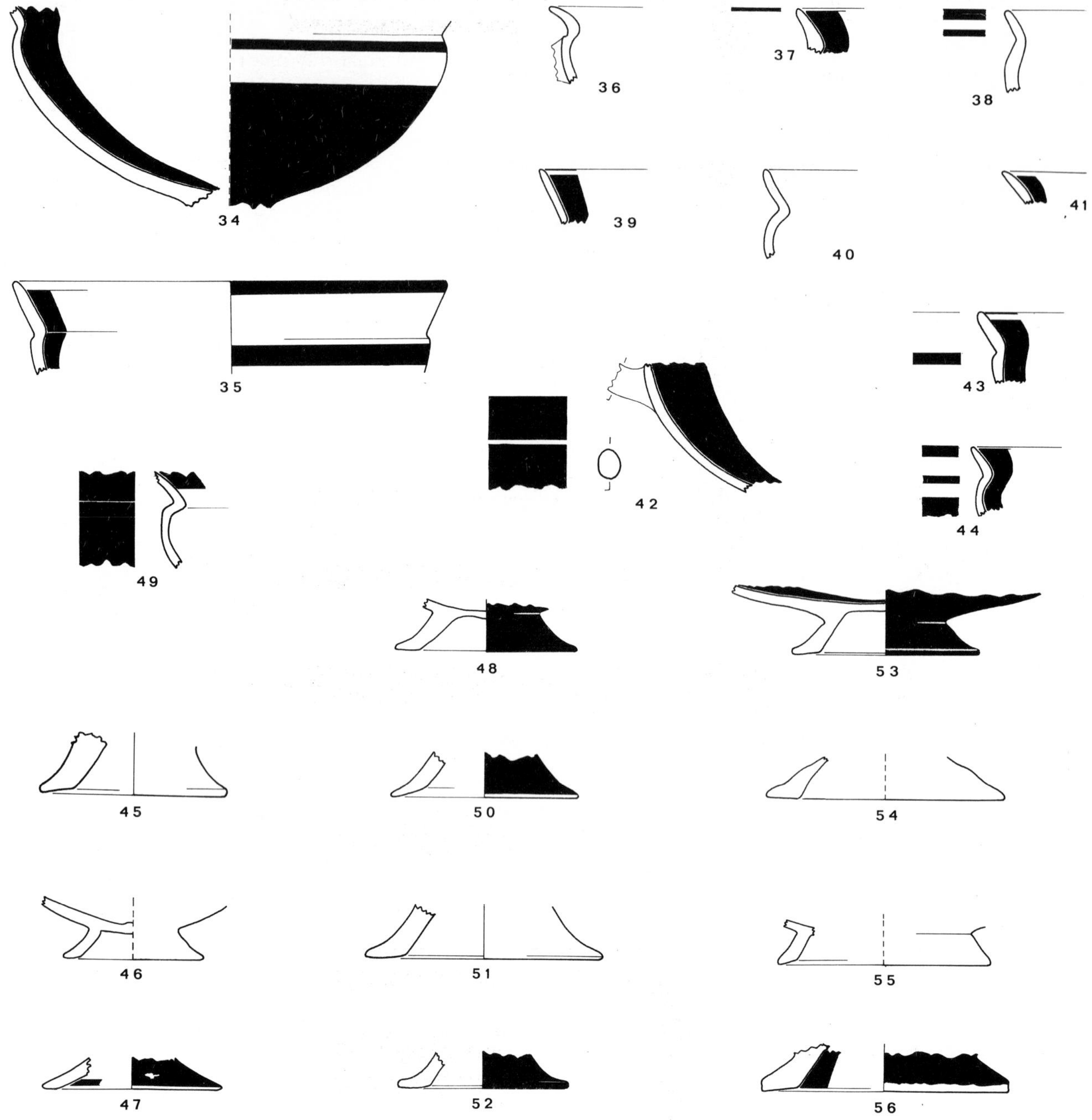


Fig. 30. Coupes "ioniennes" de type B2 sans engobe, éch. 1:2.

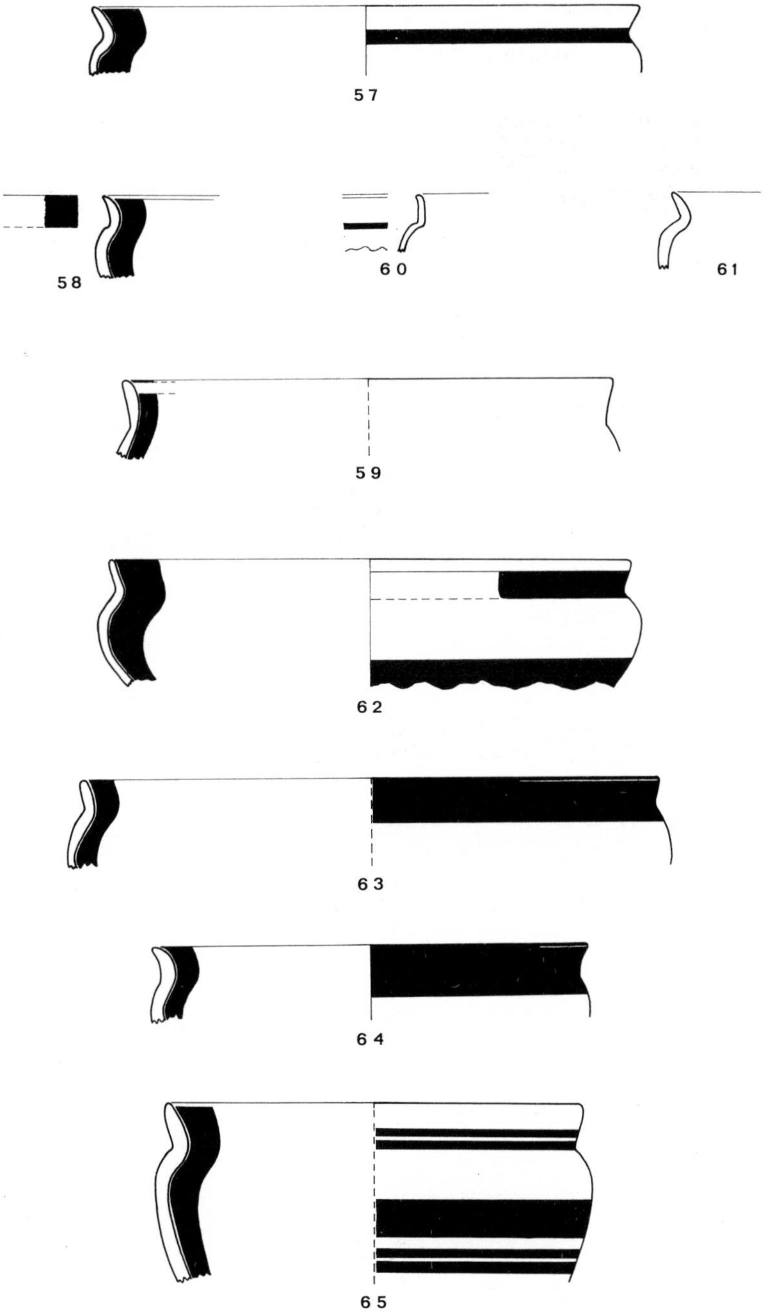


Fig. 31. Coupes à décor de bandes, éch. 1:2.

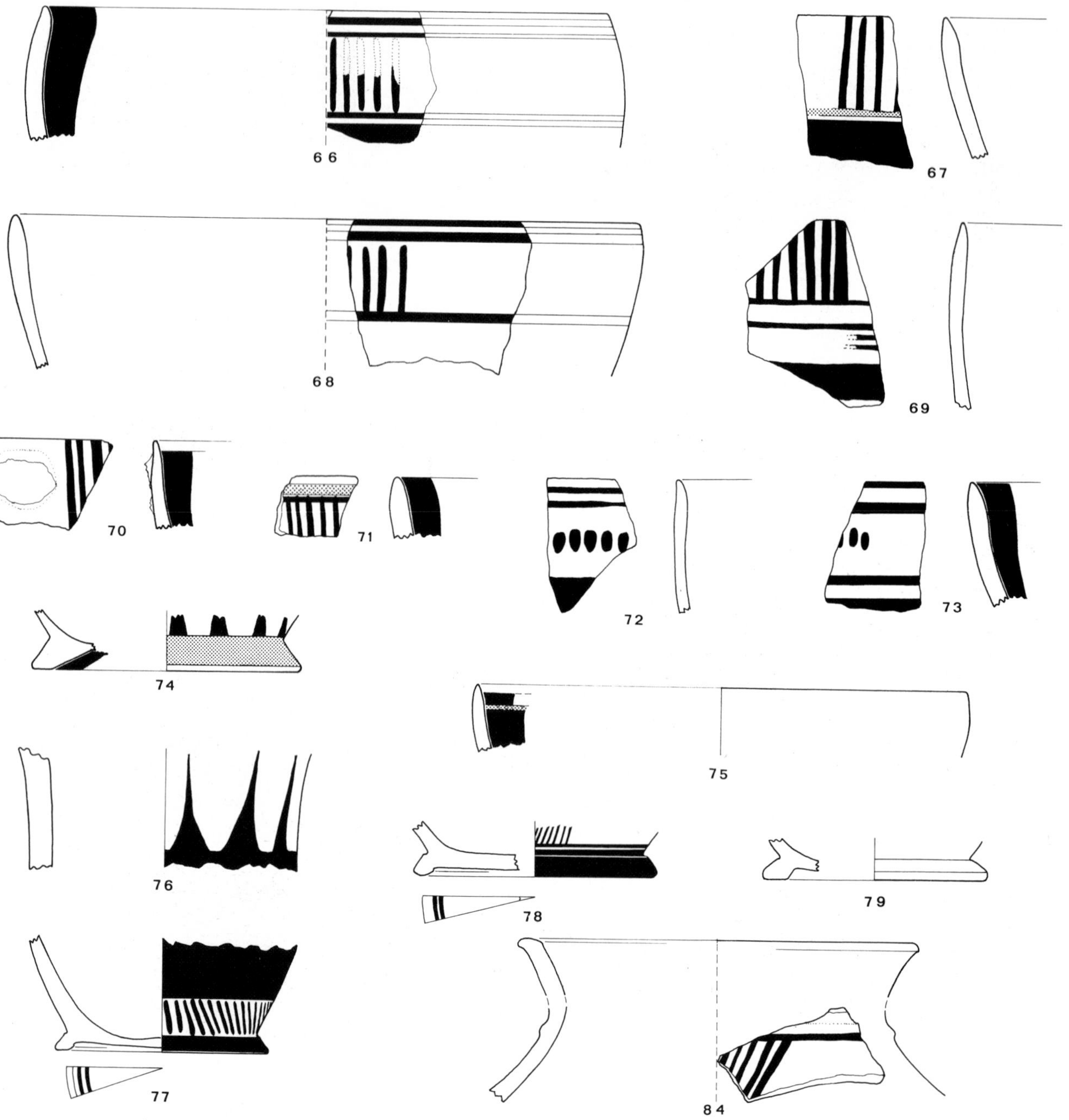


Fig. 32. Céramiques de type corinthien récent, éch. 1:2.

23

81

82

83

80

85

84

Fig. 33. Céramiques archaïques diverses, éch. approx. 1:1.

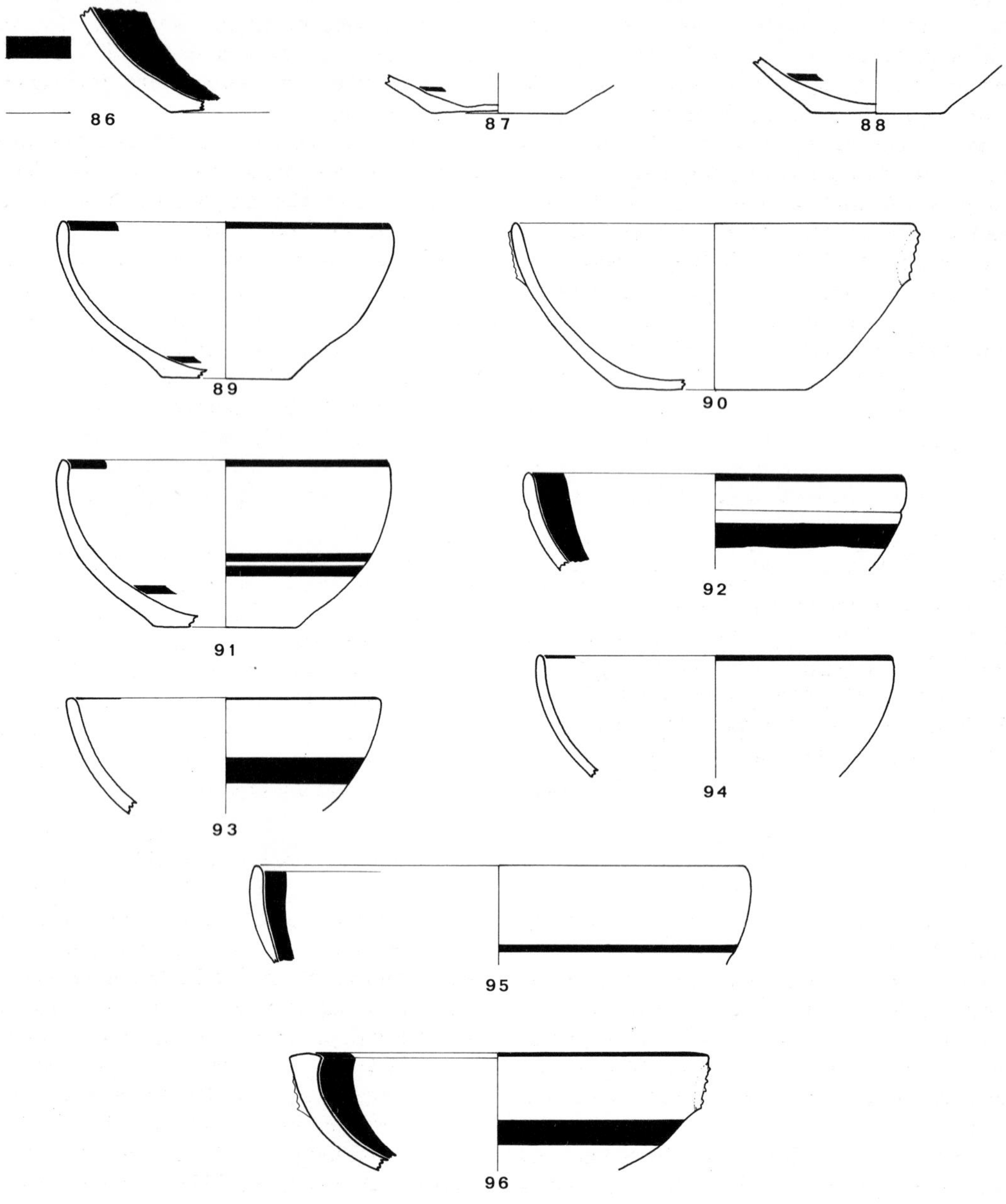


Fig. 34. Tasses à décor de bandes, éch. 1:2.

Les coupes B2 dans leur majorité, et les coupes à engobe rouge dans leur quasi-totalité, proviennent du sondage QV 609 (US 12 à 18); cette particularité tient sans doute à la fragilité de l'engobe, qui aura mieux résisté dans le milieu sableux et humide du sondage QV 609. Les fragments recueillis appartiennent à des niveaux archaïques, couvrant sans doute l'essentiel du VI$^e$ s. Mais on notera aussi l'absence dans les US 12 à 18 du sondage QV 609 de céramiques attiques à vernis noir du dernier quart du VI$^e$ s. Contrairement à ce que l'on a pu observer ailleurs (W. Johannowsky, *Céramiques de Grèce de l'Est*, p. 139), il semblerait donc que l'utilisation des coupes B2, même de fabrication coloniale, ne se prolonge guère au-delà de 520 environ.

### *4.1.3. Coupes à décor de bandes (fig. 31)*

On a regroupé sous cette appellation des coupes archaïques du VI$^e$ s. dont le profil et le décor s'apparentent parfois à ceux des coupes ioniennes, avec de nombreuses variantes. Le fragment **64** a une pâte jaune très claire, un vernis brun noir mat, et pourrait être corinthien; les autres fragments ont des argiles très variables, de jaune à rouge et à gris.

### *4.1.4. Skyphoi corinthiens et de tradition corinthienne (fig. 32 et 33)*

On notera l'absence totale de skyphoi protocorinthiens subgéométriques du VII$^e$ s. Les quelques fragments catalogués sont des fonds de skyphoi du Corinthien Récent, à pâte fine grisâtre, variant du gris jaune au gris vert, avec des arêtes rayonnantes (n° **74** et n° **83**) ou de petites baguettes à la base (**77** et **78**); le petit fragment de vasque **75** a une ligne de rehaut pourpre à l'intérieur.

Cependant, la majorité des fragments est constituée de grands skyphoi (diamètre maximum de 18 à 20 cm) en argile grisâtre, un peu granuleuse; la paroi est plutôt épaisse, le décor de lignes horizontales ou verticales évoque une tradition subgéométrique ancienne. Le vernis utilisé est mat, brun à brun noir, et s'efface facilement; on observe souvent des bandes de peinture rouge.

Ces vases ne sont pas nécessairement plus anciens que les coupes «ioniennes» avec lesquelles ils se retrouvent en contexte et doivent dater du Corinthien Récent. Mais les skyphoi corinthiens contemporains ont des décors différents et sont en général nettement plus petits, sans parler des vases miniatures (cf. Boardman-Hayes, *Tocra 1*, pl. 26-27; pour la forme, cf. *Perachora 2*, pl. 101, n° 2513 à 2515, à décors figurés). On y verra donc volontiers des fabrications coloniales, déjà connues à Kaulonia dans les fouilles anciennes (Orsi 1914, fig. 177, 178, provenant de la nécropole; Tomasello 1972, p. 571 fig. 14a, p. 607 et fig. 93g).

On a regroupé également sur la fig. 32 le fragment n° **76**, qui semble appartenir à un pied de grand vase (cratère?), et le col d'oenochoé n° **84**, à décor subgéométrique, apparenté à celui des skyphoi décrits plus haut, mais probablement d'importation. Un autre fragment d'épaule d'oenochoé (fig. 33, n° **85**), avec des languettes incisées et une ligne en rehaut rouge pourrait être plus ancien (Corinthien Moyen?).

### *4.1.5. Tasses à bandes (fig. 34)*

Ces petites tasses apodes sont probablement pourvues d'une seule anse horizontale. Certains exemplaires sont vernis à l'intérieur et décorés de bandes à l'extérieur, sur un engobe rouge, selon la technique décrite pour les coupes ioniennes (n° **86**, **92**, **93**). D'autres sont décorés de bandes à l'intérieur également (**87**, **88**, **91**). Ce type de vase existe sans doute dès le dernier quart du VI$^e$ s. et se prolonge au V$^e$ s., peut-être jusqu'au début du IV$^e$ s. Les parallèles sont nombreux dans toute l'Italie Méridionale (Oppido Lucano, *NSA* 1980, t. 26, 35, 41 etc.; G. Bailo Modesti,

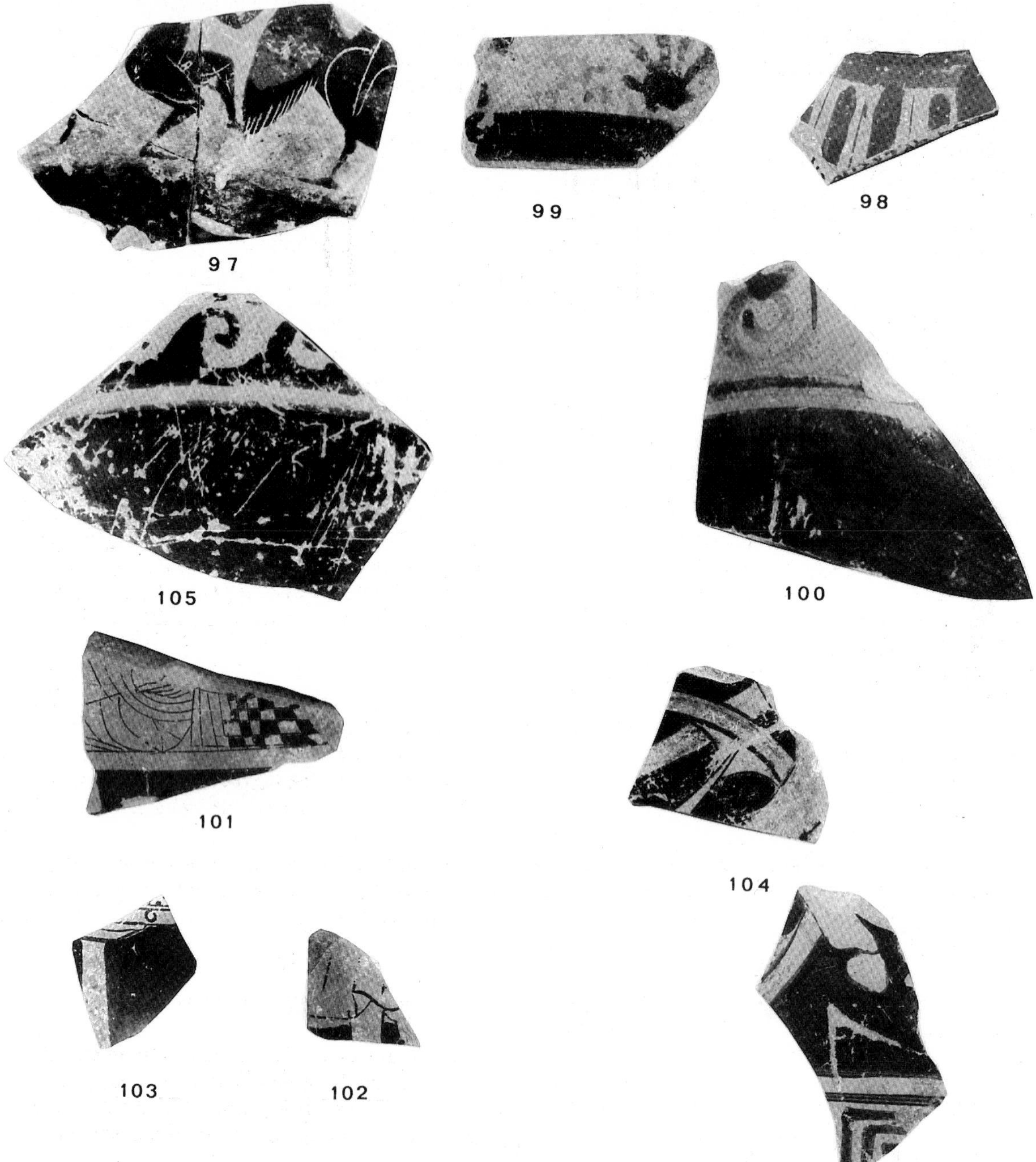


Fig. 35. Céramiques figurées, éch. approx. 1:1.

*Cairano nell'età arcaica*, Naples, 1980, p. 81-83, type 98; *Tolve*, fig. 36, n° 70325; E. Greco-D. Theodorescu, *Poseidonia-Pœstum III*, Rome, 1987, fig. 88, n° 689); des vases analogues se trouvent à Athènes, mais ils sont pourvus d'un petit pied annulaire (*Agora XII*, fig. 8; *Hesperia*, 1986, p. 51, fig. 34).

Les fragments de Kaulonia proviennent surtout des sondages 672 (US 17 et 20) et 671 (US 2 et 3), dans des contextes du Ve s.

## 4.2. CÉRAMIQUES ATTIQUES OU IMITATIONS

### *4.2.1. Céramiques figurées (fig. 35)*

**97**. Fragment de vasque d'une coupe attique des Petits Maîtres (trois fragments jointifs); satyre dansant et oiseau; rehauts rouges; v. 530/520.

**98**. Fragment d'épaule de vase fermé à vernis noir attique; décor de languettes.

**99**. Fragment de vasque de coupe avec décor à figures noires tardives; début du Ve s.?

**100**. *Idem*.

**101**. Fragment de vasque de cratère attique à figures rouges; scène de banquet; bras gauche d'un personnage appuyé sur un coussin à décor de damier (milieu du Ve s.?).

**102**. Fragment de paroi de cratère à figures rouges; bas de vêtement à plis amples et cheville; deuxième moitié du Ve s.

**103**. Fragment de paroi de cratère à figures rouges; colonne et chapiteau fragmentaires.

**104**. Deux fragments non jointifs de paroi de cratère à figures rouges, provenant l'un du remplissage de la tour (inv. 643.46.281), l'autre des niveaux de remblaiement du sondage QV 609 (inv. 609.9.4); patte arrière de cheval et roue de char. La représentation est étagée sur trois plans: 1) patte de cheval; 2) roue; 3) barre oblique. En principe, les pattes arrière du cheval devraient se trouver en avant de la roue du char, à moins que la roue représentée ne soit la roue gauche du char: il faut alors imaginer une représentation en perspective dans laquelle la roue droite du char serait décalée vers notre gauche; en ce cas, la barre oblique de l'arrière-plan peut difficilement appartenir au char et doit se référer à un autre acteur de la scène. Des scènes de ce type sont fréquentes dans la céramique attique de la deuxième moitié du Ve s. (J. D. Beazley, *Attic Red-Figured Vases*, p. 1157, n° 25, P. du Dinos; p. 1312, n° 5, P. de Meidias, vers 410) ou du début du IVe s. (*ibid*., p. 1344, n° 1, P. de Suessula) ainsi que dans les productions lucaniennes contemporaines (A. D. Trendall, *Red-Figured Vases from Lucania, Campania and Sicily*, Oxford, 1967, pl. 25 à 27).

**105**. Bas de vasque à décor ondé. Ce type de décor est particulièrement fréquent dans la céramique lucanienne à partir de l'extrême fin du Ve s. et durant tout le IVe s. (par exemple Trendall, *op. cit.*, pl. 57, premier quart IVe s.).

La fouille a donné également plusieurs fragments de lèvres de cratères en cloche avec décor de feuilles de laurier.

### *4.2.2. Coupes et skyphoi à vernis noir*

On a regroupé sur la fig. 36 des fragments de lèvres et de pieds appartenant à des coupes et à des skyphoi à vernis noir entre la fin du VIe s. et le début du IVe s. Il s'agit pour l'essentiel de coupes

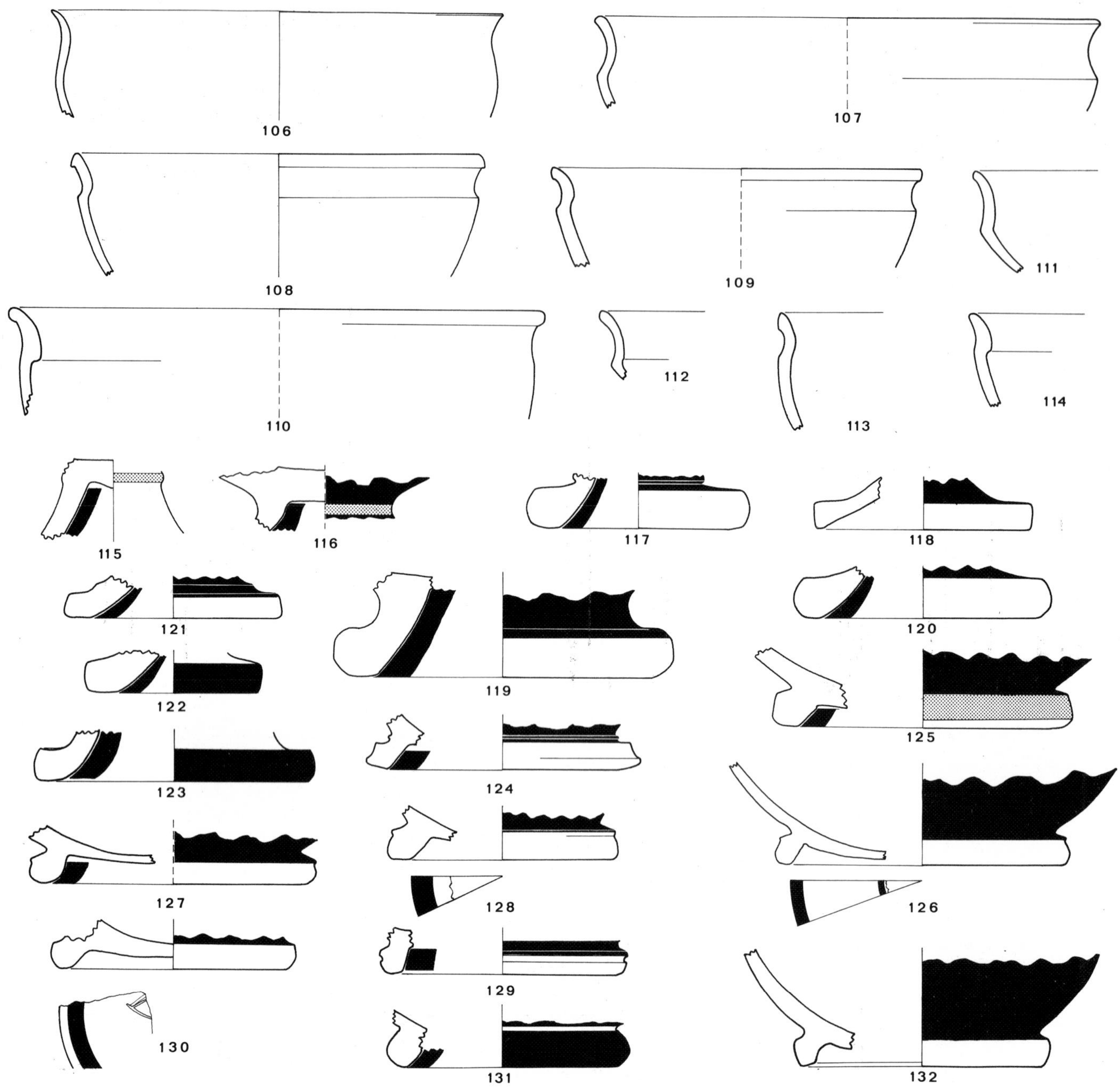


Fig. 36. Coupes et coupes-skyphoi à vernis noir, Ve s., éch. 1:2.

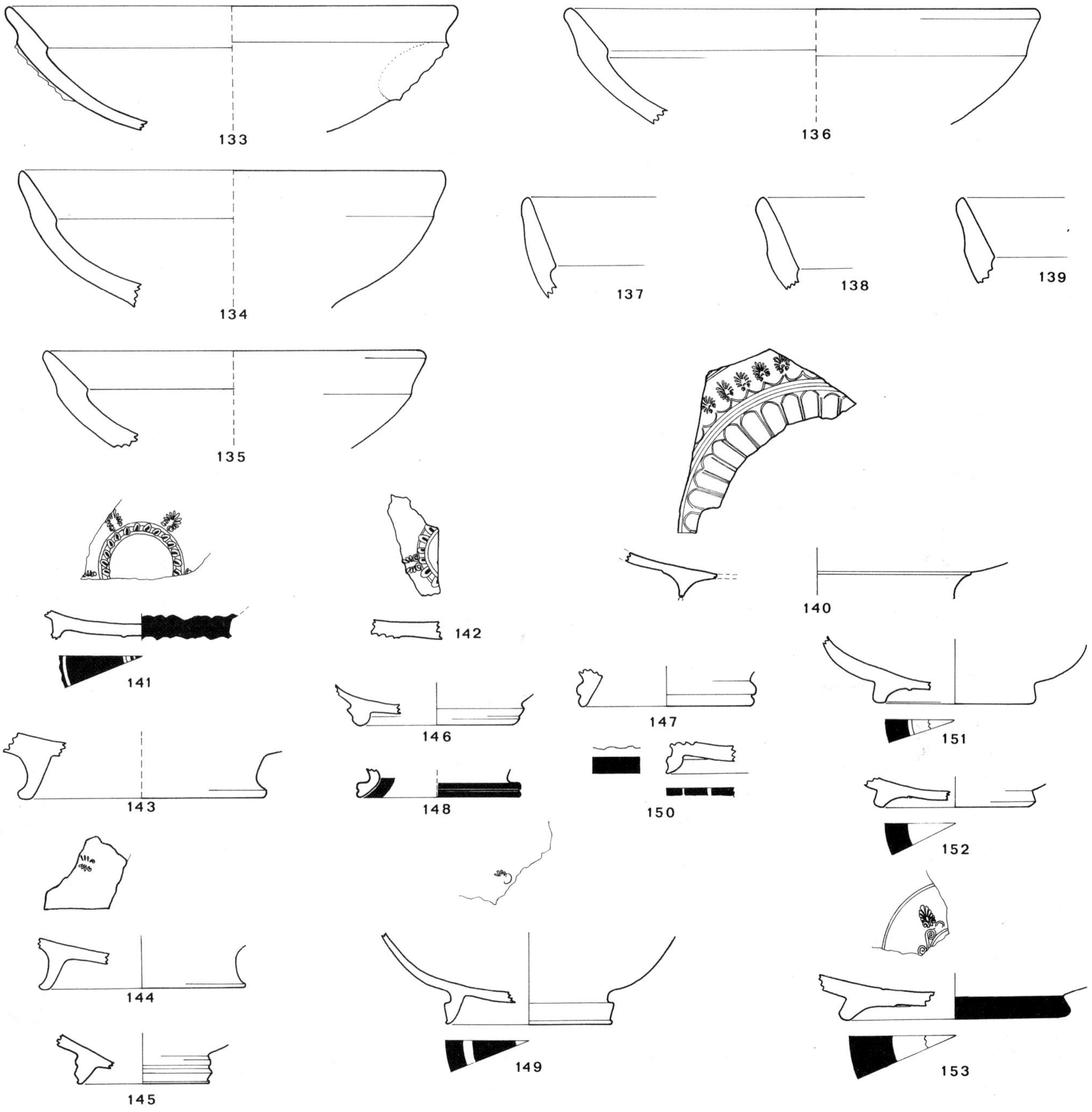


Fig. 37. Coupes à vernis noir, V^e^-IV^e^ s., éch. 1:2.

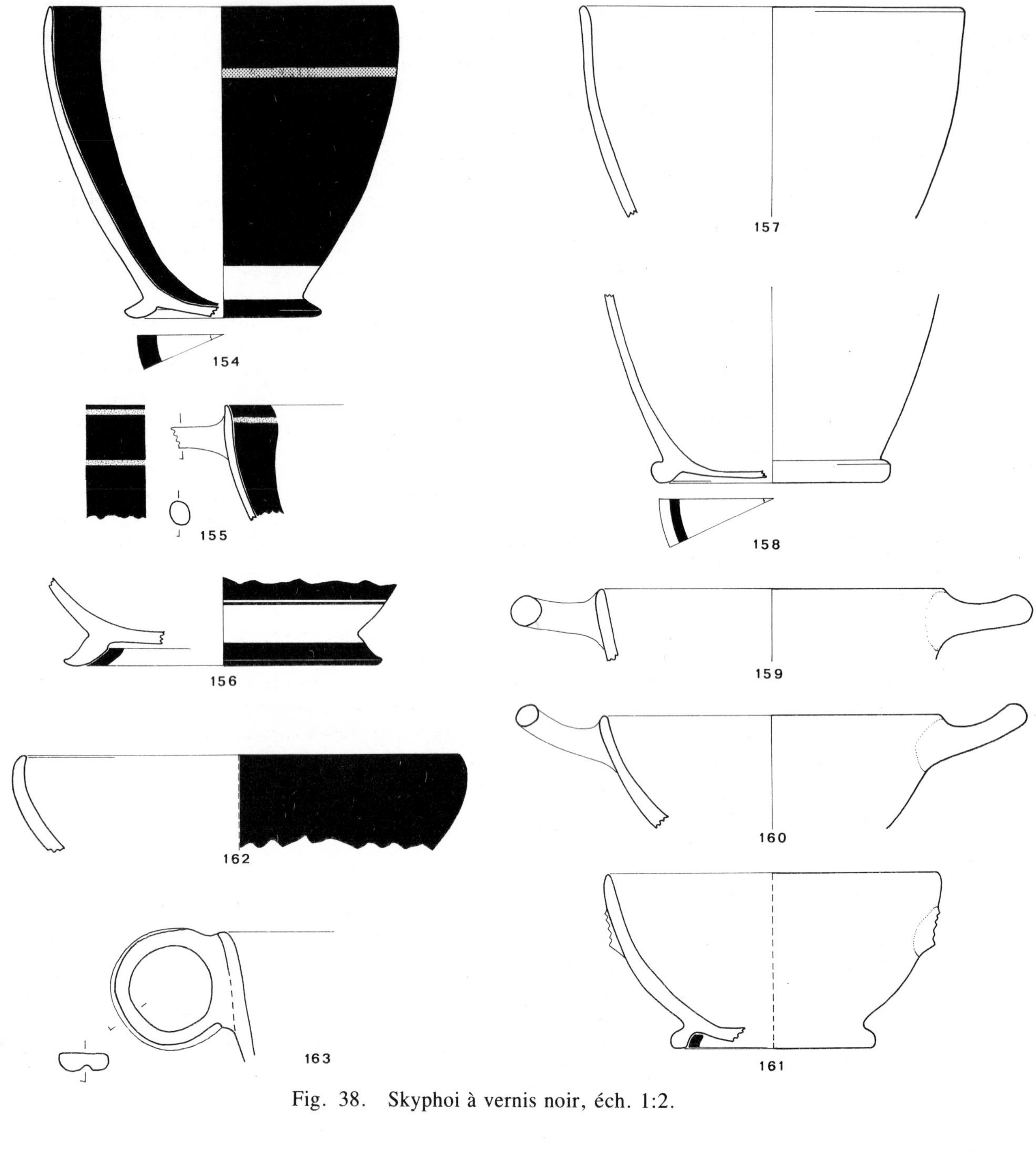


Fig. 38. Skyphoi à vernis noir, éch. 1:2.

de type Bloesch C à lèvre concave avec pied haut (cf. *Agora XII*, n° 398-413), sans pied («stemless», *Agora XII*, n° 454), ou avec pied annulaire («cup-skyphoi», *Agora XII*, n° 572 sq.); pour les formes de la fin de l'archaïsme, cf. également S.R. Roberts, *Hesperia*, 55, 1986, p. 1 sqq.

Le n° **106** est sans doute un «cup-skyphos» à courbure continue, forme ancienne (*Agora XII*, n° 563, v. 550) qui se prolonge au V^e^ s. (*Agora XII*, n° 494 et 495, v. 420). La plupart de ces fragments ont une argile rosée ou orangée, un vernis noir de bonne qualité; les parties réservées sont recouvertes le plus souvent d'un engobe rouge. Certains vases (n° **126**) ont une argile brun clair, qui les rapproche des coupes ioniennes à engobe rouge.

Les coupes attiques à ressaut (fig. 37, n° **133** à **139**) dérivent des coupes de type C (cf. *Hesperia*, 1986, p. 11, n° 10, v. 490) et se développent dans le deuxième quart du Ve s. Le type est décrit dans *Agora XII* («stemless inset lip», n° 471; voir aussi MOREL 1981, F 4271a1, *Meligunìs-Lipára, 2*, pl. b.8). On admet généralement que la forme se prolonge jusque dans le premier quart du IVe s. (Fr. Villard, *Lybica A.E.*, 7, 1959, p. 7-13; *contra*, MOREL 1981, p. 301, n. 346). La chronologie de ces coupes est actuellement débattue en Espagne («Castulo cups», cf. B.B. Shefton, dans H.G. Niemeyer (éd.), *Phönizier im West = Madrider Beiträge*, 8, 1982, p. 403-404; P. Cabrera Bonet et J. Fernandez Jurado, dans *Grecs et Ibères au IVe s.*, colloque de Bordeaux, décembre 1986, Actes sous presse dans *REA*). Les pieds n° **127** et **128** (fig. 36) pourraient se rapporter à cette forme.

Les fragments **140** à **153** (fig. 37) appartiennent également à des coupes-skyphoi attiques de la deuxième moitié du Ve s. ou du début du IVe s. (*Agora XII*, «delicate class») ou à leurs imitations. On proposera de dater le n° **140** vers le troisième quart du Ve s. (cf. *Agora XII*, n° 545, 865, 873 à 875). Le fragment n° **153**, peut-être attique, est original par son décor de spirales (cf. *Agora XII*, n° 543, 786): il date sans doute également de la fin du Ve s. ou, au plus tard, de la première moitié du IVe s.

Les fragments de skyphoi à vernis noir sont très nombreux: la figure 38 ne reproduit que les exemplaires les mieux conservés.

1) forme «corinthienne» (n° **154-156**); skyphoi assez hauts, vasque bombée, pied aplati, pâte généralement orangée, attique, beau vernis noir. Le bas de la vasque est réservé et recouvert d'un engobe rouge, comme le dessous du pied. La vasque est parfois décorée de filets en rehaut rouges ou blancs; le fragment **155**, mal conservé, a une argile grisâtre, des rehauts blancs à l'extérieur et à l'intérieur de la vasque (corinthien?). Ces vases se trouvent dans tous les niveaux archéologiques depuis la fin du VIe s. La forme se poursuit durant tout le Ve et même le IVe s. (*Agora XII*, pl. 15, n° 311 à 327). Le seul exemplaire à profil complet (n° **154**), relativement haut et étroit, n'est sans doute pas antérieur au milieu du Ve s. Aucun fragment ne semble très tardif.

2) forme «attique A» (n° **157-158**); pied en bourrelet, paroi souvent plus épaisse, forme plus ouverte (cf. *Agora XII*, n° 342, milieu du Ve s.). Le bas de la vasque est le plus souvent verni, parfois réservé avec engobe rouge comme sur la forme précédente.

3) forme «attique B»: quelques fragments d'anses verticales pourraient se rapporter à cette forme (le n° **163**, illustré fig. 38, a une anse bifide).

4) forme hémisphérique à pied annulaire (n° **159-162**). L'argile varie du beige au gris. Le vernis est généralement médiocre; production sans doute coloniale, contexte du Ve s. (cf. Bailo Modesti, *Cairano...*, *op. cit.* p. 84-85, type 100; *Meligunìs-Lipára*, 2, pl. b,11).

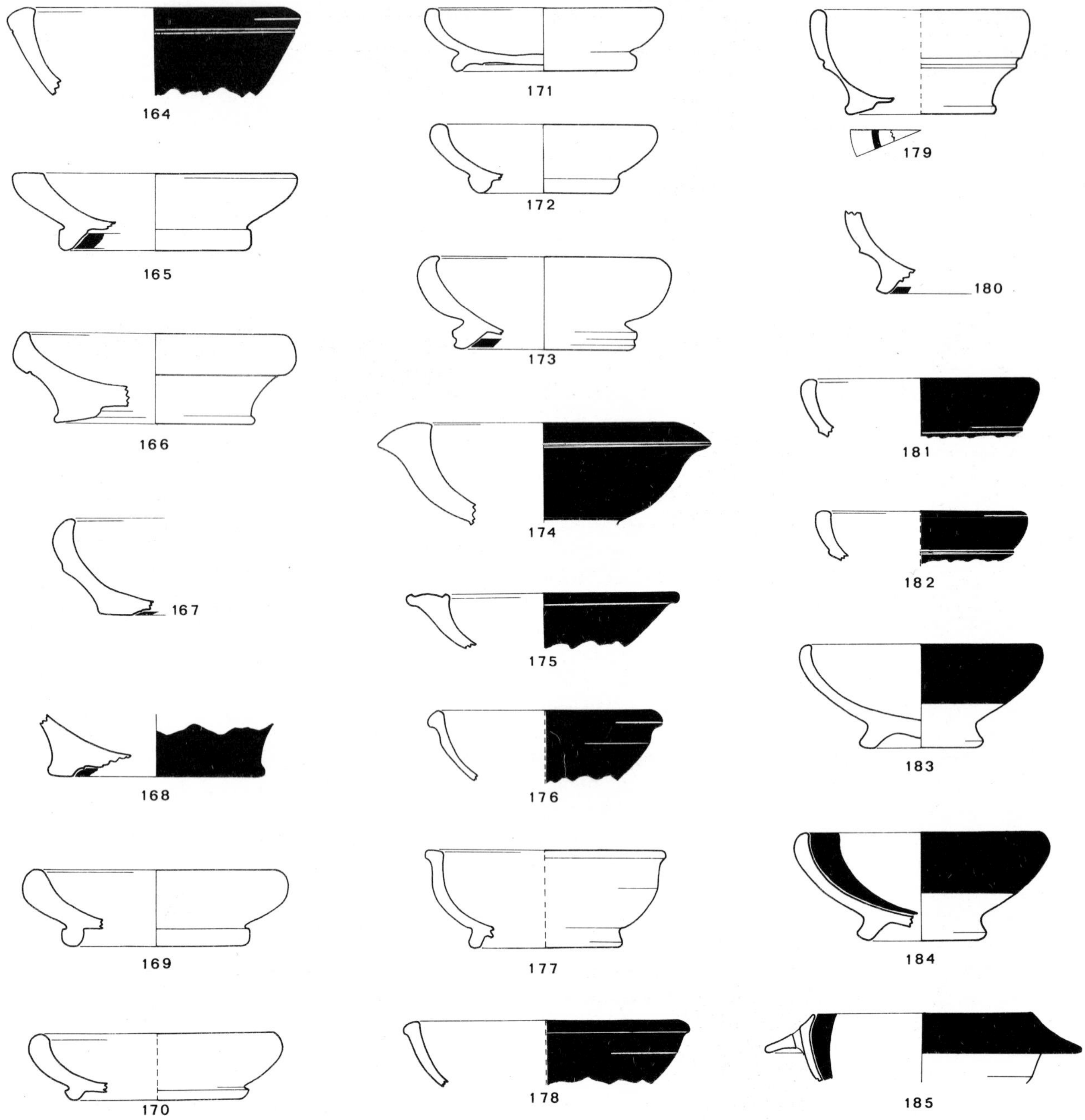


Fig. 39. Coupelles à vernis noir, éch. 1:2.

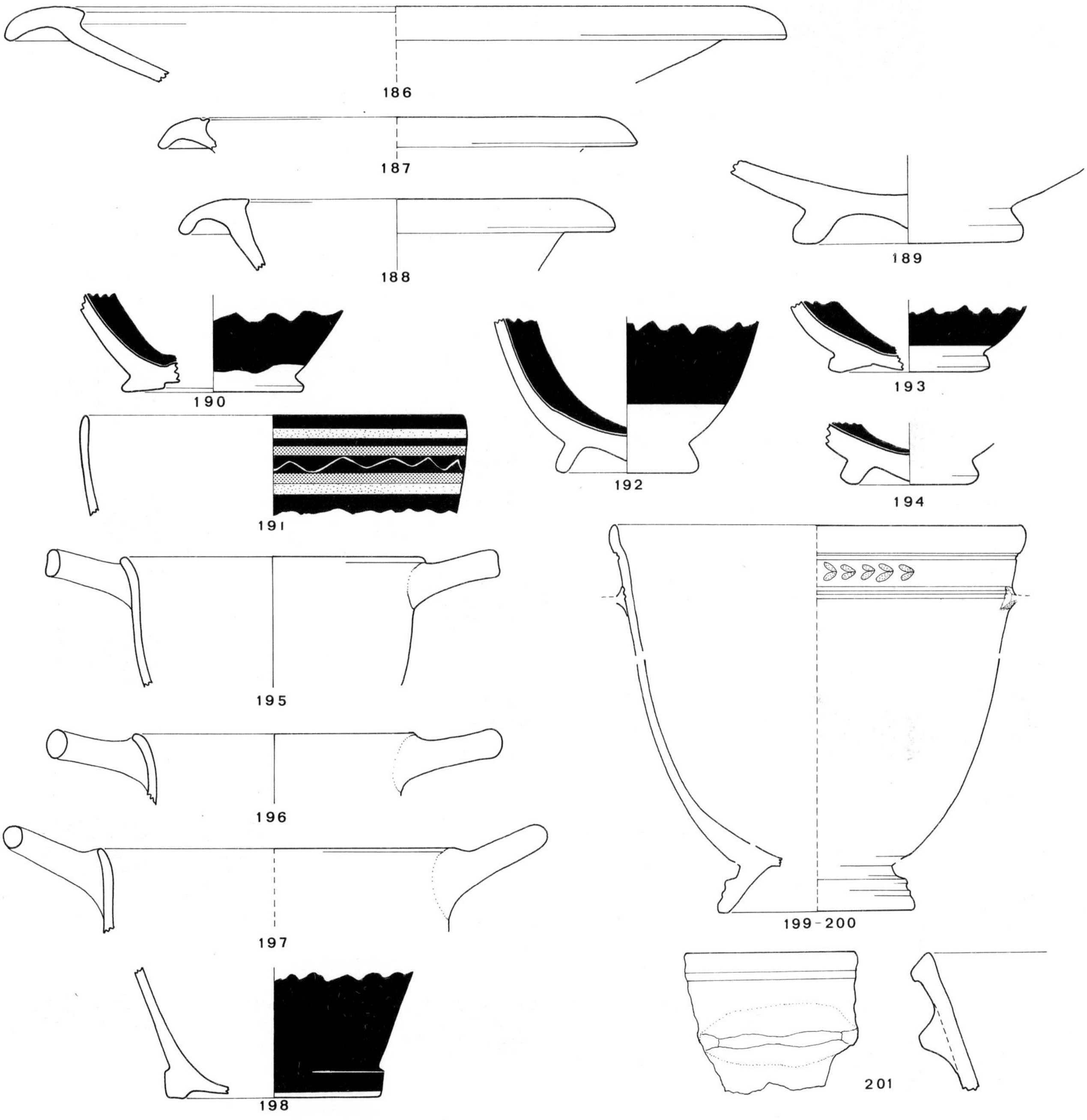


Fig. 40. Céramiques hellénistiques, éch. 1:2.

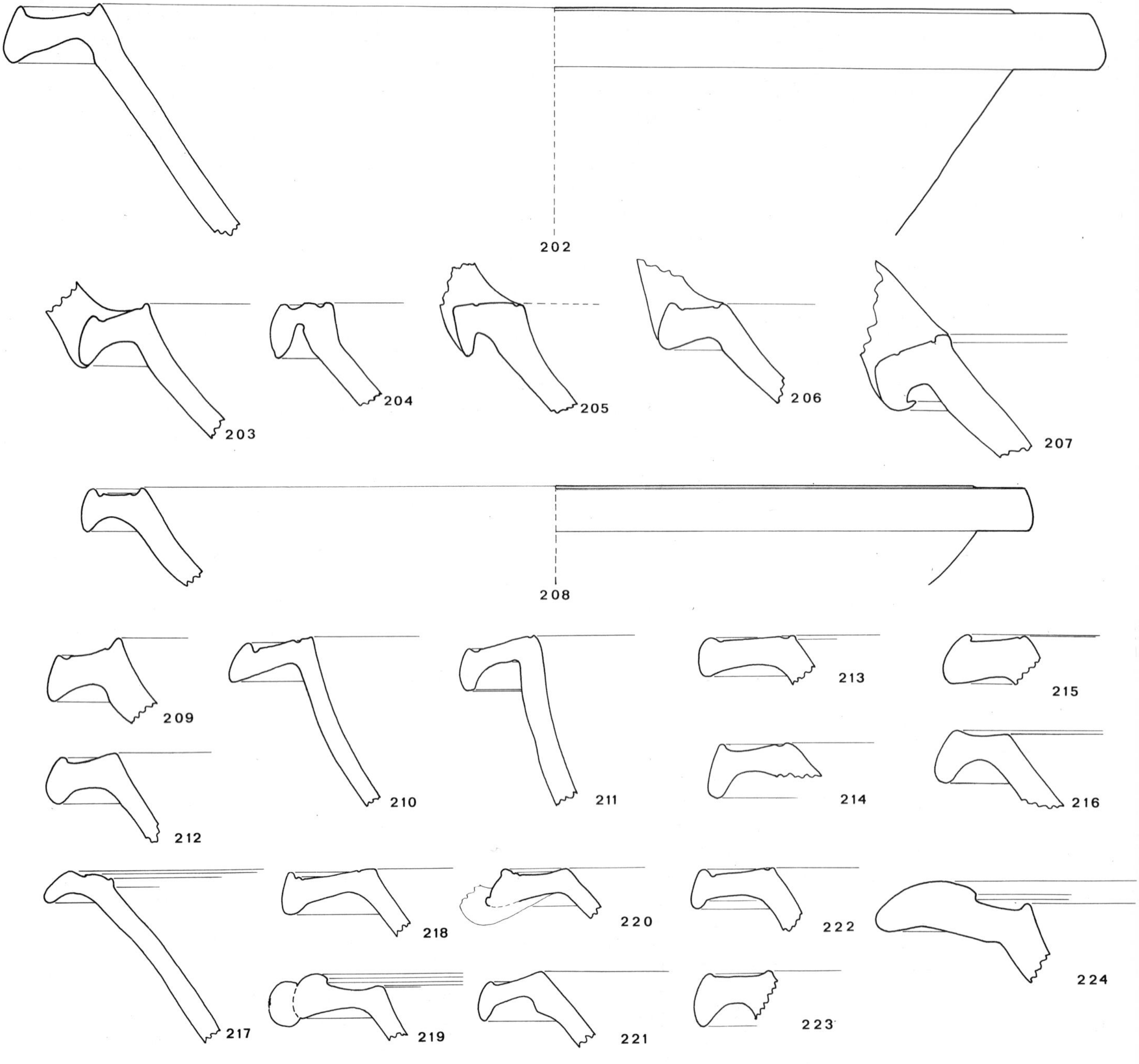


Fig. 41. Plats profonds à marli, éch. 1:3.

### 4.2.3. *Coupelles à vernis noir (fig. 39)*

Les coupelles à pied haut et lèvre en bourrelet externe de la fin de l'archaïsme (*Agora XII*, n° 958-963), fréquentes en Occident, sont absentes de notre échantillon. Le vase le plus ancien est probablement le n° **164**, datable au début du V$^{e}$ s. (cf. *Himera 2*, fig. 21, 2); on datera dans le second quart du V$^{e}$ s. le n° **165** (cf. *Agora XII*, n° 849-850), dans le troisième quart du V$^{e}$ s. le n° **166** (cf. *Agora XII*, n° 813), dans la deuxième moitié ou le dernier quart du siècle les coupelles **169** (cf. *AIONArchStAnt*, 1981, fig. 28, 7), **174** (*Agora XII*, n° 852) et **175** (*Agora XII*, n° 956). Les fragments **179-182** appartiennent à ces coupelles de forme «concave-convexe», très fréquentes dans les productions italiotes de la deuxième moitié du IV$^{e}$ s. (MOREL 1981, espèces 2420 et 2430). Par la forme et par la technique, les coupelles **183** à **185** appartiennent sans doute au III$^{e}$ s.

## 4.3. CÉRAMIQUES HELLÉNISTIQUES À VERNIS NOIR (fig. 40)

Les patères de forme Lamboglia 36 (MOREL 1981 genre 1300) constituent l'un des témoins les plus sûrs des niveaux hellénistiques du III$^{e}$ s., mais ne sont pas très nombreuses. La forme apparaît au début du III$^{e}$ s. par évolution des patères profondes à rebord court de la fin du IV$^{e}$ (cf. A. Greco Pontrandolfo, *AIONArchStAnt*, 2, 1980, p. 109), peu représentées ici. Les fragments illustrés (n° **186** et **187**) sont déjà bien évolués et se datent sans doute du milieu ou de la deuxième moitié du III$^{e}$ s. Le fragment n° **188** appartient à une forme plus profonde, sorte de grande coupelle.

Plus nombreux sont les fragments de skyphoi à lèvre légèrement évasée, anses légèrement obliques (n° **195-197**); le pied est parfois anguleux (n° **198**). L'utilisation de rehauts de couleur ou de décors incisés est extrêmement rare (n° **191**, **199**). Le petit vase n° **199**, recouvert d'un vernis rouge, est décoré de feuilles de laurier en rehaut blanc; le pied n° **200** appartient peut-être au même vase, ou à un vase analogue.

## 4.4. PLATS, MORTIERS, LÉKANAI

Les plats profonds à marli horizontal (fig. 41) sont extrêmement nombreux dans les niveaux d'époque classique et hellénistique. Réalisés dans une argile bien épurée, de couleur beige à orangé, ils sont toujours achromes. Leur diamètre moyen sans la lèvre est de 30 à 40 cm. Les fragments n° **203**, **205**, **206**, **207** ont en commun des anses verticales et un rebord assez court; ils dérivent peut-être de prototypes de la fin de l'archaïsme caractérisés par un rebord court strié (L. Kahil, *Études Thasiennes*, 7, p. 32, n. 32 et pl. 10), que l'on retrouve sur notre n° **204**; ils proviennent de contextes du V$^{e}$ s. Les exemplaires à rebord plus allongé devaient avoir en général des anses appliquées (n° **219**, **220**). On les date le plus souvent au IV$^{e}$ s. (par exemple à Sybaris, *NSA*, 1970, Suppl. 3, p. 329, n° 516; *NSA*, 1972, Suppl., p. 205, n° 42).

Les grands plats ou mortiers à rebord en amande (fig. 42) proviennent généralement de niveaux archaïques (**225** et **227**) ou du V$^{e}$ s. (**226**). Les mortiers à bord épais, pâte beige, souvent dotés d'une anse plastique (fig. 43, **246** à **252**) viennent exclusivement des niveaux du IV$^{e}$ et du III$^{e}$ s., comme les formes à bord tombant et bec verseur (fig. 44, **256-259**). Le fragment n° **260** a une paroi très épaisse, mais son profil rappelle les plats à marli anciens (fig. 41, **204-205**) et on le datera sans doute encore au V$^{e}$ s.

Les assiettes profondes à rebord (lékanai)

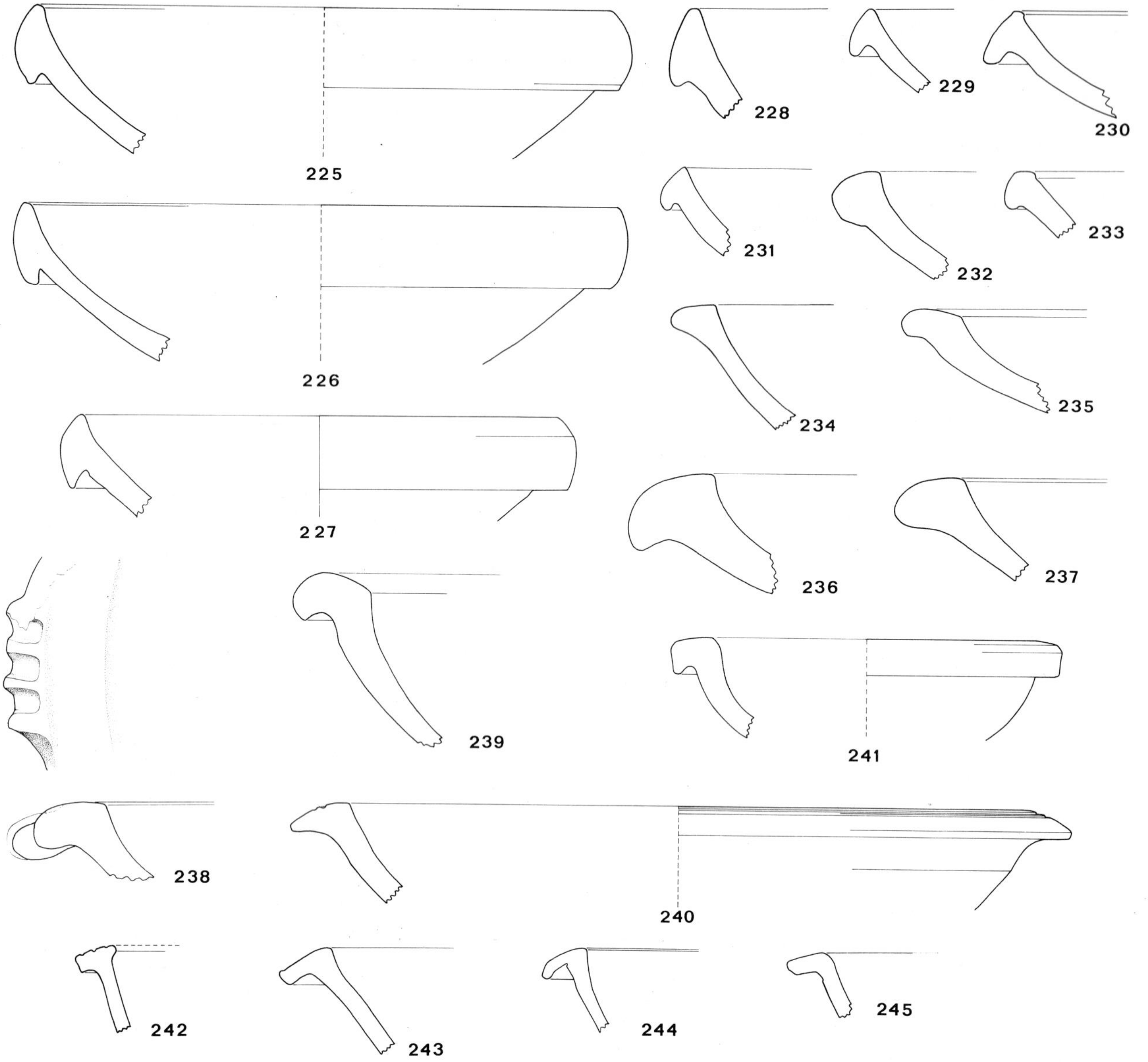


Fig. 42. Plats et mortiers achromes, éch. 1:3.

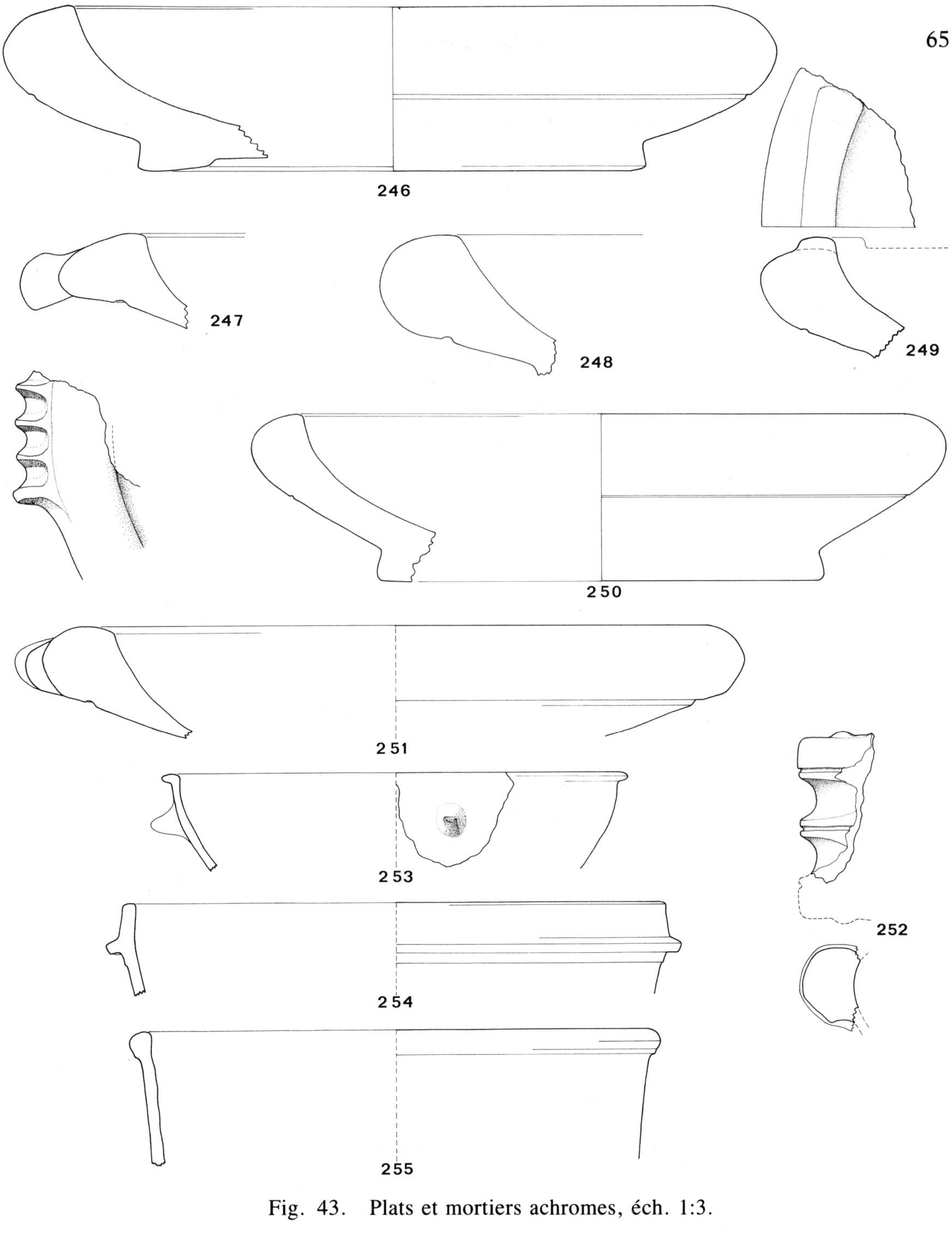


Fig. 43. Plats et mortiers achromes, éch. 1:3.

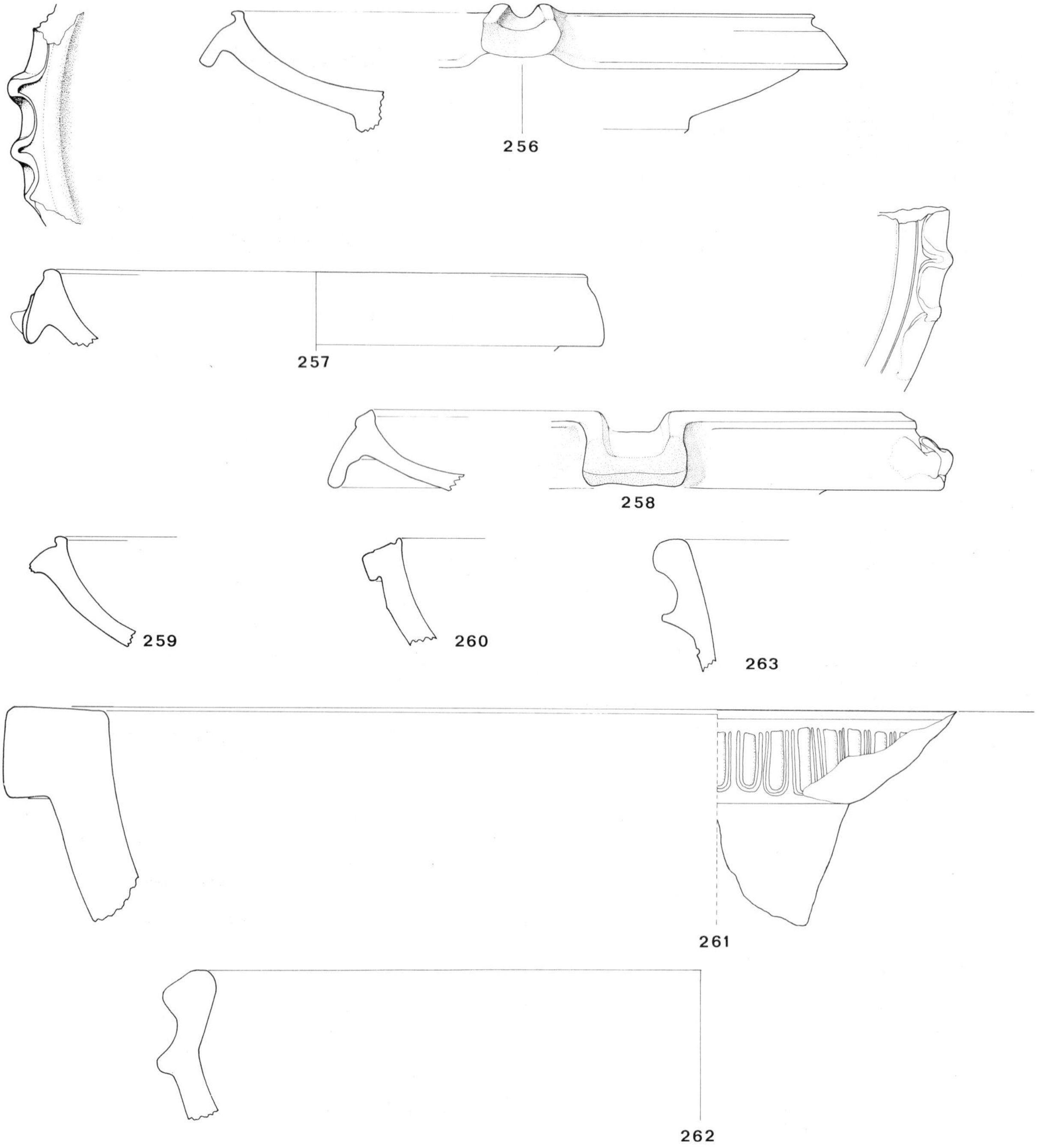


Fig. 44. Plats et mortiers achromes, éch. 1:3.

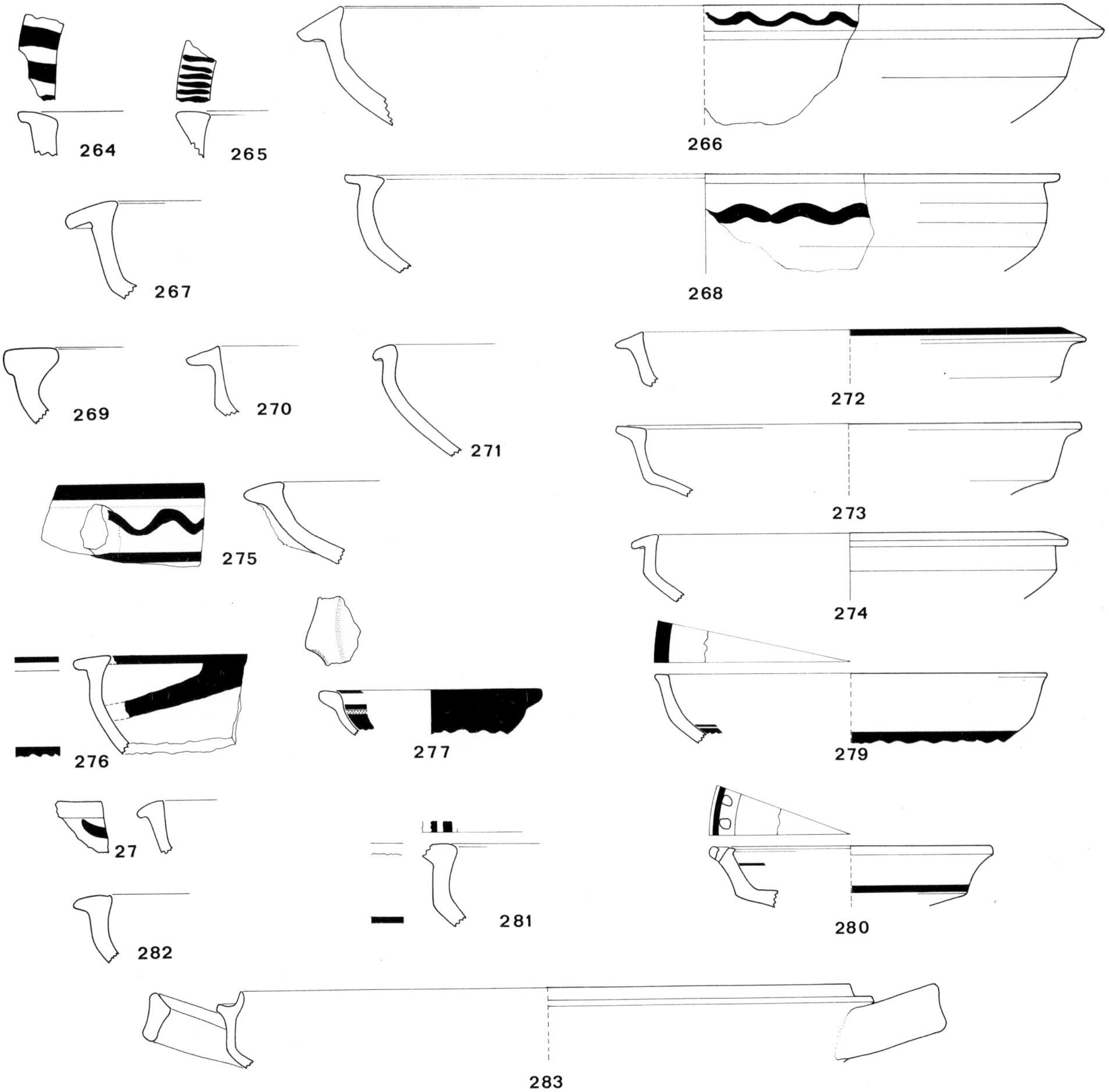


Fig. 45. Lékanai à bandes, éch. 1:3.

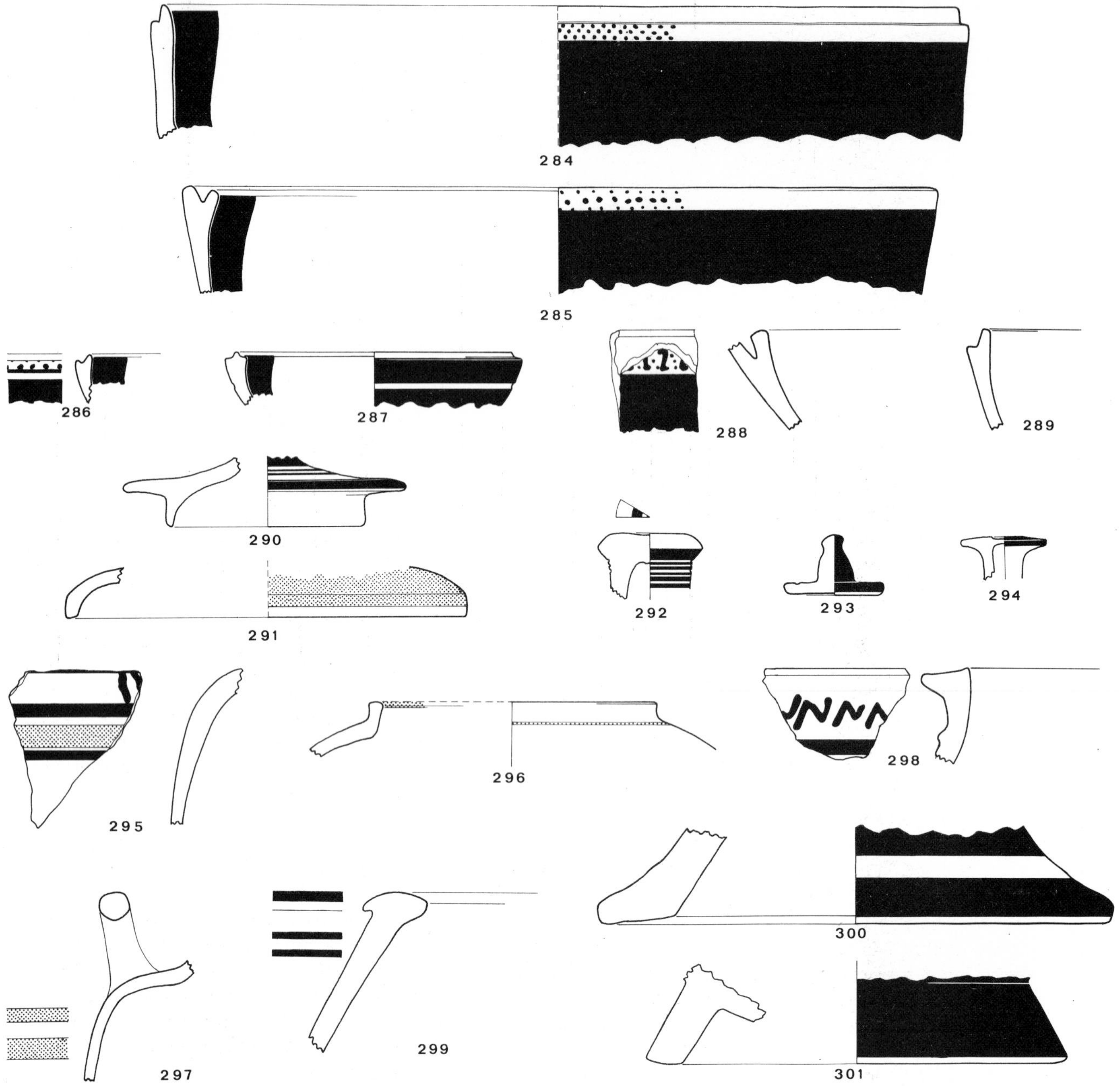


Fig. 46. Formes diverses, éch. 1:2.

sont nombreuses dans tous les niveaux archéologiques. Les plus anciennes sont décorées de petits traits sur le rebord, dans la tradition subgéométrique (fig. 45, **264**, **265**, **281**); le décor le plus fréquent est constitué de lignes ondulées sur le rebord ou sur la vasque (**266**, **269**, **275**, **276**, **278**) ou, pour les exemplaires du V<sup>e</sup> s., de simples bandes (**279**, **280**). Les formes à encastrement (**283**) sont peu fréquentes.

## 4.5. Formes Diverses

### *4.5.1. Pyxides (fig. 46)*

On appelle ainsi les vases à encastrement pour le couvercle; certains, de grandes dimensions (**284**, **285**), sont proches des lékanai (on les appelle lékanides dans *Agora XII*); d'autres, les pyxides proprement dites, sont de dimensions réduites (**286** à **289**). Ces vases sont vernis, la lèvre décorée souvent d'un décor en damier (attique, V$^{e}$ s.). Quelques fragments (**295** à **297**) proviennent de pyxides globulaires à anses verticales, de tradition corinthienne, mais de fabrication sans doute coloniale (VI$^{e}$ ou V$^{e}$ s.). Quelques fragments de couvercle appartiennent sans doute à des pyxides (**290**-**294**).

### *4.5.2. Cratères, dinoi (fig. 46)*

Peu de fragments se rattachent à de grands vases archaïques du type des cratères. Le fragment de pied n° **301** provient sans doute d'un cratère laconien à vernis noir (deuxième moitié du VI$^{e}$ s.), et le fr. n° **300** d'un pied haut de cratère. Le rebord n° **298**, très articulé, est formé d'un ressaut verni, d'une partie verticale décorée de sigmas horizontaux, d'une lèvre plate décorée de petits traits, dans la tradition subgéométrique; pâte beige grisâtre; production coloniale, VII$^{e}$ s.? Colonial aussi est sans doute le dinos n° **299**, à pâte brune, surface jaune, traces d'un engobe rougeâtre, décor de lignes.

### *4.5.3. Amphores ou hydries décorées de bandes*

Divers types de lèvres sont rassemblées sur la fig. 47. Les exemples anciens (VI$^{e}$-V$^{e}$ s.) ont une lèvre épaisse, décorée d'une bande vernie; la panse devait être ornée de bandes; les anses sont décorées de bandes longitudinales (**320**), croisées (**322**) ou tressées (**321**). Dans les niveaux plus récents (V$^{e}$-IV$^{e}$ s.), on trouve des vases de petit module, pourvus d'une ou de deux anses, à lèvre plate vernie (**310**-**313**). Les «bouteilles» (fig. 48, **328**-**330**) ont également un décor de bandes ou un décor trempé; elles proviennent toutes de niveaux archaïques.

Les petites amphores achromes à lèvre tourmentée (fig. 47, **314**-**319**) sont pour l'essentiel archaïques. Les vases à une ou deux anses illustrés fig. 48 se divisent en deux catégories: les exemplaires à lèvre convexe (**323**-**324**) et sans doute pied annulaire (**325**) sont proches des *chytrai* en pâte réfractaire (*infra*, fig. 56), dont ils se distinguent par l'argile (beige et fine) et par la forme des anses; les formes à lèvre concave (**331**-**333**), sans pied, sont probablement un peu plus récentes (V$^{e}$ s.).

### *4.5.4. Pesons (fig. 49)*

Les pesons sont peu nombreux, de forme pyramidale à section carrée (**336** à **338**) ou rectangulaire (**339**). Le peson **339**, marqué d'une svastika, vient de niveaux archaïques, **337** et **338**, marqués d'un cercle (couronne?), de niveaux classiques, **336** et **335** (circulaire), de niveaux mélangés, sans doute hellénistiques.

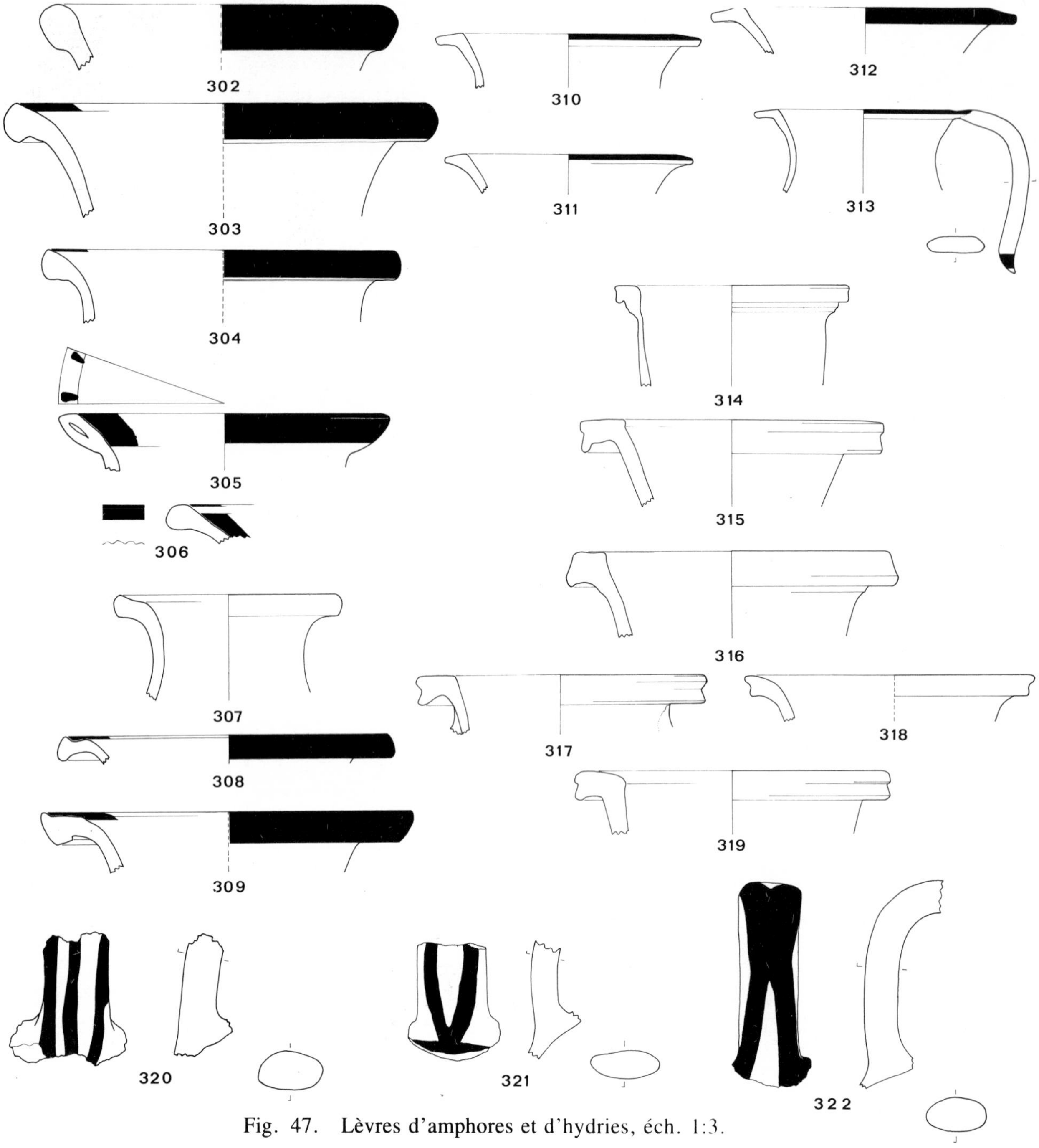


Fig. 47. Lèvres d'amphores et d'hydries, éch. 1:3.

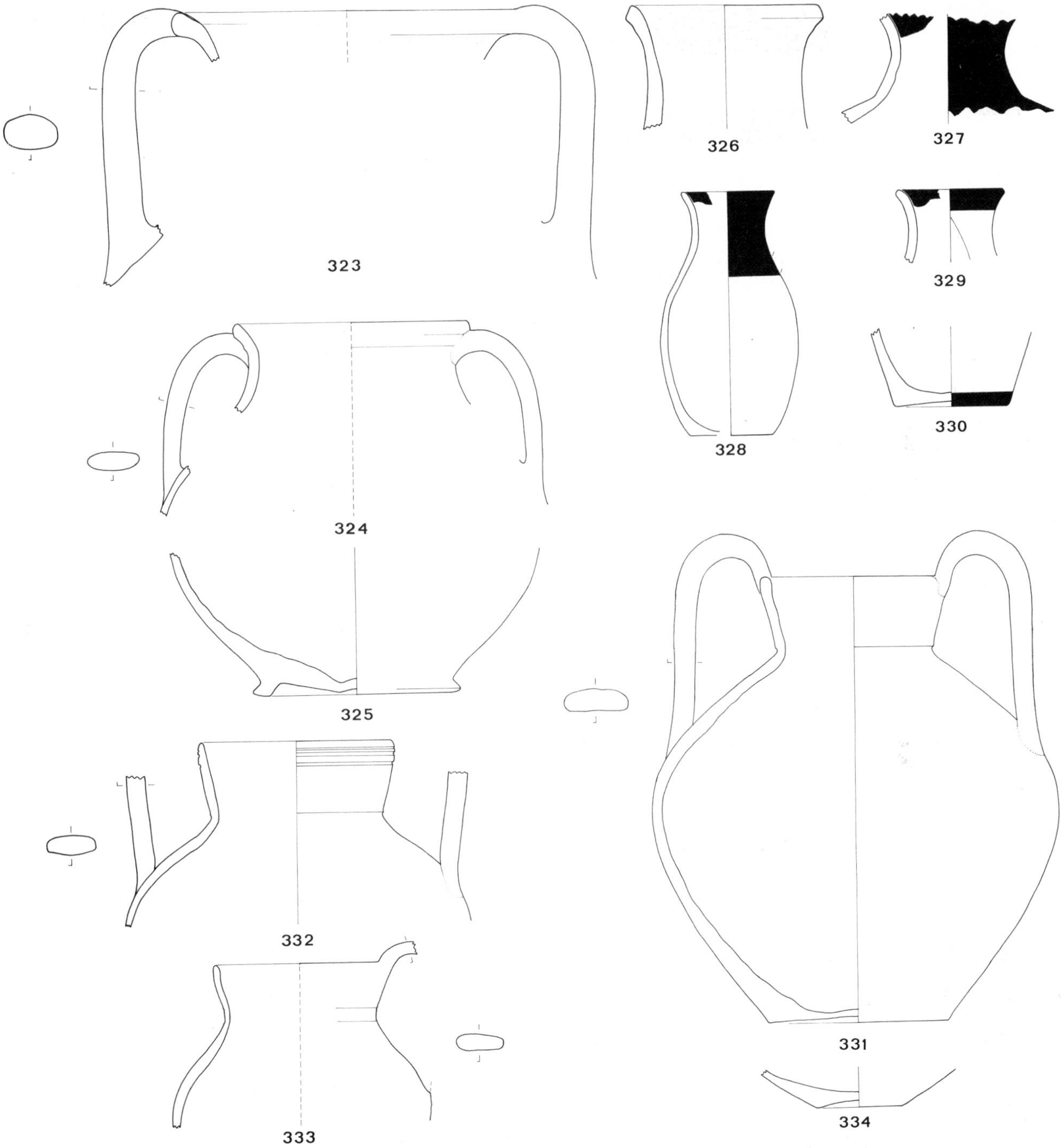


Fig. 48. Cruches et pots, éch. 1:3.

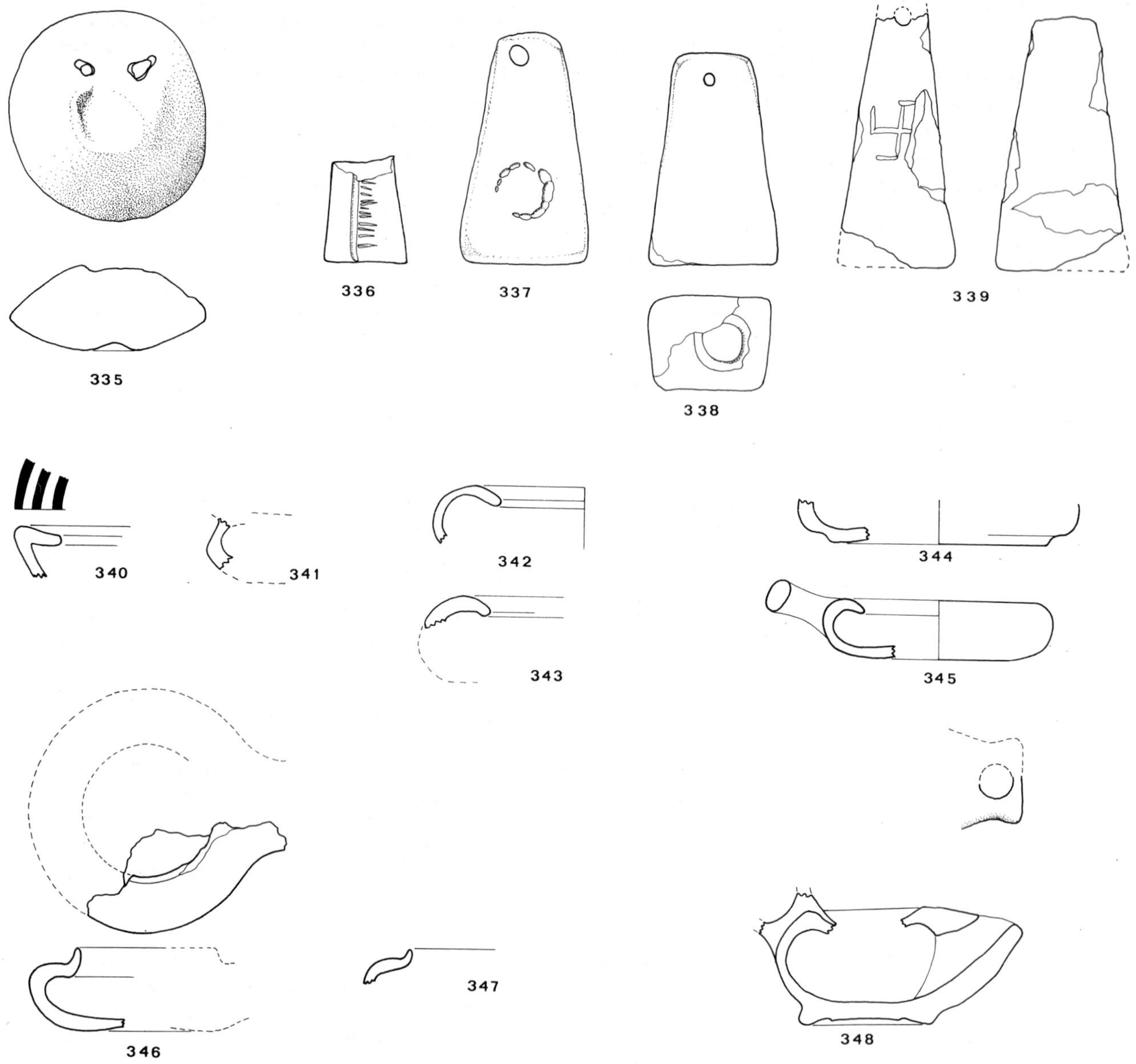


Fig. 49. Pesons et lampes, éch. 1:2.

*4.5.5. Lampes (fig. 49)*

Le petit fragment n° **341** semble appartenir à une lampe carénée avec rebord horizontal saillant vers l'extérieur (*Agora IV*, n° 71-72); ce type, qui peut remonter au VII^e^ s., a souvent une tubulure centrale très haute. Le n° **340**, décoré de lignes vernies sur le rebord, se date vers la fin du VI^e^ ou le début du V^e^ s. (*Agora IV*, n° 81, 135). La lampe n° **346** (et le fragment n° **347**, s'il s'agit bien d'une lampe) se rattache au type 20 de Howland (*Agora IV*, n° 154-155), et peut se dater assez précisément dans le deuxième quart du V^e^ s. (absent à Mégara Hyblaea, il disparaît, selon Howland, p. 43, vers 450). Les autres fragments appartiennent plus généralement à des lampes du V^e^ ou du début du IV^e^ s. (Howland, types 21 et 22).

La lampe n° **348**, la seule qui soit à peu près conservée, se date probablement vers la fin du III^e^ s. Elle correspond au type 34 de Howland (vers 225-175), mais se trouve en Italie du Sud à date nettement plus ancienne (à Cozzo Presepe, *MEFRA*, 1970, p. 111-112 et *NSA*, 1977, Suppl., p. 362-363; *Tolve*, fig. 13. n° 67527 et 69927).

## 4.6. Coroplastique (fig. 50 à 54)

**349**. Tête de statuette archaïque; argile beige, surface extrêmement corrodée, nez et menton mutilés, ainsi que la partie droite du visage (fig. 50). Hauteur 7,2 cm. cf. *Tarente 1983*, pl. XL, 2 et suivantes; travail de type achéen, plutôt que locrien, datable vers 540/530; trouvé dans un contexte archaïque.

**350**. Petit fragment de pithos (Orsi, 1914 col. 893, fig. 131) ou d'arula (*Tarente 1983*, pl. XXXVIII), pâte beige assez fine avec dégraissant blanc (fig. 50). Cheval vers la droite; on distingue nettement le départ de la queue, l'arrière-train et les pattes arrière, le corps, la patte avant gauche (?), le départ de la patte droite. Le bord des pattes est marqué de plusieurs traits ce qui indique sans doute l'existence de deux (ou plusieurs) chevaux. On note un trait oblique au-dessus de la croupe, et on pourrait songer à un cavalier posant sa main en arrière sur la croupe du cheval, et dont on verrait les pieds plus en avant: mais on ne voit aucune trace de la jambe droite, et la barre horizontale visible sous le ventre de l'animal doit être le timon d'un attelage; cf. la frise de Métaponte, *Tarente 1973*, pl. XXVIII, 2, début du VI^e^ s.

**351**. Fragment d'antéfixe à tête de Gorgone (fig. 52), même argile que les tuiles. La partie inférieure du visage (lèvre inférieure, menton) manque. Traces de peinture rouge autour de la lèvre supérieure et sur les boucles des cheveux; iris des yeux en marron-noir. Sur ces antéfixes en général, cf. Darsow, *Sizilische Dachterrakotten*, 1938; C. Laviosa, dans *Arch. Class.*, 6, 1954, p. 217-250; Floren, *Studien zur Typologie des Gorgoneion*, 1977, aborde indirectement la question. Aucun parallèle n'est bien satisfaisant. On connaît déjà à Kaulonia de nombreuses antéfixes archaïques (Orsi 1914, col. 795, 896; Tomasello 1972, p. 580, 597, 622), mais notre exemplaire est nettement plus récent: par la forme générale du visage, le rendu des boucles de cheveux, la forme des yeux, on ne peut guère dater le fragment **351** avant le milieu du V^e^ s. Le contexte (sondage QV 609, couche III) pourrait convenir à cette datation.

**352**. Fragment de trépied (?) avec silène (fig. 53 et fig. 54). Le silène est assis sur un socle cylindrique, cuisses écartées, mains posées sur le ventre; la barbe couvre la poitrine, la tête manque. Notre exemplaire est très mal conservé, mais n'est pas isolé: Orsi 1914 (col. 796) parle de «sostegni trapezii... decorati nel prospetto di

349

350

Fig. 50. Catalogue n° 349 et 350, éch. approx. 1:1.

353

354

Fig. 51. Catalogue n° 353 et 354, éch. approx. 1:1.

Fig. 52. Catalogue n° 351, éch. approx. 1:1.

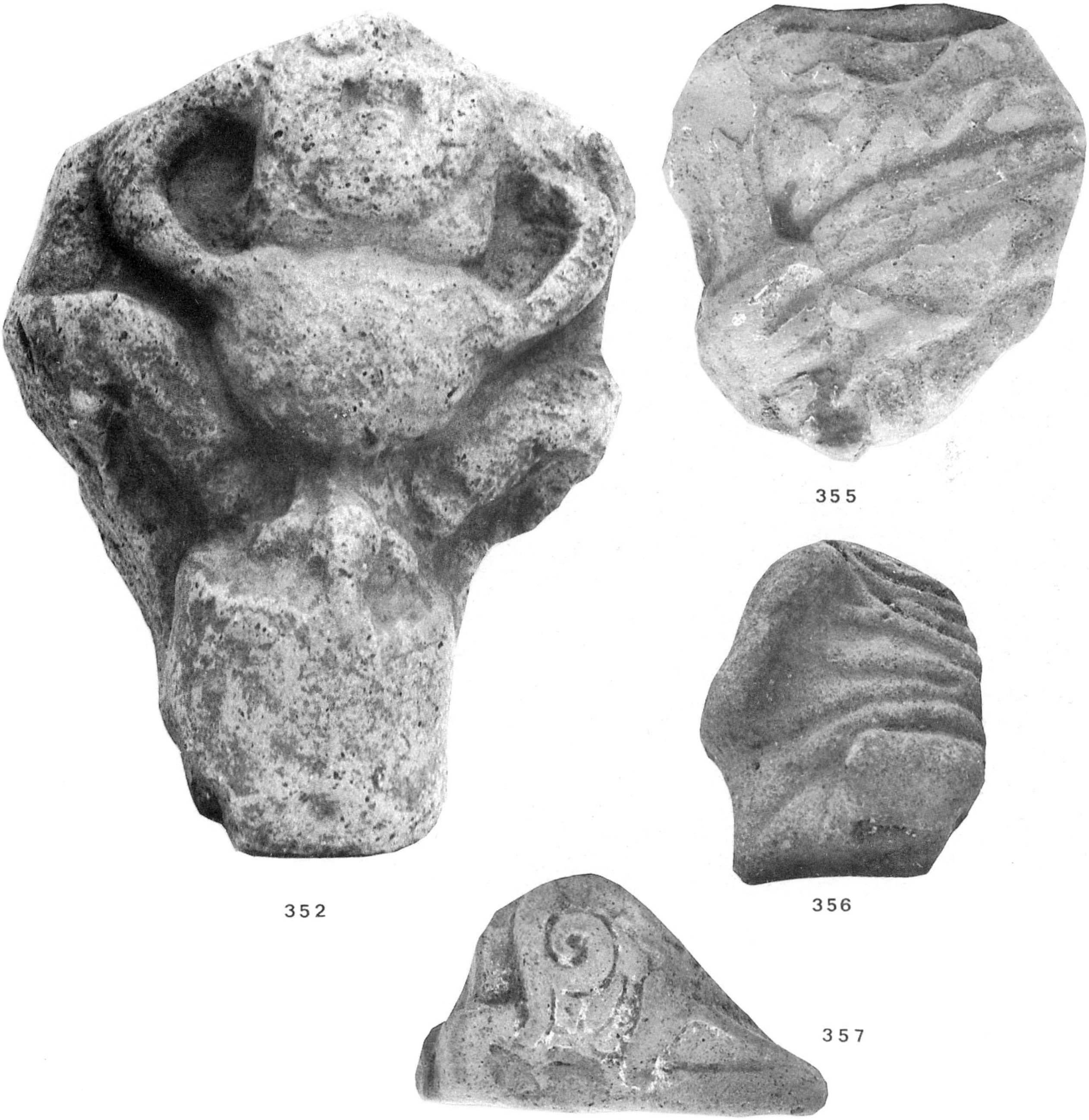


Fig. 53. Catalogue n° 352, 355 à 357, éch. approx. 1:1.

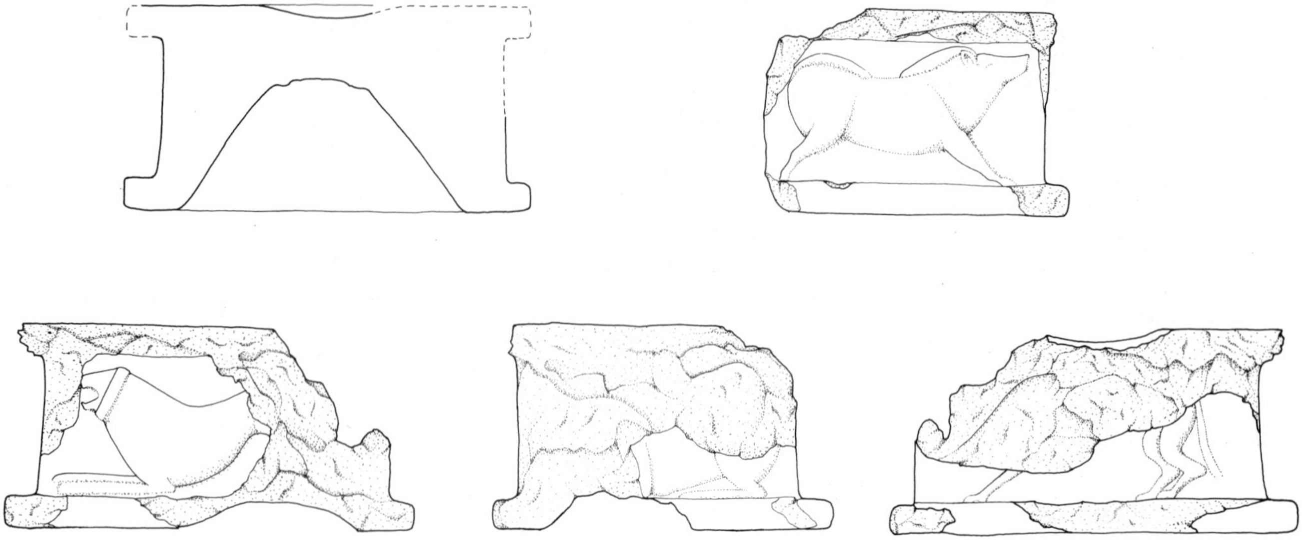

353

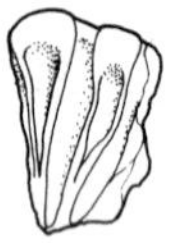

358

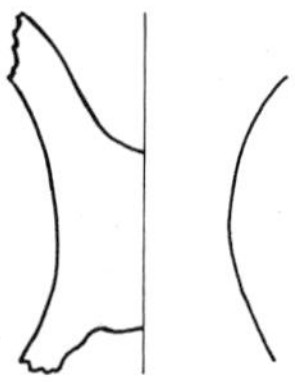

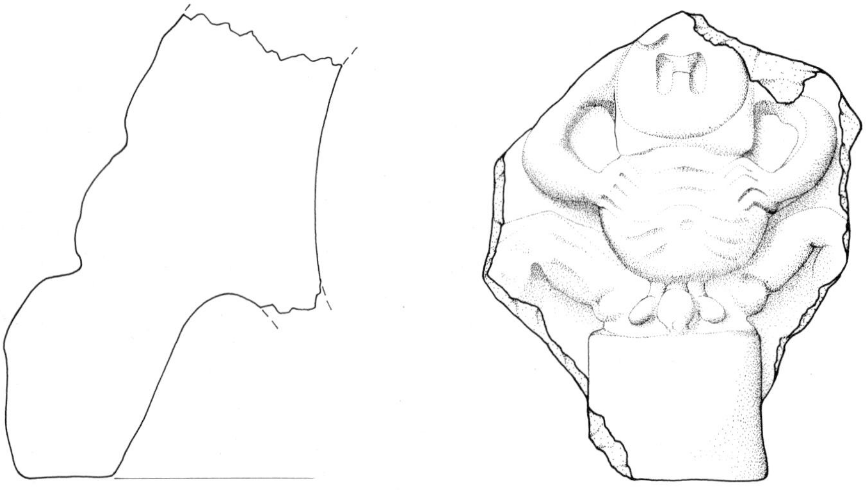

352

Fig. 54. Catalogue n° 353, 358, 352, éch. approx. 1:2.

una figura silenica nuda, di pieno prospetto colle mani sul ventre», qu'il n'illustre pas; un autre est illustré par TOMASELLO 1972, p. 641, fig. 151; deux autres, inédits, se trouvent dans la collection Cimino (Monasterace); un autre enfin a été trouvé par Orsi dans un puits d'Ortygie à Syracuse (*NSA*, 1891, p. 384). Des figurines analogues, portant en plus une tortue sous le sexe du silène, ont été publiées par ORSI 1914 (col. 905, fig. 149) et TOMASELLO 1972 (p. 641 et fig. 155). Pour E. Tomasello, il pourrait s'agir de têtes de chenets, datables vers la fin du IV$^{e}$ ou au III$^{e}$ s.

**353**. Petite *arula* (11 × 9 × 5,5 cm) (fig. 51 et fig. 54). Sur les grandes faces, fauve (lion?) et lévrier; sur les petites faces, sanglier et animal accroupi, peut-être un daim. Les *arulæ* décorées d'animaux (chien et sanglier, lion et cerf) sont fréquentes à Kaulonia (ORSI 1914, col. 789 et 790; *NSA*, 1891, p. 64) de type archaïque mais indatables.

**354**. Fragment de grande *arula* ajourée avec lions affrontés (?) ou figure mythologique à deux corps (sphynx?) comme sur l'exemplaire du Musée de Reggio, publié par ORSI 1914 (col. 765, fig. 40) (fig. 51). Archaïque.

**355**, **356** (fig. 53): fragments de statuettes hellénistiques. Sur le fragment **355**, un personnage féminin porte dans sa main droite un bâton, probablement une torche (Korè?).

**357**. Petit fragment, peut-être d'*arula*, portant un décor floral, le pied et la cheville d'un personnage qui a sans doute un genou en terre; traces d'enduit blanc (fig. 53).

**358**. Deux fragments de thymiatérion à la fleur (fig. 54). Un vase identique, presque complet, a été trouvé par Orsi dans le secteur du temple (ORSI 1914, col. 896, fig. 134), un autre au nord du phare (col. 797), un autre dans le sanctuaire de Capo Colonna à Crotone (*NSA*, 1911, Suppl., p. 88); sur le type en général, cf. M. W. Stoop, *Floral figurines from South Italy*, Assen, 1970.

## 4.7. ÉLÉMENTS DE FOURS

1) Fragments de paroi. Du sondage QV 609, US 9 (niveau remanié, hellénistique), provient un pain d'argile verdâtre d'un côté, brun-rouge de l'autre. Il s'agit certainement d'un fragment de paroi de four en argile crue.

2) Isolateurs. Deux petits vases achromes en pâte fine de couleur beige (**366**) ou orangée (**367**), ouverts en calice d'un côté, sectionnés comme avec une corde dans l'argile molle de l'autre côté, sont peut-être des isolateurs de four; on en rapprochera un petit vase publié par ORSI 1914 (col. 764 et fig. 42). Le petit vase **365** est tout aussi énigmatique; il rappelle un vase analogue trouvé par J.-P. Morel à Assoro (*MEFR*, 1963, p. 279, fig. 17), également interprété comme isolateur.

3) Matrices. Aucune matrice n'a été trouvée dans la fouille de la tour D, mais P. Orsi signale de nombreux fragments de toutes époques trouvés au nord du phare (ORSI 1914, col. 798-799); un atelier de coroplaste d'époque hellénistique a par ailleurs été repéré au sud du phare (fouilles Iannelli 1984).

4) Déchets de cuisson. Du sondage QV 609 également proviennent plusieurs fragments déformés de *tegulæ*, de couleur verdâtre (US 7), ainsi qu'un bord déformé de vase de cuisine (*infra*, fig. 58, type 2.2., inv. 609.9.13).

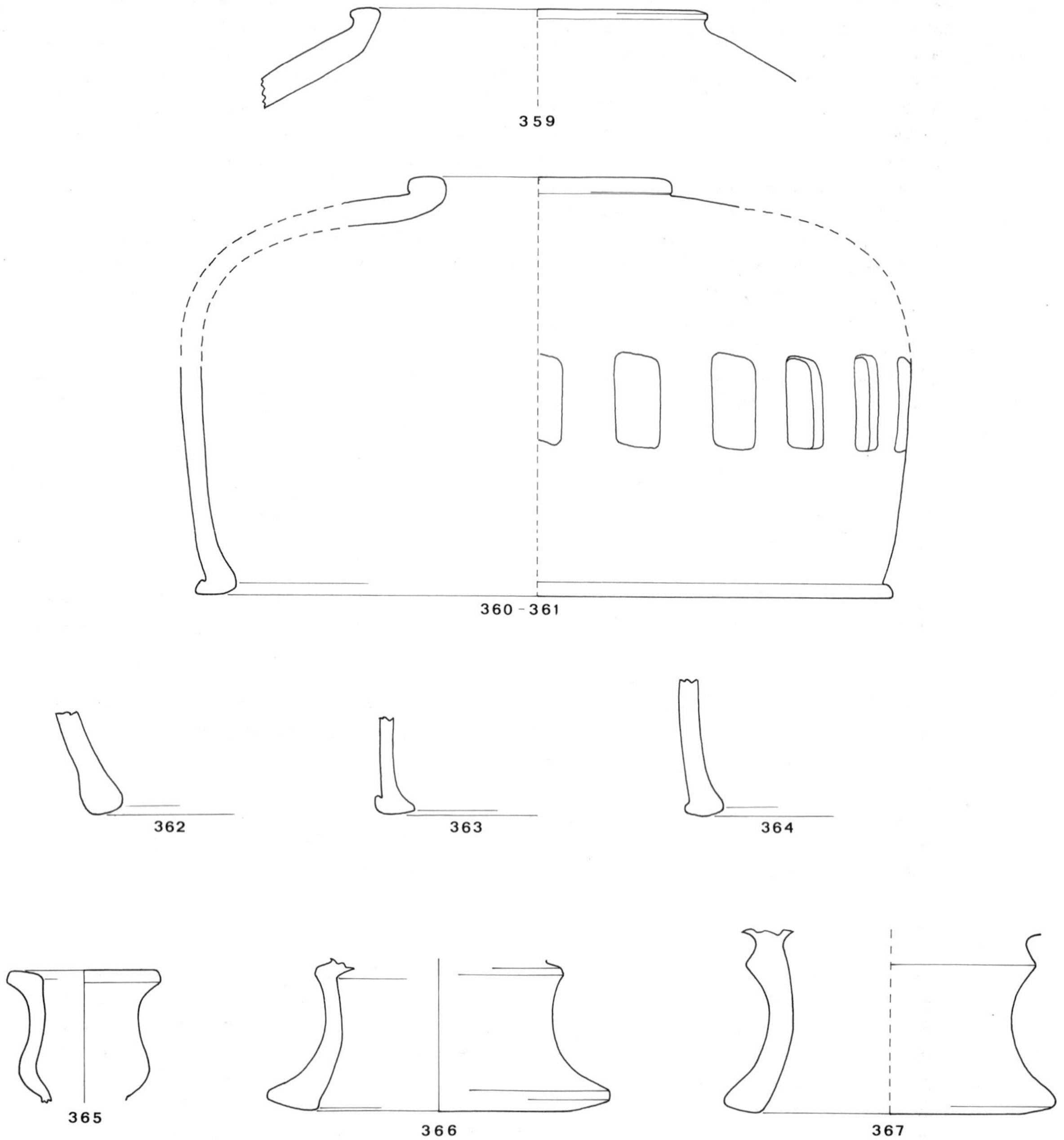


Fig. 55. Vases provenant d'un four (?), éch. 1:3 (n° 359 à 364) et 1:2 (n° 365 à 367).

5) Un certain nombre de fragments de grands vases achromes ont été trouvés dans les niveaux archaïques du sondage QV 609 (US 12, 13, 16, 20 et 21), enrobés dans une argile semi-crue rougeâtre (fig. 55, n° **360** à **364**). On trouve des fragments de lèvres, appartenant à des vases très fermés (**360**) ou relativement ouverts (**361-364**), ainsi que de nombreux fragments de parois présentant des ouvertures grossièrement rectangulaires et de dimensions variées (peut-être 3 × 5 cm). Aucun fragment de bas de vasque ou de fond n'a été répertorié. On a donc proposé sur le dessin de la fig. 55 de restituer un vase ouvert des deux côtés, à la vasque percée de fenêtres. Des vases-supports de forme comparable proviennent de décharges de fours dans les secteurs méridionaux de Mégara Hyblaea (fouilles récentes), et pourraient jouer un rôle dans la cuisson.

Ces éléments disparates et parfois hypothétiques suggèrent que le quartier au nord du phare a pu, dès l'époque archaïque, contenir des installations artisanales.

## 4.8. CÉRAMIQUES DE CUISINE

On regroupera sous cette appellation les vases ou objets caractérisés par une pâte granuleuse, réfractaire, de couleur variant du rouge orangé au brun noir, souvent noircis par le contact du feu ou des braises. Les vases sont parfois tournés, le plus souvent martelés (*Agora XII*, p. 34-36). Ces séries sont assez mal connues parce qu'en général peu publiées; aussi a-t-il paru important de leur consacrer un développement malgré le caractère très fragmentaire de la documentation. Nous avons très peu de formes complètes; la typologie proposée part donc essentiellement des fragments de bord, dont l'attribution à telle ou telle forme n'est pas toujours assurée.

Suivant la terminologie récemment proposée par M. Bats (*Vaisselle et alimentation à Olbia de Provence (v. 350 - v. 50 av. J.-C.). Modèles Culturels et catégories céramiques, Revue Archéologique de Narbonnaise, Supplément 18,* Editions du CNRS, Paris, 1988, p. 45 sqq.), nous distinguerons les catégories suivantes:

1. les pots ou *chytrai* sont des vases relativement hauts et fermés, servant à faire bouillir; la hauteur est en principe supérieure au demi-diamètre maximum, l'embouchure plus étroite que le diamètre maximum.

2. les marmites ou *caccabai* sont des vases relativement hauts mais plus larges et plus ouverts que les *chytrai*.

3. les friteuses ou *lopades* sont des vases ouverts, relativement bas, pouvant servir à la friture.

4. les poêles ou *tagena* sont plates, généralement très larges, et servent exclusivement à la friture.

Sauf indication contraire, tous ces vases avaient un fond plat ou légèrement arrondi, sans pied.

### *4.8.1. Les pots ou chytrai* («pentole profonde», *Locri Epizefiri*, p. 36; «cooking pots», *NSA*, 1977, Suppl., p. 374)

4.8.1.1. Dans la *chytra* proprement dite, la lèvre se retourne vers l'extérieur; le couvercle, s'il y en a un, est simplement posé sur l'embouchure; on ne note aucun accident dans la paroi; il y a une ou deux anses verticales. Le diamètre de l'embouchure varie de 7 à 17 cm. Ces vases se trouvent à Kaulonia dans tous les niveaux de

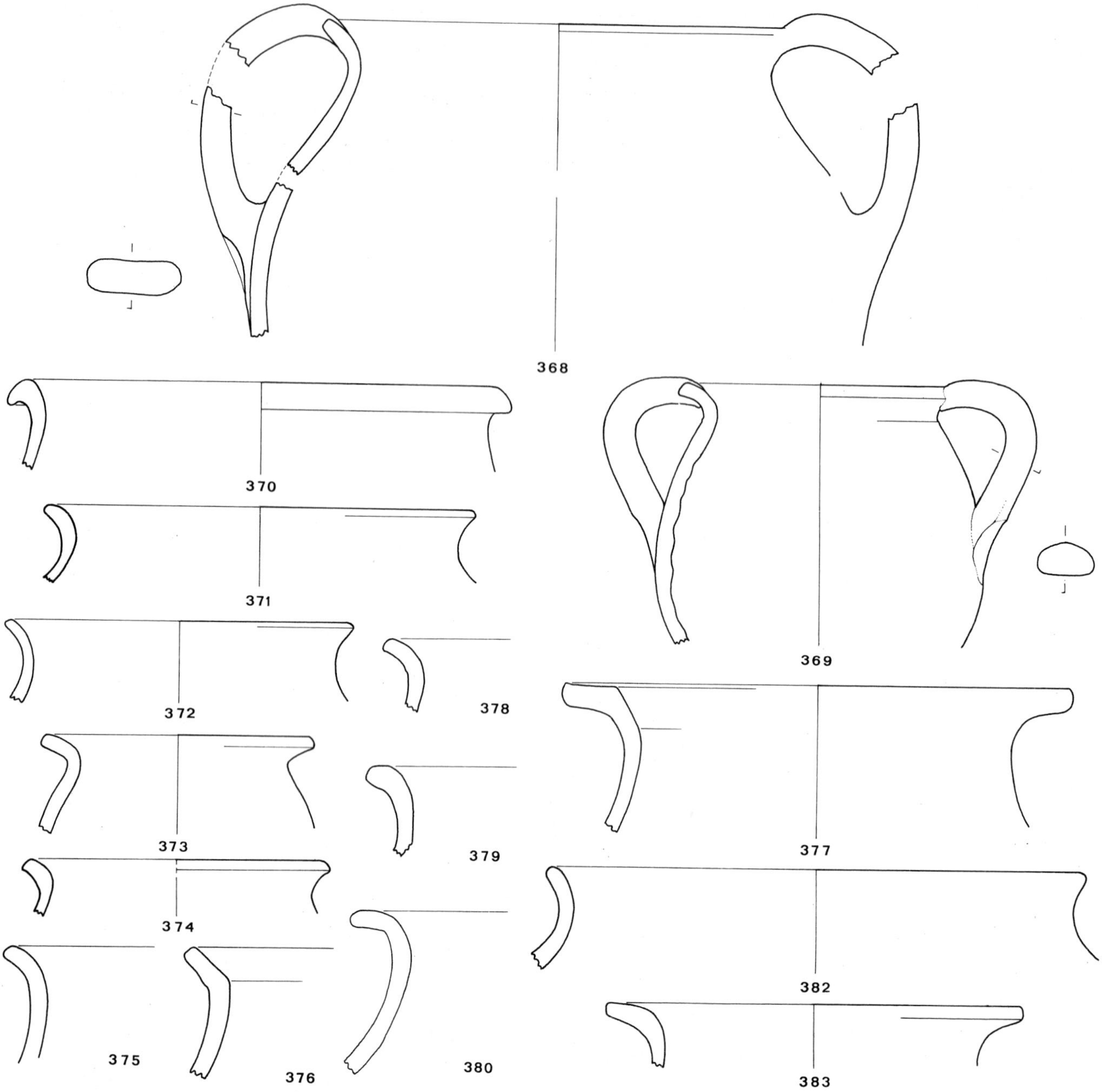


Fig. 56. Pots ou *chytrai*, type 1.1., éch. 1:2.

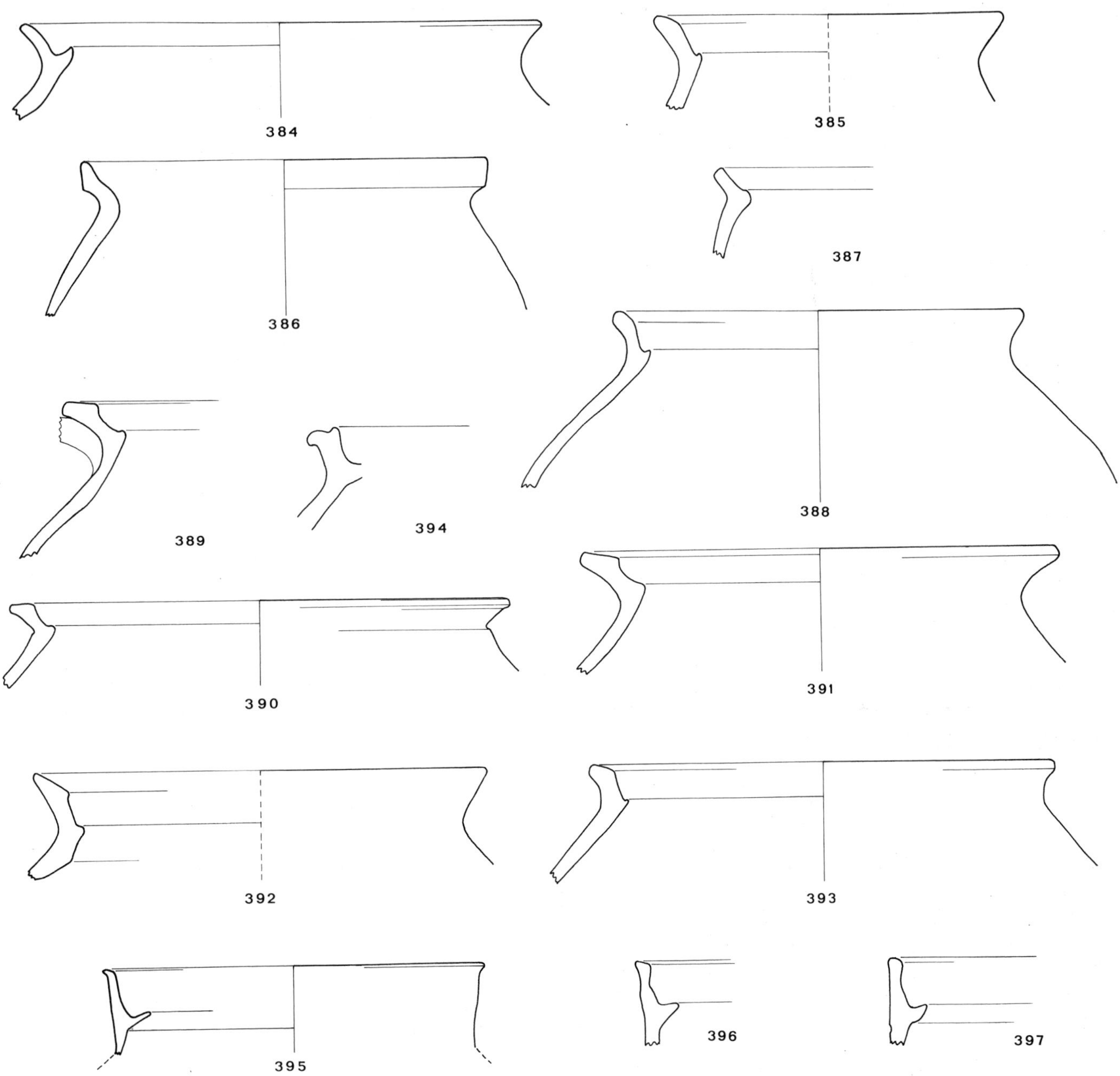


Fig. 57. Pots ou *chytrai*, types 1.2.1. (384 à 387), 1.2.2. (388 à 393), 1.2.3. (395 à 397), éch. 1:2.

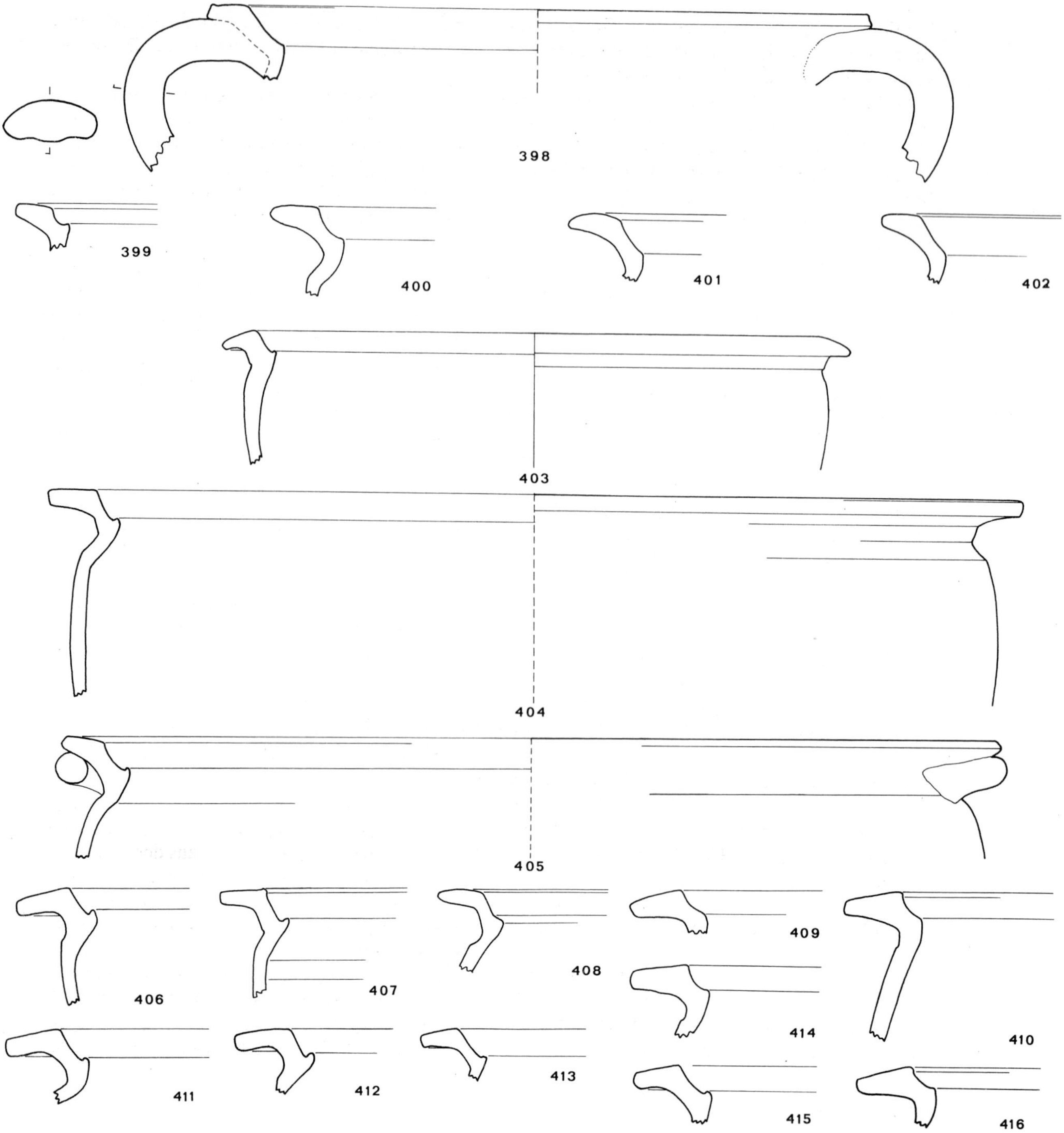


Fig. 58. Marmites ou *caccabai* types 2.1. (398 à 405), 2.2 (406 à 416), éch. 1:2.

fouille, mais particulièrement dans les niveaux les plus anciens; 13 exemplaires au moins proviennent des niveaux 672, 15 à 31 (VI^e^-V^e^ s). C'est la céramique de cuisine normalement utilisée à Mégara Hyblæa avant 483 (cf. Policoro, *NSA*, 1973, tr. IV, tr. I, c. 1 et 2, VII^e^-VI^e^ s.; Sybaris, *NSA*, 1970, Suppl. 3, p. 163, n° 303 bis, VI^e^ s.; p. 20, inv. 10939, VII^e^ s.; Cozzo Presepe, *NSA*, 1977, Suppl., p. 374; *Locri Epizefiri*, pl. IX, 2).

4.8.1.2. La forme peut être dotée d'un léger ressaut pour encastrement du couvercle, ce qui assure une meilleure fermeture du vase (1.2.1.); une telle évolution est ancienne, puisqu'on la trouve déjà à Mégara. Le rebord tend ensuite à s'aplatir, incliné vers l'intérieur ou horizontal (1.2.2.); à Kaulonia, cette forme n'apparaît que dans les niveaux hellénistiques (cf. Sybaris, *NSA*, 1970, Suppl. 3, p. 189, fig. 205, III^e^ s.; Policoro, *NSA*, 1973, p. 439, n° 14; Acquappesa, *NSA*, 1978, p. 474, n° 97; Crotone S. Lucia, inédit, IV^e^ s).

On rattachera également aux *chytrai* des vases à lèvre presque verticale et ressaut pour encastrement du couvercle (1.2.3.), même si, sur de petits fragments de bord, des confusions sont possibles avec d'autres formes (*infra*, type 3.2.). En fait, la présence d'un départ de la paroi vers l'extérieur est très nette sur l'exemplaire n° **395**. La forme, peu fréquente à Kaulonia, est hellénistique (cf. Héloros, *MAL*, 45, 1961, col. 217 et fig. 55; Gravina di Puglia, *PBSR*, 1977, p. 131, n° 314; Sybaris, *NSA*, 1970, Suppl. 3, p. 520, fig. 576, n° 337; *Locri Epizefiri*, pl. IX, 3).

Les vases de forme 1.2. sont rattachés à Cozzo Presepe à notre type 2, sous le nom de «lidded pots with vertical ribbon handles» ou «with knob rim and arched handles pressed to neck» (*NSA*, 1977, Suppl., p. 375).

*4.8.2. Les marmites ou caccabai* (Locri: «pentole profonde»; Cozzo Presepe, «lidded pots»).

Ces vases sont relativement hauts et peu évasés, le rebord est aplati au-dessus de l'encastrement pour le couvercle. La forme est intermédiaire entre les pots et les friteuses. La distinction entre les formes 1.2.2 et 2 n'est pas toujours claire sur de simples fragments de lèvre.

Dans le type 2.2 la lèvre s'allonge considérablement, jusqu'à devenir pendante. Cette forme est absente des dépôts de Cozzo Presepe, avant 270, et de Crotone Santa Lucia ou d'Acquappesa (fin IV^e^-début III^e^ s.); elle apparaît par contre dans des contextes du II^e^ s. à Reggio et à Akrai. On proposera donc de dater les exemplaires les plus évolués de Kaulonia dans la deuxième moitié du IIIe s. (cf. *Locri Epizefiri*, pl. IX, 4&5 (1.3.1); Akrai, *NSA*, 1970, p. 489, fig. 75; Reggio, *NSA*, 1968, p. 239, n° 85-87; Sybaris, *NSA*, 1974, Suppl., fig. 136, inv. 3759).

*4.8.3. Les friteuses ou lopades* (Locri Epizefiri: «casseruole»; Cozzo Presepe: «casseroles»; Gravina: «shallow casseroles»).

Le type 3.1 à courbure continue, peu fréquent, se trouve dans des niveaux anciens (672.29: VI^e^-V^e^ s.); il existe à Mégara Hyblæa dans les niveaux archaïques.

Les formes carénées (3.2) sont certainement plus récentes. La forme 3.2.1, assez basse, semble se trouver à Kaulonia dans des niveaux du début du IV^e^ s. ou du V^e^ s (US 641.23 et 671.3). La forme 3.2.2 a une paroi concave nettement plus haute; on la trouve au IV^e^ s. à Acquappesa et Cozzo Presepe. La forme 3.2.3 très basse et très fortement carénée, est en fait intermédiaire entre les friteuses et les poêles. Hellénistique, elle n'apparaît qu'à un seul exemplaire (cf. Acquappesa, *NSA*, 1978, p. 471; Cozzo Presepe, *NSA*,

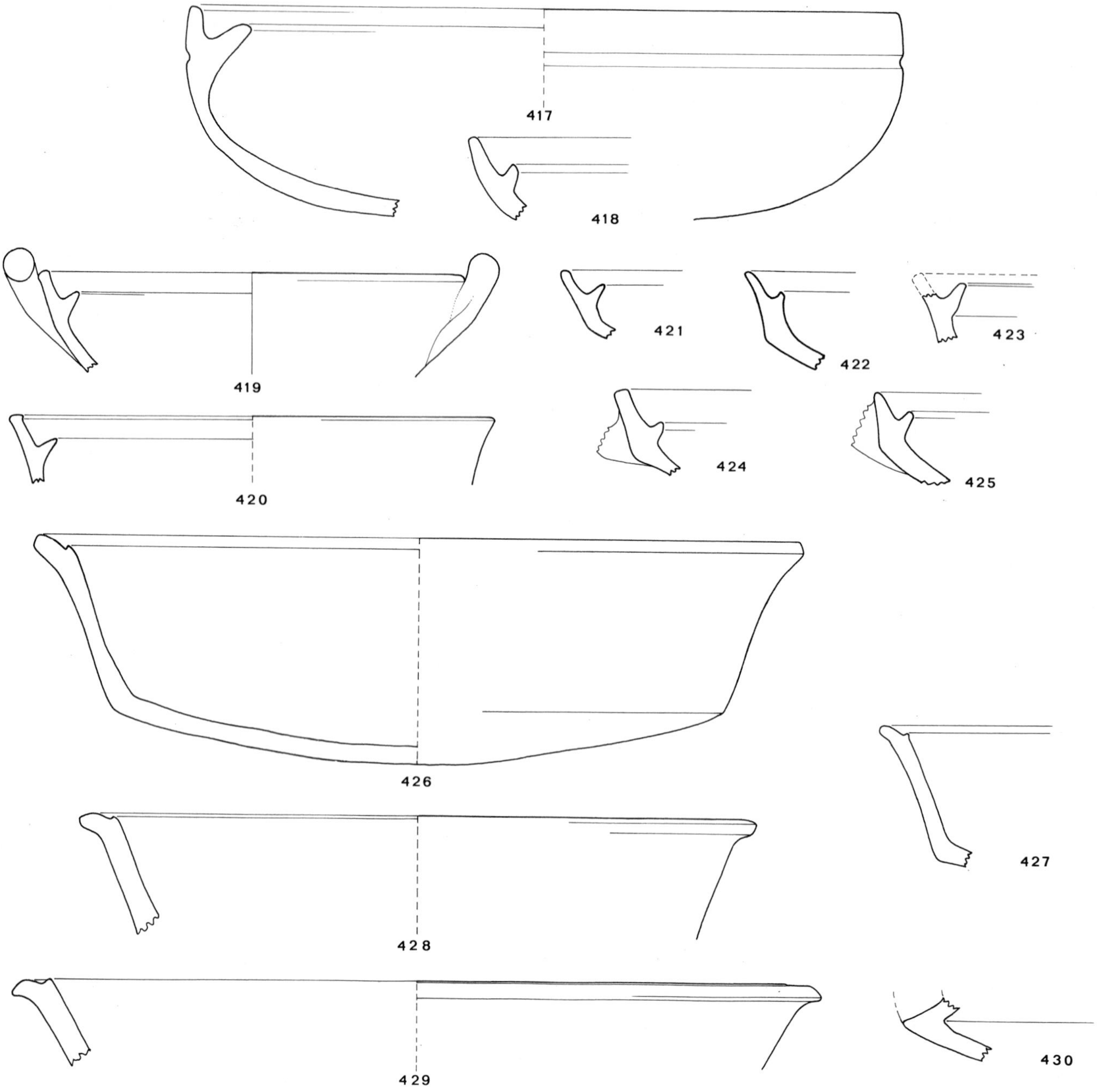


Fig. 59. Friteuses ou *lopades*, types 3.1. (417-418), 3.2.1. (419 à 425), 3.2.2. (426 à 429), 3.2.3. (430), éch. 1:2.

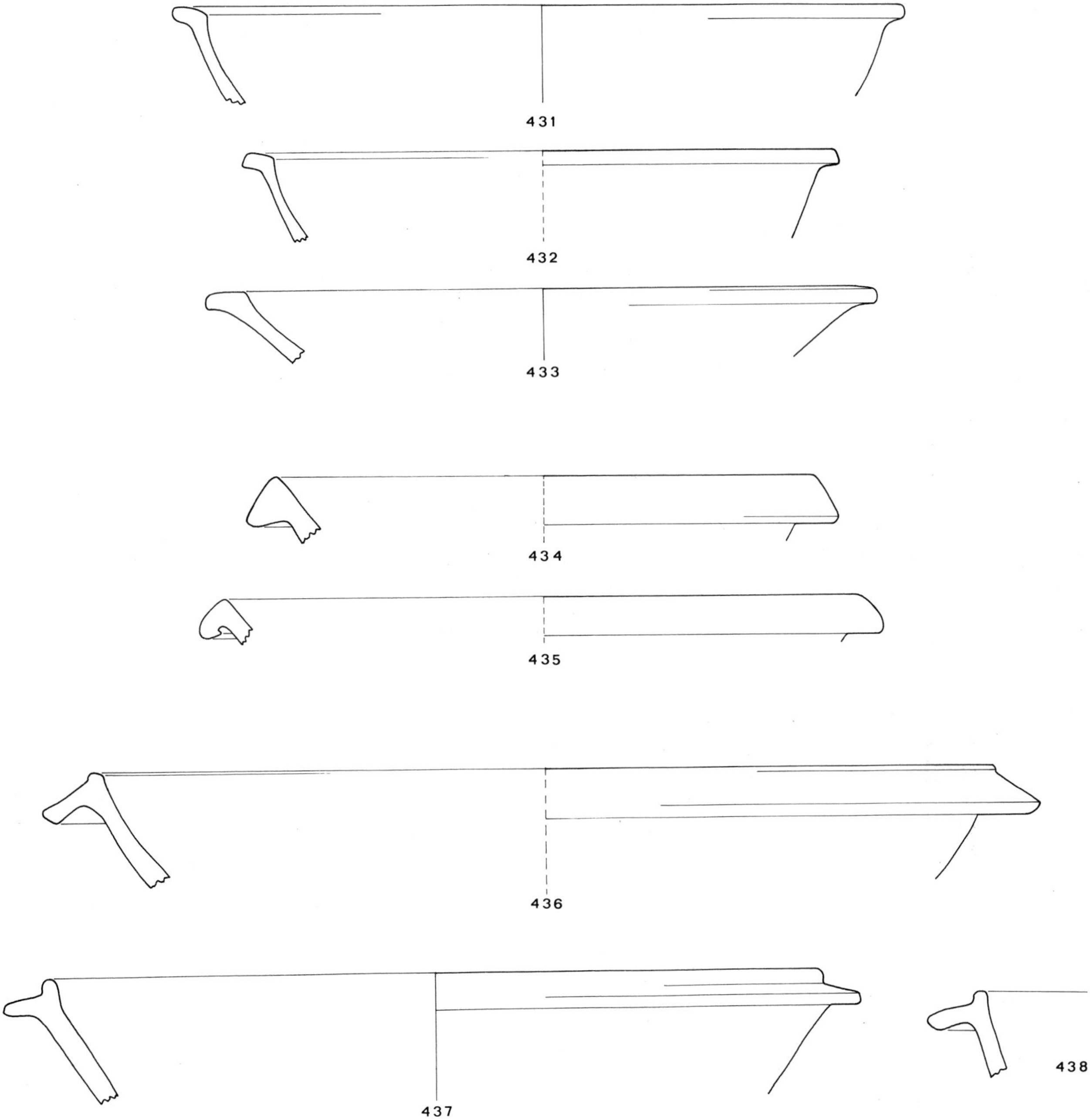


Fig. 60. Céramiques de cuisine, formes ouvertes, types 3.3. à 3.6., éch. 1:2.

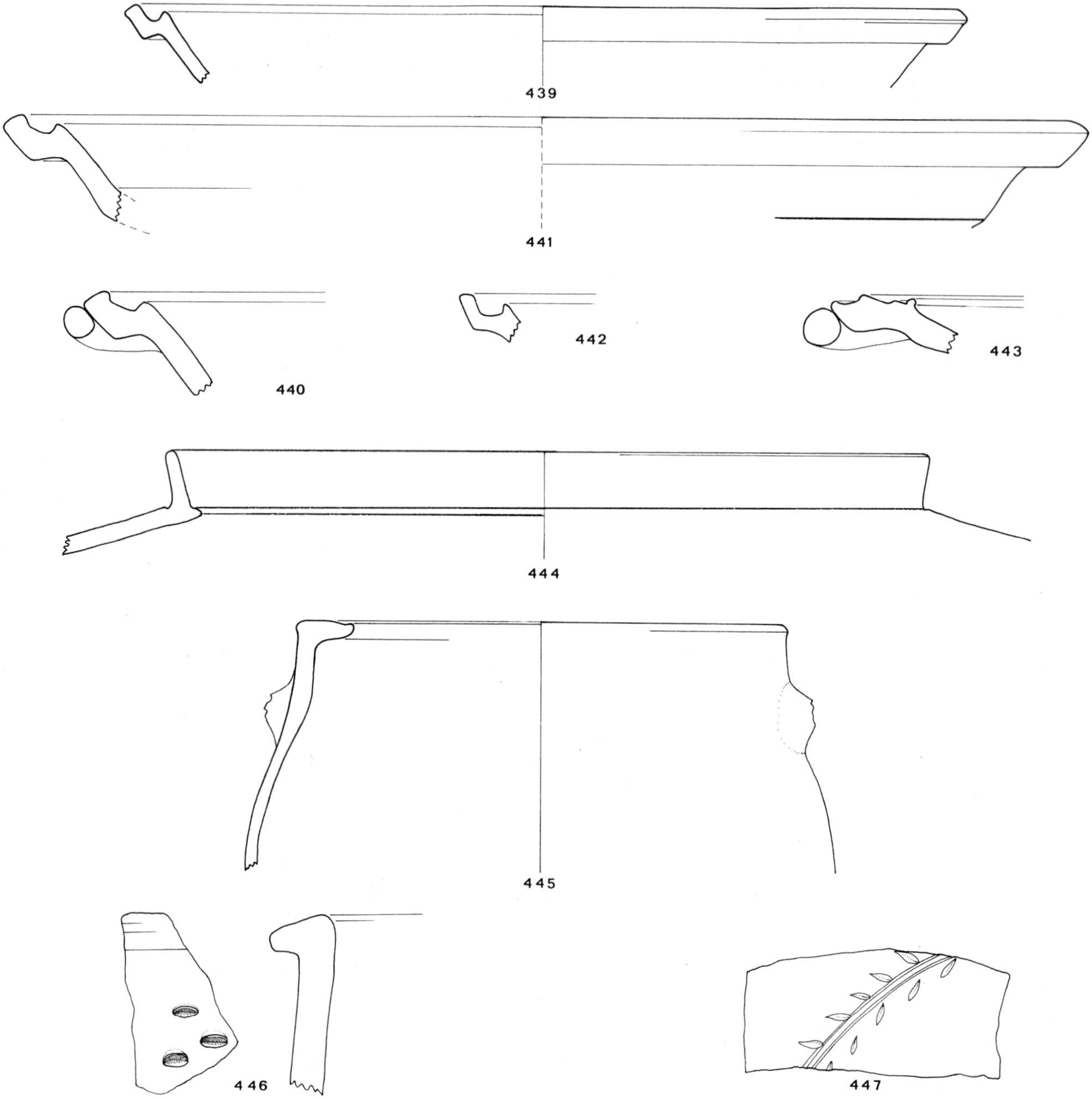


Fig. 61. Céramiques de cuisine, poêles ou *tagena*, type 4., et formes diverses, éch. 1:2.

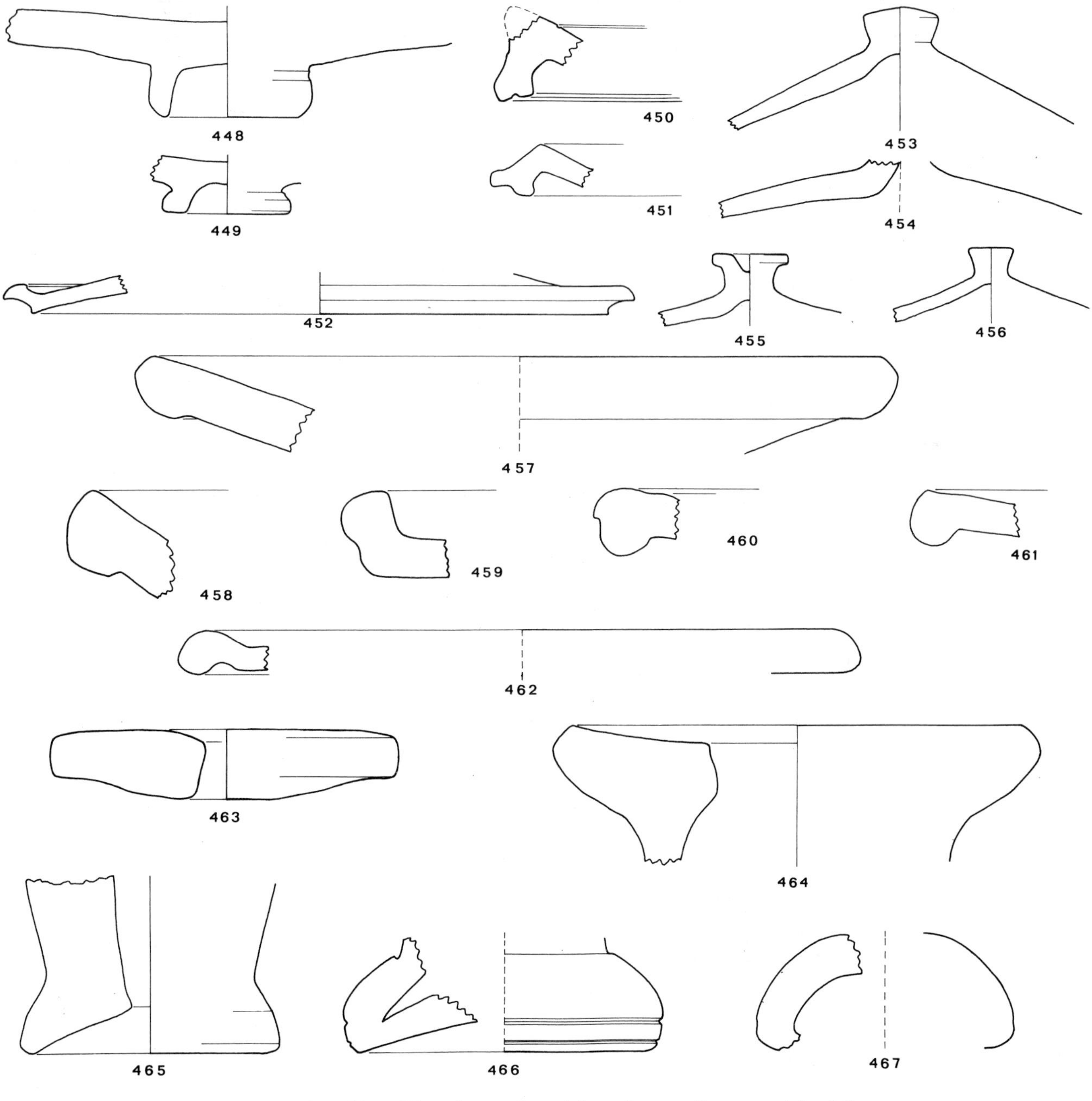


Fig. 62. Céramiques de cuisine, formes diverses, éch. 1:2.

1977, Suppl., fig. 147, n° 467-468; Policoro, *NSA*, 1973, p. 451, fig. 31; Akrai, *NSA*, 1970, p. 489, fig. 76a [3.2.1]. Sybaris, *NSA*, 1970, Suppl. 3, p. 207, inv. 11870; *Tolve*, p. 31, n° 69748 [3.2.2]. *Locri Epizefiri*, pl. IX, 12 et 10 [3.2.1]; pl. IX, 1 [3.2.3]).

On a regroupé sur la fig. 60 diverses formes ouvertes (4.8.3.3 à 4.8.3.6), casseroles ou écuelles, réalisées dans le même type d'argile réfractaire. Le fragment **436** est en pâte réfractaire rouge mais recouvert à l'intérieur d'une peinture noire. Aucun de ces fragments n'est nécessairement antérieur à l'époque hellénistique.

### *4.8.4. Les poêles ou tagena*

On appelle poêles les vases plats servant exclusivement à la friture, qu'ils aient des anses appliquées (*Locri Epizefiri*: «pentole larghe e basse») ou un long manche (*Locri Epizefiri*: «padelle»). La forme, qui semble à Kaulonia avoir plutôt des anses appliquées, a toujours un encastrement pour le couvercle et est typiquement hellénistique (cf. *Locri Epizefiri*, pl. IX, 16 et 17; Sybaris, *NSA*, 1974, p. 517, fig. 481, n° 253).

Ces céramiques sont généralement considérées comme des productions locales. Dans son étude récente sur la céramique d'Olbia de Provence, M. Bats a suggéré que de tels vases n'étaient pas produits dans la région de Marseille, mais importés - selon les périodes - d'Athènes, d'Italie du sud ou de Sicile, du monde punique. À Athènes même, tous les vases de cuisine ne sont probablement pas locaux, mais il est difficile de parler à ce propos de commerce (*Agora XII*, p. 40 sqq.). À Kaulonia, et plus généralement en Calabre, aucune recherche spécifique sur les argiles n'a été faite à ce jour, mais la présence dans le sondage QV 609, au milieu de divers déchets de cuisson et fragments de four, d'un tesson déformé du type 1.3 (609.9.13) montre qu'au moins à l'époque hellénistique ce type de vase était produit sur place.

### *4.8.5. Formes diverses*

Dans la même argile sont réalisés quelques vases dotés d'un pied annulaire, et qui ne devaient pas aller directement au feu (**448**, **449**). Parmi les nombreux fragments de couvercles on notera les fragments **450** et **451** dont la forme contournée est difficile à interpréter: on pense à ces couvercles creux à réserve d'eau, utilisés dans la vaisselle de fonte pour la cuisson à l'étouffée; mais, faute d'exemple dans la littérature archéologique, on y verra peut-être des bords de grands plats.

Les fragments de plats sont très petits: certains peuvent être plutôt des braséros.

On a enfin regroupé (fig. 62) plusieurs fragments d'interprétation douteuse, réalisés dans une argile comparable, quoiqu'un peu plus fine. Le fragment **464** pourrait être l'extrémité d'un support de vase, souvent interprété à tort comme un élément de soufflet (cf. Y. Grandjean, *BCH*, 109, 1985, p. 265-279, et S. P. Morris, *Hesperia*, 54, 1985, p. 393-409); ce type d'objet est attesté en Grande-Grèce dès le VII$^{e}$ s. (Incoronata de Métaponte, P. Orlandini, *Tarente 1986*, sous presse).

## 4.9. LE MATÉRIEL AMPHORIQUE (Chr. Van der Mersch)

Dans le cadre de l'étude pluridisciplinaire de la cité grecque de Kaulonia (Monasterace Marina), un travail systématique portant sur les amphores de transport retrouvées dans les zones d'habitat a été entamé en 1983. Il est encore en cours actuellement et ce rapport préliminaire se limite au matériel provenant des fouilles 1982-85 du secteur nord de la muraille (tour D et découvertes sporadiques dans cette zone) [1].

Des fragments d'amphores se retrouvent dans tous les niveaux archéologiques du VII$^{e}$ au III$^{e}$ s. av. J.-C. Les provenances géographiques des pièces sont diversifiées, puisque des lieux de production aussi éloignés que la mer Noire, la Campanie et la zone punique se trouvent représentés.

Il est à noter que le matériel amphorique provenant de la tour D est fragmentaire (aucun conteneur intact, ou quasiment complet, n'a été retrouvé jusqu'ici), mais que les tessons identifiables sont relativement nombreux. L'accent a été mis sur l'exploitation des contextes stratigraphiques qui apportent un certain nombre de points d'accrochage sur le plan chronologique.

De manière à pouvoir non seulement étudier ce matériel spécifique dans son ensemble, mais également de manière à utiliser au maximum les données offertes par les différents contextes de fouilles de l'habitat et à pouvoir étudier la répartition géographique du matériel à l'intérieur du site lui-même, la création d'une base de données informatisée a été décidée [2].

Cette base de données, qui inclut notamment le matériel de la tour D, offre à l'évidence d'énormes avantages en ce qui concerne la manipulation de la documentation D même si le volume de celle-ci reste encore pour le moment raisonnable D et son traitement «horizontal» à travers tout le site. Elle permet par ailleurs une mise à jour quasiment immédiate des nouvelles découvertes, ce qui revêt un certain intérêt dans la mesure où plusieurs campagnes de fouilles se déroulent annuellement sur ce site, et où l'objet principal de cette recherche est l'économie de Kaulonia, et donc l'acquisition d'un certain nombre de données statistiques.

*Le matériel amphorique des fouilles 1982-1985 de la Tour nord*:

| | Nombre | Pourcentage |
|---|---|---|
| Fragments identifiés | 169 | 75,4% |
| Fragments non identifiés et incertains | 55 | 24,6% |
| Total des enregistrements | 224 | 100 % |

Le matériel de la tour D se répartit en quatre groupes chronologiques. Le premier va de la fondation de la cité au début du V$^{e}$ s. environ, c'est-à-dire qu'il couvre grosso modo l'époque archaïque. Le second correspond à la phase d'occupation qui se trouve interrompue d'une manière ou d'une autre lors de la destruction de la cité par Denys l'Ancien en 389. Le troisième prend en compte le matériel du IV$^{e}$ s. Le quatrième et dernier groupe comprend le matériel de l'époque hellénistique. Ces groupes correspondent en fait aux grandes divisions stratigraphiques et aux grandes étapes de l'urbanisme que l'on retrouve dans pratiquement tous les secteurs fouillés de l'habitat.

---

[1] Ce rapport préliminaire s'inscrit dans le contexte d'une étude plus vaste portant sur les amphores de transport produites ou commercées en Italie du sud aux V$^{e}$, IV$^{e}$ et III$^{e}$ s. Ce sujet doit faire l'objet d'une thèse de doctorat à l'Université de Louvain-la-Neuve. La recherche entreprise à Kaulonia est menée en collaboration étroite avec la Surintendance Archéologique de Calabre à qui il m'est un plaisir d'adresser ici mes remerciements les plus vifs en la personne de Mme E. Lattanzi, Surintendante, et de Mme Iannelli, Directrice des fouilles de Kaulonia.

[2] Le logiciel utilisé est DBASE III sous PC/DOS. Un exemplaire du fichier est conservé dans les Archives de la Surintendance Archéologique de Calabre.

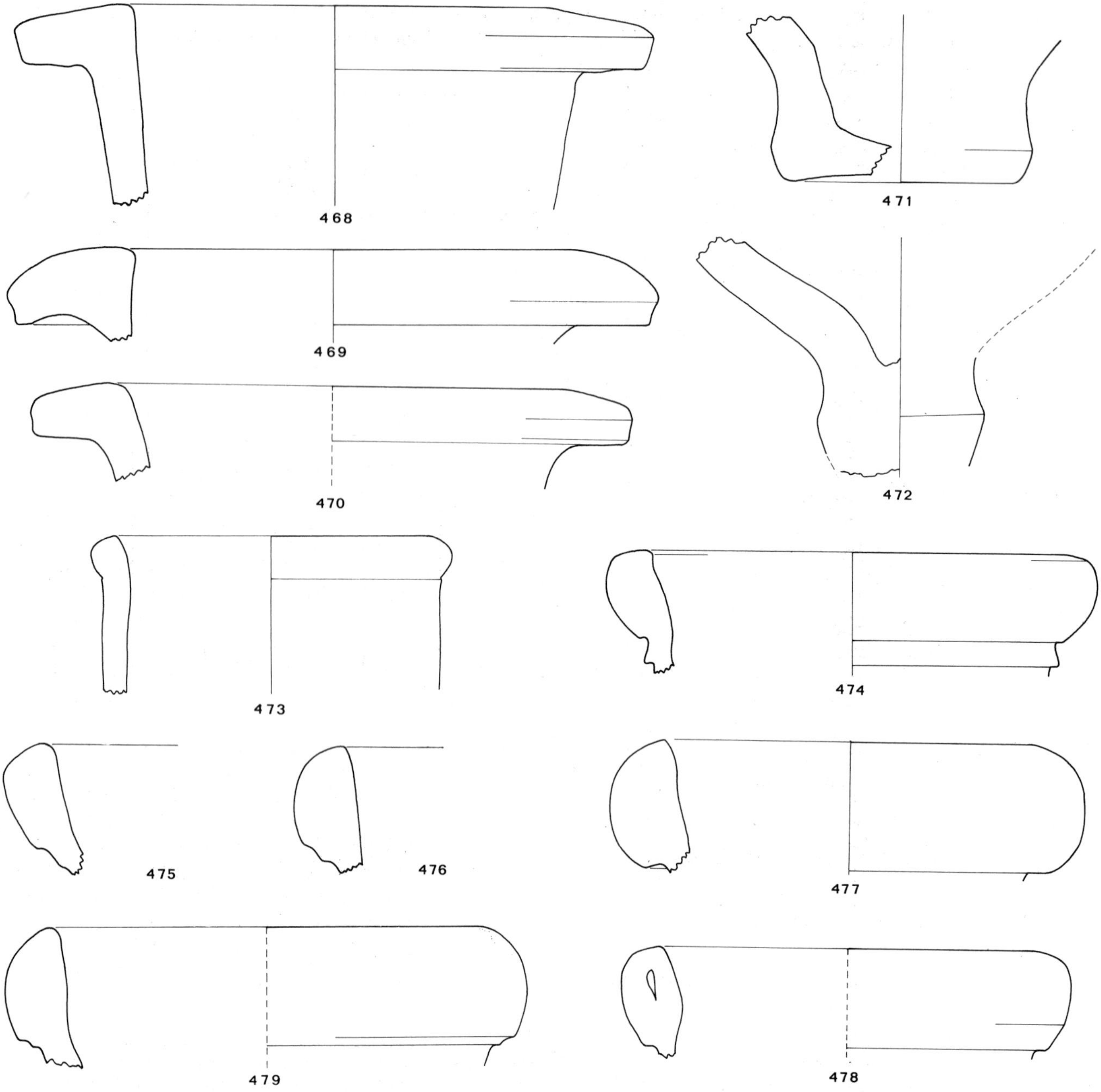


Fig. 63. Amphores archaïques (corinthiennes A et B, chiotes, à lèvre en bourrelet), éch. 1:2.

Chaque type attesté dans les fouilles de la tour est illustré par les fragments qui sont les plus significatifs, à savoir ceux dont le profil est le mieux conservé, ou encore ceux qui proviennent de contextes stratigraphiques sûrs. Les points suivants sont signalés brièvement:

- les données essentielles concernant le type en question;

- sa fréquence dans les fouilles de la tour en particulier;

- les limites chronologiques fournies par la stratigraphie;

- les remarques propres au matériel de cette fouille.

Deux remarques ont leur importance. Tout d'abord, le but de cette note n'est nullement de présenter de manière exhaustive le matériel amphorique de la tour D, mais plutôt de voir, en profitant de la parution rapide de ce volume, quelles sont les grandes familles rencontrées jusqu'ici dans ce contexte particulier du site, quelque peu en marge de l'habitat proprement dit. En deuxième lieu, aucune conclusion ne sera tirée pour le moment de ce matériel, dans la mesure où il ne constitue qu'un échantillonnage trop restreint du matériel amphorique de Kaulonia dans son ensemble, pour lequel les grandes lignes sur le plan de l'histoire économique seront dégagées à une autre occasion.

### *4.9.1. Les amphores archaïques (VII^e^-début du V^e^ s.)*

4.9.1.1. Type corinthien A (fig. 63, n° **468** à **471**)

Ce type est l'un des mieux représentés à Kaulonia à l'époque archaïque. Plus d'une trentaine de fragments pouvant être attribués à autant d'amphores différentes proviennent de divers secteurs de l'habitat. Dans le secteur de la tour D, seize occurrences sont à signaler.

L'argile est caractéristique des productions les plus anciennes du type: beige ou noirâtre au cœur, orange à rouge en surface, avec des inclusions brunes ou marron de dimensions considérables. L'épaisseur de la paroi a visiblement empêché dans la plupart des cas une cuisson uniforme (KOEHLER 1979, p. 17).

En l'absence d'exemplaire bien conservé, et en raison des problèmes typo-chronologiques que posent ces amphores aux VII$^{e}$ et VI$^{e}$ s. (KOEHLER 1979, p. 9-10, 14), il est difficile d'avancer des fourchettes chronologiques plus précises que celles fournies par la stratigraphie. La plupart des fragments semblent dater du VI$^{e}$ s. (pour les caractéristiques morphologiques de ces périodes, cf. KOEHLER 1979, p. 11 sqq. et pl. 13-14).

A côté des fragments de bords et de pieds, un certain nombre de morceaux de panse possèdent une argile d'une épaisseur et d'une texture qui permettent de les ranger sans conteste parmi les productions archaïques.

Les amphores corinthiennes A, destinées selon toute vraisemblance au transport de l'huile (KOEHLER 1979, p. 5-6), sont très fréquentes sur les rives du Bruttium au VI$^{e}$ s. et il en a été signalé notamment à Locres, Crotone et Métauros.

4.9.1.2. Type corinthien B (fig. 63, n° **472**)

Les fragments qui peuvent être attribués de manière sûre à des amphores archaïques corinthiennes de variante B sont pour l'instant peu nombreux (moins de cinq occurrences) [3]. La production de cette variante débute à Corinthe vers le milieu du VI$^{e}$ s.

[3] Mais il est à noter que l'identification des bords «en bourrelet» peut à certaines occasions prêter à confusion, et il n'est pas impossible que leur nombre soit légèrement supérieur.

D'une manière générale, ce type d'amphore vinaire semble peu attesté jusqu'ici en Calabre à l'époque archaïque (KOEHLER 1979).

4.9.1.3. Chio (fig. 63, n° **473**)

Un petit nombre de bords de la tour D attestent la présence d'amphores égéennes du VI$^e$ s. et du début V$^e$ s. L'attribution à Chio est évidente, sur la base des profils caractéristiques ainsi que de l'argile. Celle-ci oscille dans tous les cas entre le rouge brique soutenu et le rouge brunâtre, avec quelquefois des dégraissants se manifestant sous forme de petites pierres ou de petits points blancs (calcaire) (J.K. Anderson, *ABSA*, 1954, p. 168-170).

Aucun des fragments de la tour ne semble remonter au VII$^e$ s., époque à laquelle la production de l'île se caractérise par l'engobe crème assez épais et le décor de bandes ou de 8 couchés appliqués sur l'extérieur de la panse (Anderson, *art. cit.*, p. 169; P. Dupont, *PP*, 204, 1982, p. 195-196). Les contextes stratigraphiques et le profil des fragments (bien que de dimensions assez réduites) permettent de les situer globalement dans la seconde moitié du VI$^e$ on le premier tiers du V$^e$ s.

En effet, ils appartiennent clairement pour la plupart à des amphores à col légèrement regonflé, des variantes appelées C1 et C2 par U. Knigge dans la publication de la nécropole du céramique athénien (V. Grace, *Amphoras and the ancient wine trade*, Ath. Agora Picture Book 6, 1979, fig. 44: AP 2422, P 24873; U. Knigge, *Der Südhügel*, *Kerameikos*, IX, 1976, p. 23-24). Vers 460, le col des amphores de Chio se renfle de plus en plus fortement et amène le «narrow banded bulbous type», qui comporte une sorte de bandeau immédiatement en-dessous de la lèvre. Ce type est produit jusque vers 430, date à laquelle le bandeau disparaît et l'allure du récipient change radicalement (Grace, *op. cit.*, fig. 441: P 2197, P 2371; H. Mattingly, *Coins and amphoras. Chios, Samos and Thasos in the fifth century B.C.*, dans *JHS*, 101, 1981, p. 78-80). Le profil de la lèvre évolue de manière caractéristique et permet de distinguer les amphores dont le col est légèrement gonflé (produites jusqu'en 460 environ) de celles qui ont un col en bandeau (postérieures à 460). Les plus anciennes possèdent en effet une lèvre courte, de section arrondie, tandis que les plus récentes ont une lèvre de plus en plus haute, au profil nettement plus anguleux (C. K. Williams, *Hesperia*, 47, 1978, p. 18 et fig. 5; Knigge, *op. cit.*, p. 24).

La présence d'amphores chiotes de la seconde moitié du VI$^e$ ou du premier tiers du V$^e$ s. ne manque pas d'intérêt, dans la mesure où il s'agit d'un matériel qui n'a été signalé qu'en de rares occasions dans les colonies grecques du Bruttium: quelques tessons à Sybaris, Medma (fragments inédits provenant de l'habitat) et Métauros (un exemplaire intact, dans la nécropole) (C. Sabbione, *L'area locrese*, dans *Il commercio greco nel Tirreno in età arcaica*, Salerno, 1979 [1981], p. 18).

4.9.1.4. Amphores archaïques à lèvre en bourrelet (fig. 63, n° **474-479**; fig. 64, n° **480**, **481**).

Les fragments les plus nombreux dans les couches archaïques (plus de vingt-cinq) sont des lèvres en bourrelet, plus ou moins épaisses, qui présentent de nombreuses variantes dans le profil et dans la pâte. C'est un type de lèvre caractéristique des amphores qui sont généralement appelées «ioniennes» ou «ionio-massaliotes» lorsque la pâte est jaunâtre et plus ou moins micacée, «pseudo-ioniennes» lorsqu'elle est plus grossière, de couleur différente et ne contient pas (ou peu) de mica.

Il n'a pas encore été démontré qu'une partie de ces amphores, dont un certain nombre d'exemplaires ont été signalés dans le bassin oriental, ait réellement été fabriquée en Ionie. Le type n'est pas repris, par exemple, dans les formes qu'a étudiées P. Dupont (*art. cit.*, p. 193). L'hypothèse d'une origine «phocéenne» en général se fonde sur deux constatations: la présence d'amphores de ce type à Marseille et à Vélia, et le fait que ce soit précisément cette forme qui serve de point de départ aux productions massaliètes. Il n'est toutefois pas exclu, si l'on en juge par la fréquence de ce type sur des sites de Grande-Grèce et de Sicile, que des amphores de cette forme aient également été fabriquées dans des colonies de ces secteurs (cf. également 4.9.1.5.).

En ce qui concerne les fragments de la tour D, deux remarques peuvent être faites:

1° aucun ne possède une argile à proprement parler caractéristique de la Grèce de l'Est: si du mica se remarque sur un petit nombre de fragments, sa présence n'est pas plus affirmée que celle d'autres types de dégraissants.

2° par ailleurs, il n'en est pas un seul dont le profil, et surtout la pâte, indiquent de manière certaine une provenance marseillaise. Ceci n'a en fait rien de surprenant, dans la mesure où les amphores réellement massaliètes sont en règle générale extrêmement rares en Grande Grèce.

L'appellation générique «amphore pseudo-ionienne» est conservée ici pour désigner le groupe, et ce sans préjuger de son, ou vraisemblablement de ses origines géographiques effectives. Une étude approfondie de ces productions est en cours, notamment par les soins de Mme P. Pelagatti, et l'on doit se contenter de reprendre les points généralement admis jusqu'ici: la parenté formelle avec les amphores corinthiennes B, qui apparaissent cependant plus tardivement (KOEHLER 1979, p. 43-44 et note 2: KOEHLER 1981, p. 452-453), leur fréquence sur les sites magno-grecs et siciliotes, les lieux de production vraisemblablement multiples (N. Di Sandro, *Le anfore «massaliote» in Campania*, dans *AIONArchStAnt*, 3, 1981, p. 51).

Il est impossible d'approfondir les questions de typologie et de chronologie sans recourir à une importante bibliographie, d'autant que ces questions semblent revêtir des aspects différents suivant les sites envisagés. Un classement sommaire, comme celui que propose P. G. Guzzo pour le matériel de Scalea (*NSA*, 1981, p. 404), est utilisé pour les fragments de l'habitat. Trois groupes principaux peuvent être distingués sur base du profil de la lèvre, mais il ne semble pas y avoir de lien évident entre un profil particulier et un type d'argile (Di Sandro, *loc.cit.*).

Les amphores «pseudo-ioniennes» se rencontrent sur divers sites du Bruttium. Il s'agit d'un conteneur caractéristique de l'horizon céramique de la seconde moitié du VI^e^ et du premier quart du V^e^ s. Un certain nombre de points d'accrochage chronologiques sont fournis par les fouilles de Siris (Hänsel, *NSA*, 1973, p. 400-492; D. Adamesteanu-H. Dilthey, *MEFRA*, 1978, p. 522 et fig. 21), Sybaris (*NSA*, 1970, Suppl. 3, p. 94, n. 56 et fig. 67.86).

4.9.1.5. Amphores italiotes (?) à lèvre en bourrelet (fig. 64, n° **482-484**)

À côté des fragments d'amphores «pseudo-ioniennes» dont la pâte est en général de couleur jaune ou brun clair, il existe un petit groupe d'allure assez semblable, mais dont l'argile est nettement différente: rougeâtre ou orangée, généralement vive, assez compacte et bien épurée, les inclusions qui apparaissent étant des petits points de calcaire blanc.

Un certain nombre d'exemplaires présentant cette argile caractéristique ont été signalés en Sicile et en Grande Grèce (Sybaris, *NSA*, 1970, Suppl., p. 356, n. 599 et fig. 364) et nous en connaissons dans le Bruttium, à Hipponion (fr. lèvre, inédit) et Crotone. Il semble nécessaire de les considérer à part, dans la mesure où l'argile employée est assez proche de celle que l'on trouve dans certaines productions d'Italie du sud

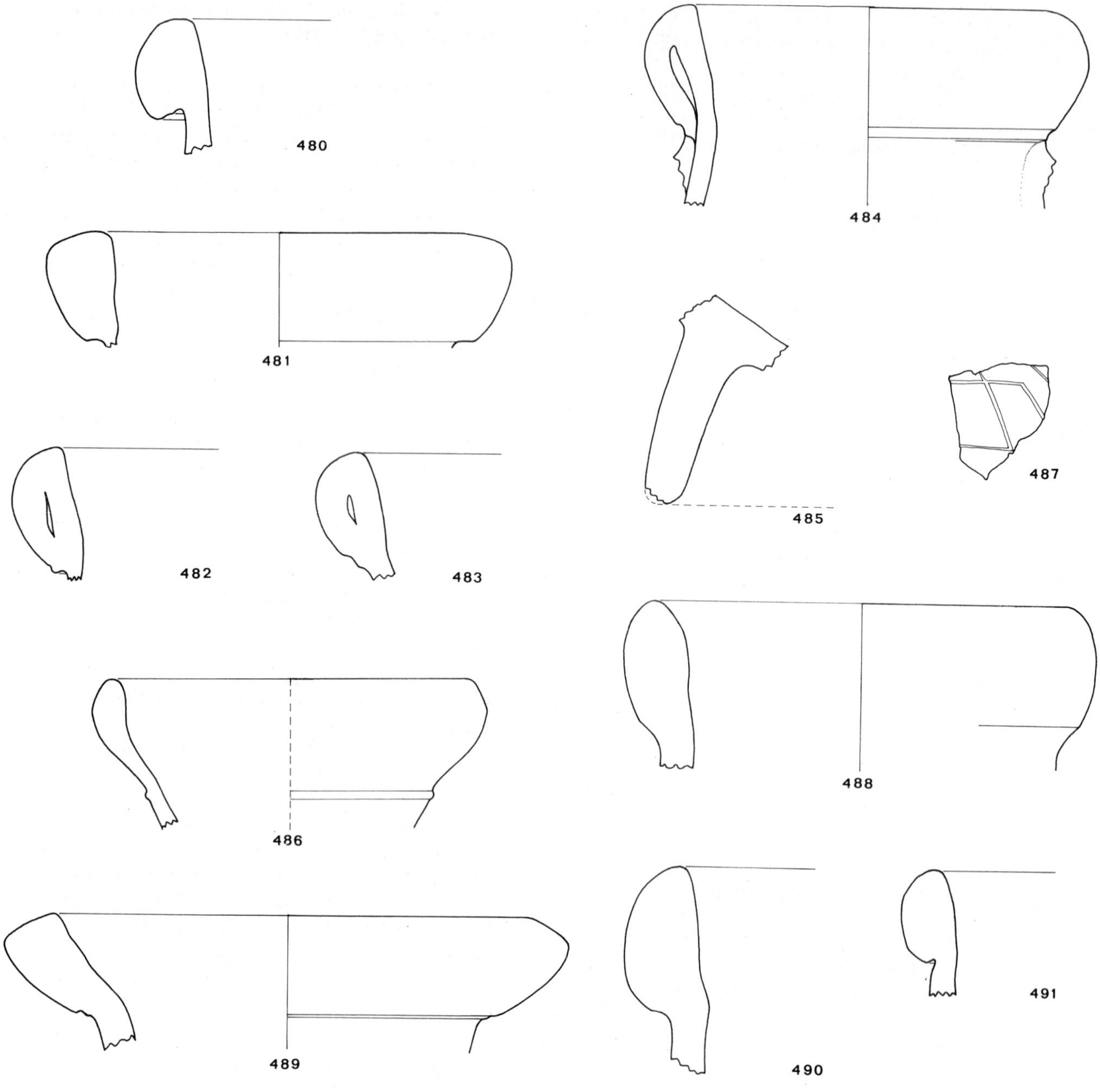


Fig. 64. Amphores archaïques (à lèvre en bourrelet, attiques, "pseudo-chiotes"), éch. 1:2.

aux Ve et IVe s. et où il n'est pas impossible qu'il s'agisse en fait de conteneurs à proprement parler magno-grecs.

À Kaulonia, une demi-douzaine environ de bords peuvent, sur base de leur argile facilement reconnaissable, être placés dans ce groupe.

4.9.1.6. Amphores SOS et apparentées (fig. 64, nº **485-486**)

Quelques fragments de lèvres, de parois, ainsi qu'un pied peuvent être attribués à des amphores de la classe SOS. Le pied **485** se date vraisemblablement, en raison de sa forme, dans la seconde moitié du VIIe s. L'appartenance à la classe SOS des fragments **486** et 671.4.12 (non illustré) est probable. Le tesson 672.23.2, peut-être attique, semble plutôt s'apparenter à la série A 1501 (première moitié du VIe s.).

La question de l'origine géographique de ces fragments ne peut être abordée ici; simplement, les remarques formulées par A. Johnston quant à l'existence d'une production locale du type SOS sur le littoral ionien, à Siris et à Sybaris notamment, restent d'actualité (A. Johnston, *ABSA*, 73, 1978, p. 127, note 4). De manière générale, les amphores SOS sont jusqu'ici assez mal représentées dans les colonies voisines de Kaulonia (E. Lattanzi, *Tarente 1981* [1982], p. 226; C. Sabbione, *ASAA*, 59, 1983, p. 265).

4.9.1.7. Amphores «à la brosse» (fig. 64, nº **487**)

Le décor caractéristique des productions attiques «à la brosse» se retrouve sur deux fragments de petite taille. Leur argile est fine, dure, de couleur rouge pâle à chamois.

Le fragment de paroi **487**, qui porte un graffite, pourrait appartenir soit à une amphore SOS soit à une version «à la brosse». Mais il est toutefois à noter que les graffites sont rares sur cette dernière version.

4.9.1.8. Type «locrien» ou «pseudo-chiote» (fig. 64, nº **488** à **490**)

Il s'agit d'amphores aisément reconnaissables par leur lèvre en bourrelet (dont le profil s'apparente en fait fortement à celui des «pseudo-ioniennes», voire à celui des corinthiennes B) qui surmonte un col regonflé et limité à la partie inférieure par un sillon. L'argile de ce groupe, à l'époque archaïque, se situe dans la gamme des tons jaune clair, beige ou chamois: les inclusions sont généralement petites et de couleur foncée.

L'origine géographique de ce groupe, qui se voit appelé conventionnellement tantôt «tipo Locri» à la suite de A. J. Parker (*Kokalos*, 22-23, 1976-1977, t. II, 1, p. 630), tantôt «pseudo-chiote» (P. Pelagatti), est incertaine. Toujours est-il qu'il convient de le séparer clairement des production de l'île de Chio, dont il ne partage ni l'allure générale, ni les caractéristiques de fabrication, ni l'argile, ni l'évolution morphologique. En fait, la distribution des amphores «pseudo-chiotes concerne essentiellement à l'époque archaïque la Sicile (grecque et punique), la Campanie et la Calabre. Très peu de fragments de ce type ont été signalés en Grèce continentale. Pour cette raison, on estime généralement qu'il s'agit de productions originaires des colonies grecques de l'ouest.

Une dizaine d'occurrences de ce type sont à signaler jusqu'à présent dans les fouilles de la tour D.

Le type a été signalé sur des sites voisins: à Crotone (amphore entière dans le musée; divers fragments inédits provenant de l'habitat), Locres (*Locri Epizefiri*, p. 39 et fig. 11,8) et Hipponion (col provenant de la nécropole de l'INAM, non publié).

---

[4] Un seul fragment de col présente un engobe clair, mais apposé sur la face *interne*.

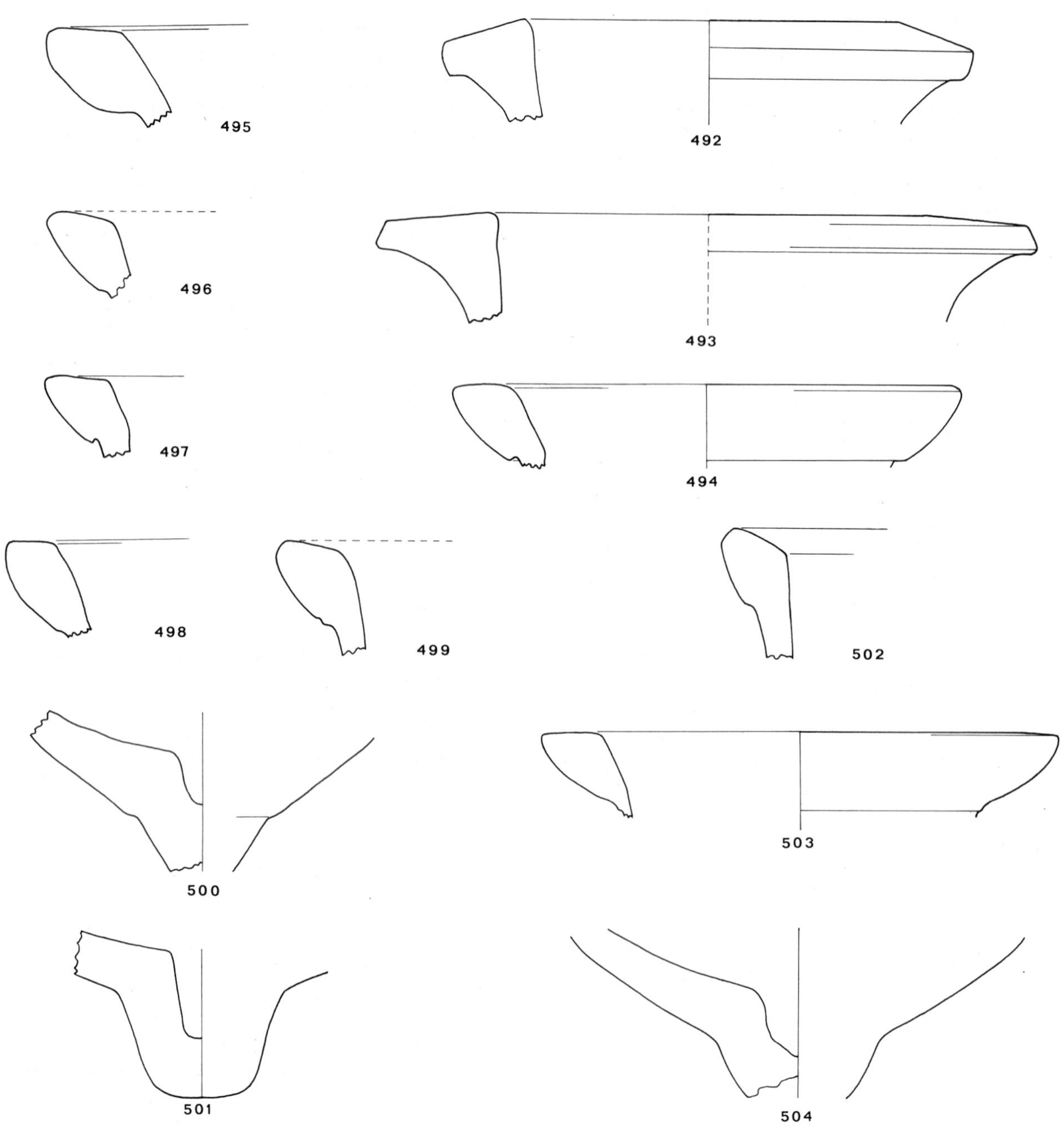


Fig. 65. Amphores classiques, (corinthiennes A et B, italiotes), éch. 1:2.

4.9.1.9. Fragments non identifiés

Il est un certain nombre de fragments retrouvés en contexte des VI$^{e}$-V$^{e}$ s. pour lesquels il ne nous est pas possible de présenter d'attribution immédiate. Quelques-uns semblent réalisés dans une argile rappelant les productions gréco-orientales (640.76.516), ce qui ne serait pas impossible dans la mesure où une amphore de Samos au moins est signalée par P. Orsi dans la nécropole de Vallone Bernardo (ORSI 1914, col. 917-918 et fig. 158).

La présence d'au moins un conteneur d'origine punique pourrait être déduite du fragment d'anse 641.82.525 (amphore à sac ?); le fragment de lèvre n° **491** a un profil archaïque.

### *4.9.2. les amphores classiques, jusque vers 389*

4.9.2.1. Type corinthien A (fig. 65, n° **492-493**)

Au V$^{e}$ s., ce type est représenté à Kaulonia essentiellement par des lèvres aplaties qui se terminent de manière tronquée et contre lesquelles viennent s'appuyer, de manière caractéristique, les anses. Il s'agit là du profil qui, selon C. Koehler, devient standard après le début du second quart du V$^{e}$ s. (KOEHLER 1979, p. 16: «overhanging rim with sloping upper surface»). Ce type est l'un des plus fréquents dans la tour D à cette époque, avec une dizaine d'occurrences.

Ces amphores présentent une lèvre dont la hauteur augmente progressivement dans la seconde moitié du V$^{e}$ s. mais ce critère ne permet pas une datation réellement précise, le profil plus ou moins complet étant en fait nécessaire. Il faut se contenter pour cette raison de situer les fragments de la tour D dans une fourchette assez large (c. 470/460-début IV$^{e}$ s.), qui est en fait celle de la stratigraphie.

L'argile employée se distingue assez nettement de celle des pièces archaïques. Elle est beige ou jaunâtre, assez compacte, mais toujours tempérée par les nodules sombres bien caractéristiques (KOEHLER 1979, p. 17). Un fragment (640.75.516) possède une argile différente: orange pâle/rose, avec une ligne grise au milieu, probablement indice d'une cuisson mal contrôlée.

Les amphores corinthiennes A sont bien représentées vers le milieu et tout au long de la deuxième moitié du V$^{e}$ s. sur le littoral ionien. Le groupe le plus important signalé jusqu'ici en dehors de Corinthe se trouve en effet à Métaponte (une douzaine de pièces environ: *NSA*, 1966, p. 210 et fig. 61.2: KOEHLER 1979, p. 454, note 5). Bien qu'aucun exemplaire ne soit signalé pour la Calabre dans la thèse de C. Koehler, un certain nombre de conteneurs de ce type ont été retrouvés, notamment à Héraclée de Lucanie (deux pièces intactes, musée de Policoro), Crotone (plusieurs fragments inédits provenant de l'habitat), Locres (*Locri Epizefiri*, p. 39 et fig. 11.15) et Medma (quelques bords provenant des fouilles de l'habitat, non publiés).

C. Koehler fait remarquer que les amphores destinées à l'exportation étaient essentiellement celles de la variante A′ (ou ovoïdes) (KOEHLER 1979, p. 731). Il est toutefois difficile de savoir, en raison des petites dimensions des fragments de Kaulonia, si c'est bien de cette variante-là qu'il s'agit.

4.9.2.2. Type corinthien B (fig. 65, n° **494** à **501**)

Ce type connaît une évolution morphologique assez nette dans les années 480-470. Le changement se marque dans le profil de la lèvre dont la paroi extérieure est à présent convexe et affiche un rebord supérieur nettement incliné vers l'intérieur du col. Le raccord lèvre-col est également bien caractéristique, puisque s'effectuant au moyen d'un ou de plusieurs ressauts délimités par

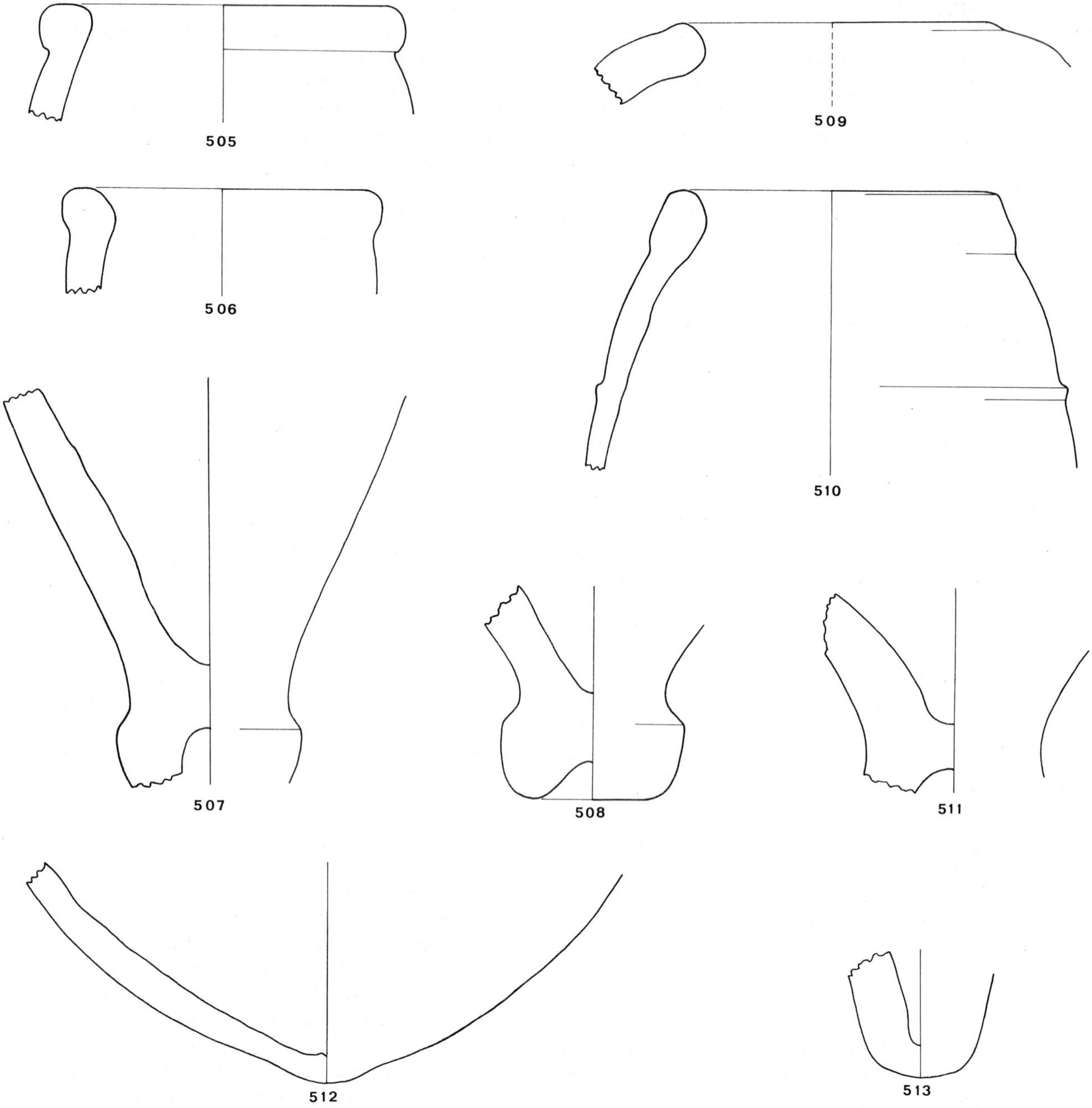


Fig. 66. Amphores classiques (chiotes, puniques), éch. 1:2.

des sillons (KOEHLER 1979).

Par rapport à l'époque archaïque, le type est à présent mieux représenté dans le contexte de la tour D (neuf fragments sûrs, quatre probables). Leur argile est en général de couleur chamois ou jaunâtre, dans tous les cas très claire.

L'importation d'amphores de ce type est bien attestée dans le Bruttium pour la période c. 450-400 et un certain nombre d'exemplaires ont été retrouvés sur les sites grecs ou italiques voisins de Kaulonia.

4.9.2.3. Amphores italiotes de la deuxième moitié du V$^e$ s. (fig. 65, n° **502-504**)

Il s'agit d'amphores imitant très clairement les corinthiennes B: allure générale semblable, même genre de bord, de corps et de pied. Elles s'en distinguent toutefois aisément par les caractéristiques suivantes:

a) la couleur de la pâte: brunâtre, assez grossière, ou - et c'est le plus souvent le cas - rouge orangé, avec dans les deux cas d'éventuelles inclusions blanchâtres;

b) la texture de l'argile: moins fine, moins pulvérulente, plus dure;

c) l'exécution du bord plus simple que celui des productions corinthiennes: pas de ressaut, seul un simple sillon le sépare du col;

d) le travail généralement assez approximatif, les raccords mal exécutés, l'épaisseur considérable de la paroi;

e) la cuisson peu homogène, en «sandwich» très souvent.

Il s'agit d'un type d'amphore qui est bien représenté notamment dans le secteur de Sybaris/Thourioi et tout porte à croire qu'il s'agit d'une production coloniale s'inspirant notamment des amphores importées de Corinthe. Trois exemplaires entiers provenant de la zone de Thourioi permettent de cerner le type: la forme reprend dans les grandes lignes celle de la corinthienne B, mais l'argile rouge vif ou orange soutenu avec des points blancs, ainsi que l'exécution plutôt sommaire indiquent qu'il s'agit en réalité d'autre chose. Deux d'entre eux ont été trouvés à Francavilla Marittima, sur l'Acropole et sont bien datés par le contexte vers 450-425 (M. W. Stoop, *Acropoli sulla Motta...*, dans *AMSMG*, 15-17, 1977, p. 166-167 et pl. 77). M. W. Stoop précise que l'argile est rose (mais elle apparaît en fait rouge à l'examen des pièces au musée de Sybaris) et qu'elle ressemble à celle employée pour certaines hydries de Francavilla Marittima (qui sont considérées comme de production locale) et à celle de certaines amphores «romaines» de Sybaris (Stoop, *art. cit.*, p. 166, note 1). Une troisième amphore entière provient de Sybaris (Parco del Cavallo) et présente une argile strictement identique (*NSA*, 1970, Suppl. 3, p. 393, n. 97 et fig. 423, 586).

Ce type est bien attesté dans le matériel de la tour D.

Sur les sites voisins de Kaulonia, des fragments semblables existent à Crotone (quelques bords provenant de l'habitat, non publiés) et à Medma (fragments de bords également, non publiés).

4.9.2.4. Amphores de Chio (fig. 66, n° **505-508**)

Au moins deux pieds d'amphores de Chio retrouvés dans la tour nord peuvent être datés du V$^e$ s., en raison de leur profil caractéristique. En effet, l'introduction du type à col en bandeau vers 450 (H. Mattingly, *JHS*, 101, 1981, p. 78-80) amène un changement dans l'allure du pied: jusqu'alors situé dans le prolongement de la panse, il est à partir de ce moment modelé pour former un anneau bien distinct. Pour des pieds similaires datés c. 450-425, cf. Grace, *op. cit.*, pl. 44 (P2371); Knigge, *op. cit.*, p. 24 et pl. 65,8.

Les exemplaires de Kaulonia sont d'autant plus intéressants que le type est encore peu documenté pour cette période en Grande Grèce.

4.9.2.5. Amphores de type «locrien» ou «pseudo-chiote»

Pour la définition du type, cf. 4.9.1.3. Dans la deuxième moitié du V^e^ s., la hauteur de la lèvre augmente et son profil s'affine. Le col prend une allure différente, mais conserve le renflement qui identifie le type. Les anses deviennent très hautes et flexueuses.

Les amphores de la fin du V^e^ s. possèdent une argile soit de couleur sable/crème, comme celle des exemplaires archaïques, soit orange pâle, dans laquelle des inclusions brun foncé se retrouvent également. Au IV^e^ s., cette dernière argile est l'unique qui paraisse employée.

Quelques occurrences de ce type se manifestent dans le matériel de la tour D (fragments de lèvres et de cols de ce type pouvant être datés du V^e^ s.).

Les amphores de ce type sont relativement bien représentées à l'époque classique dans le Bruttium, comme l'indiquent entre autres les trouvailles de Francavilla Marittima (Stoop, *art. cit.*, p. 164-165 et pl. 76,2,4), de Crotone (fragments de cols provenant de l'habitat; inédits) et de Porticello (C. J. Eiseman, *Amphoras from the Porticello shipwreck (Calabria)*, dans *IJNA*, 2, 1973, p. 19-20 et fig. 8, 21.2319).

4.9.2.6. Amphores puniques (fig. 66, n° **509-510**)

Deux bords d'amphores puniques à sac, reconnaissables par leur profil ainsi que leur argile très rouge, se dégagent de l'ensemble des conteneurs d'origine grecque. Ils sont dignes d'intérêt, dans la mesure où les conteneurs puniques connus jusqu'à présent en Calabre pour l'époque classique sont peu nombreux et proviennent généralement du secteur du détroit de Messine.

4.9.2.7. Origine indéterminée (fig. 66, n° **511-513**)

Un certain nombre de fragments retrouvés dans des couches présentant un matériel de chronologie classique prédominante restent d'identification douteuse.

Le fragment n° **511** est probablement de provenance gréco-orientale.

*4.9.3. Le matériel du IV^e^ s.*

4.9.3.1. Type corinthien A (fig. 67, n° **514**)

Dans les productions du IV^e^ s. également C. Koehler distingue una variante sphérique (appelée A) d'une variante ovoïde, nettement plus haute (A'). Une nette évolution se marque entre autre dans le profil de la lèvre, dont la hauteur tend à devenir importante et qui possède à présent un profil triangulaire incliné vers le bas. Les anses, de section arrondie, viennent se coller contre la paroi inférieure de la lèvre (KOEHLER 1979, p. 15-16).

Les fragments de cette époque sont rares jusqu'à présent à Kaulonia, que ce soit sur la muraille nord, ou dans l'habitat en général. Leur argile est de teinte beige-noisette, et comporte peu d'inclusions.

Les exportations depuis Corinthe d'amphores de type A sont assez limitées au IV^e^ s. et concernent quasi-exclusivement la variante A‿ (KOEHLER 1979, p. 14). En fait le trafic de ces conteneurs vers la Sicile et la Grande Grèce semble avoir néanmoins revêtu une certaine importance, vraisemblablement en raison des liens politico-économiques assez étroits qui règnent dans la seconde moitié du siècle surtout entre Corinthe et l'empire syracusain, et du commerce sur cet axe dont les *poleis* grecques du littoral ionien ont clairement bénéficié.

Des fragments d'amphores de ce type ont été retrouvés entre autre à Héraclée de Lucanie (*NSA*, 1973, p. 451 et fig. 31,12), Sybaris (*NSA*, 1970, Suppl. 3, p. 351, n. 548 et fig. 307, 316, 368; *NSA*, 1974, Suppl., p. 527, n. 328 et fig. 475, 483), Crotone (quelques fragments de lèvres principalement proviennent de l'habitat; inédits), Medma (une amphore entière de la nécropole fouillée par P. Orsi; plusieurs fragments de lèvre proviennent de l'habitat) et S. Maria del Cedro, fraz. Marcellina (*NSA*, 1978, p. 449 et fig. 31,5).

4.9.3.2. Type corinthien B (fig. 67, nº **515**)

Dans les premières années du IVe s., les principales caractéristiques sont les suivantes: une lèvre de profil triangulaire, se soulevant au point d'attache des anses qui se pressent contre elle (et amènent une embouchure de forme pratiquement carrée), un allongement général de la forme (col, anses, panse) et la disparition du pied qui se trouve réduit à une petite excroissance terminant la panse fuselée (KOEHLER 1979, p. 36 et pl. 40).

Quelques rares fragments de bords provenant de la tour D possèdent un profil triangulaire ainsi qu'une argile beige ou jaunâtre très fine qui incitent à les classer dans les importations corinthiennes.

C. Koehler a montré que la production et l'exportation de ces amphores à vin de Corinthe connaissent une augmentation au IVe s. Et il s'agit effectivement d'un conteneur fréquent en Sicile et dans les Pouilles, surtout dans la seconde moitié du siècle (KOEHLER 1979, p. 39). Toutefois, sur base de la documentation disponible, le type semble assez rare dans le Bruttium: à côté des fragments peu nombreux de Kaulonia, nous n'en connaissons que quelques autres qui ont été retrouvés dans l'habitat de Crotone (matériel inédit).

4.9.3.3. Amphores grecques de l'Ouest (fig. 67, nº **516**)

Il s'agit de conteneurs trapus présentant une lèvre en quart de cercle ou en soucoupe (H. Blanck, *Der Schiffslund von der Secca di Capistello bei Lipari*, dans *MDAI(R)*, 85, 1979, p. 91-111; VAN DER MERSCH 1986). L'appellation «labbro a quarto di cerchio» est due à N. Lamboglia, pour qui ce profil de lèvre est caractéristique des couches du IVe s. dans les sites grecs de Sicile (*La nave romana di Albenga*, dans *RELig*, 18, 1952, p. 162 sqq.). Il s'agit d'amphores qui sont généralement considérées comme marquant la transition entre les amphores grecques classiques et les amphores «gréco-italiques» (*infra*, 4.9.4.3). Elles sont très fréquentes sur les sites de Grande Grèce et de Sicile, mais n'ont pas encore fait l'objet d'une étude spécifique (VAN DER MERSCH 1986). Il s'agit vraisemblablement dans la très grande majorité des cas, de productions grecques de l'ouest; une production sur des sites du Bruttium est attestée entre autre par le monnayage d'Hipponion (VAN DER MERSCH 1985), et les rebuts de cuisson du Céramique de Locres.

Leurs principales caractéristiques morphologiques sont une lèvre assez haute (env. 3 cm) dont le profil forme grosso modo un quart de cercle, un col cylindrique, des anses droites, de section ovale (portant généralement l'empreinte d'un pouce à la base), un épaulement important, un corps pansu et caréné terminé par un petit pied tronconique assez court. Vers la fin du IVe s. et le début du IIIe s., les amphores possèdent une lèvre en soucoupe («mushroom lip») (Blank, *art. cit.*).

Les fragments de la tour D possèdent en général une argile dans les tons orange rouge, ou brun. Il arrive fréquemment que la cuisson soit

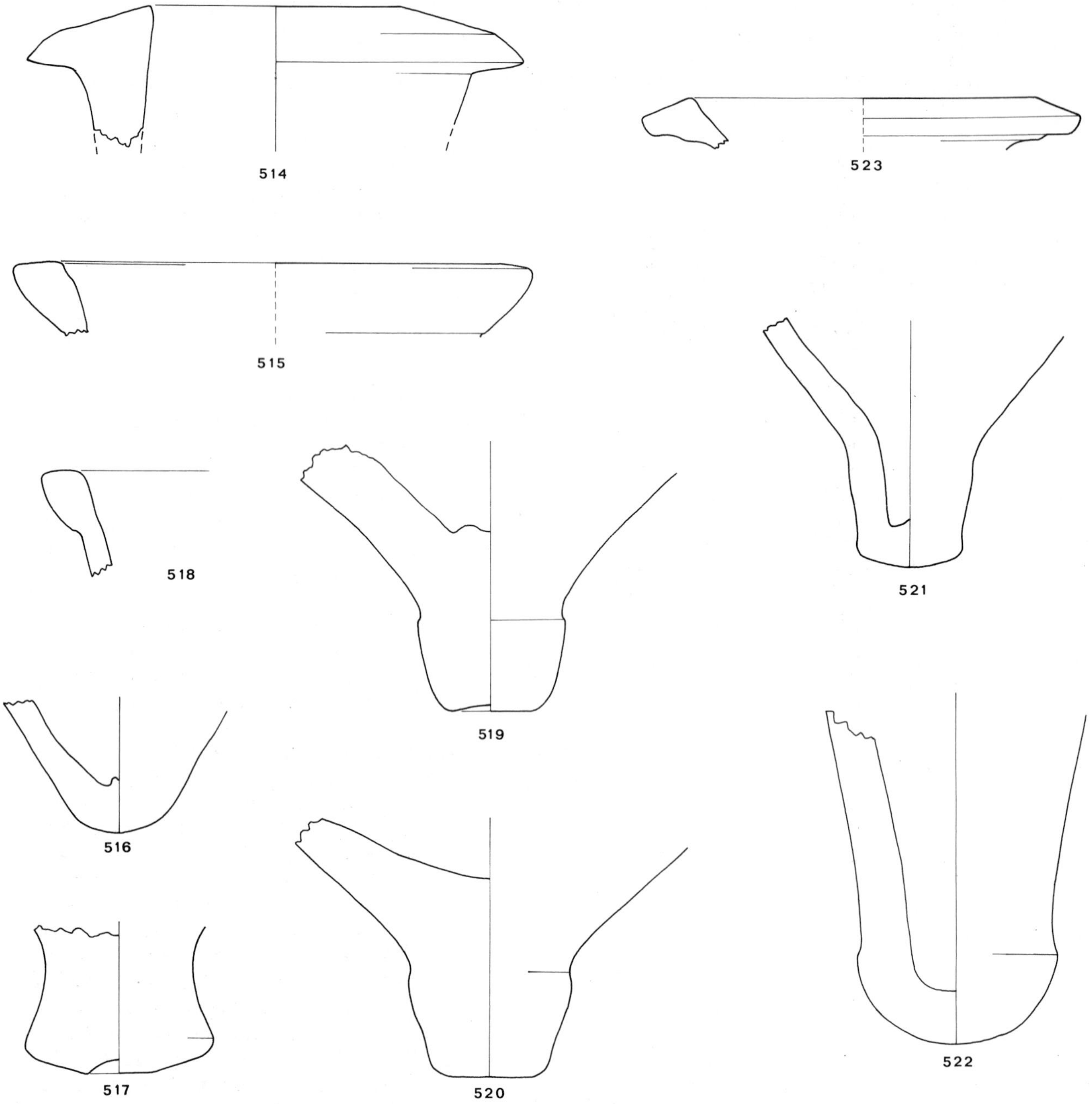


Fig. 67. Amphores du IVe s. (corinthiennes, grecques occidentales) et hellénistiques (gréco-italiques), éch. 1:2.

assez mal réussie, avec comme conséquence une argile «sandwich» comportant une zone grise ou noirâtre au cœur. Le pied 640.88.556 ainsi que plusieurs fragments provenant de la Piazzetta sont par ailleurs clairement des ratés de cuisson. Il est à noter que ce type de pâte se retrouve dans bon nombre de fragments de bassins, de *pithoi* et de tuiles de l'habitat et de la Piazzetta.

Il s'agit du type de conteneur le plus fréquent tout au long du IV^e^ s. sur les sites du Bruttium, qu'ils soient grecs ou gréco-italiques: Crotone (nombreux cols et fragments divers provenant de l'habitat et de la nécropole Carrara; inédits), Cariati (*MEFRA*, 92, 1980, p. 839, note 29), Locres (*Locri Epizefiri*, p. 39 et pl. 11, 16), Reggio (col provenant de la Contrada Lazzaretto, 1972, n° inv. 516/R; inédit), Medma (nombreux fragments de lèvres provenant de l'habitat; inédits), Hipponion (fragments de lèvres provenant de l'habitat; inédits). À Kaulonia, plusieurs fragments provenant du rempart nord et de l'habitat en général appartiennent clairement à des modules de plus petite taille. Au moins un exemplaire complet de ce module réduit est connu à Héraclée (musée de Policoro, n° inv. 32384; inédit).

4.9.3.4. Grèce de l'Est (fig. 67, n° **517**)

Quelques fragments semblent à rattacher aux productions de la Grèce de l'Est, sur base de l'argile et surtout des profils. Leur identification exacte est malaisée.

4.9.3.5. Productions non identifiées (fig. 67, n° **518-520**)

Un certain nombre de fragments provenant de couches du IV^e^ restent d'identification difficile.

*4.9.4. Le matériel hellénistique*

4.9.4.1. Amphores «gréco-italiques» (fig. 67, n° **521-523**)

Il s'agit d'un type d'amphore à présent bien documenté, qui est produit au III^e^ et au II^e^ s., dans diverses zones de la Méditerranée occidentale. Son évolution morphologique, longue de plus d'un siècle, débouche sur l'amphore Dressel 1 (N. Lamboglia, *Sulla cronologia delle anfore romane...*, dans *RELig*, 21, 1955, p. 254-265; A. Tchernia, *Le vin de l'Italie romaine*, 1986, p. 42 sqq.). Les principales caractéristiques du type ont été définies par F. Benoit à partir des trouvailles de la côte française (*Typologie et épigraphie amphorique. Les marques de Sestius*, dans *RELig*, 23, 1957, p. 251 sqq.): il s'agit principalement de la lèvre triangulaire inclinée vers le bas, devenant de plus en plus haute, du col tronconique puis tubulaire, d'une forme générale devenant de plus en plus haute et allongée.

Au III^e^ s., il est nécessaire de distinguer les formes «anciennes», qui se développent tout au long des deuxième et troisième quarts du siècle (E. L. Will, *Greco-italic amphoras*, dans *Hesperia*, 51, 1982, p. 341-344, forme a), que l'on trouve par exemple sur l'épave de Terrassini (E. Giustolisi, *Le navi romane di Terrassini e l'avventura di Amilcare sul monte Eirkte*, Palerme, 1975, p. 30-35), des formes plus récentes, postérieures à la seconde guerre punique pour la plupart («gréco-italique récente», Will forme c-d). La hauteur de ces dernières atteint 75 à 80 cm, avec une lèvre qui est intégrée dans le sommet du col. Ce deuxième type est bien connu par les fouilles de l'épave du Grand-Congloué, de Cosa et de l'épave du Lazaret (D. Manacorda, dans *Società romana e produzione schiavistica*, 2, Bari, 1981, p. 22-24). Les dimensions des cols et des pieds permettent de

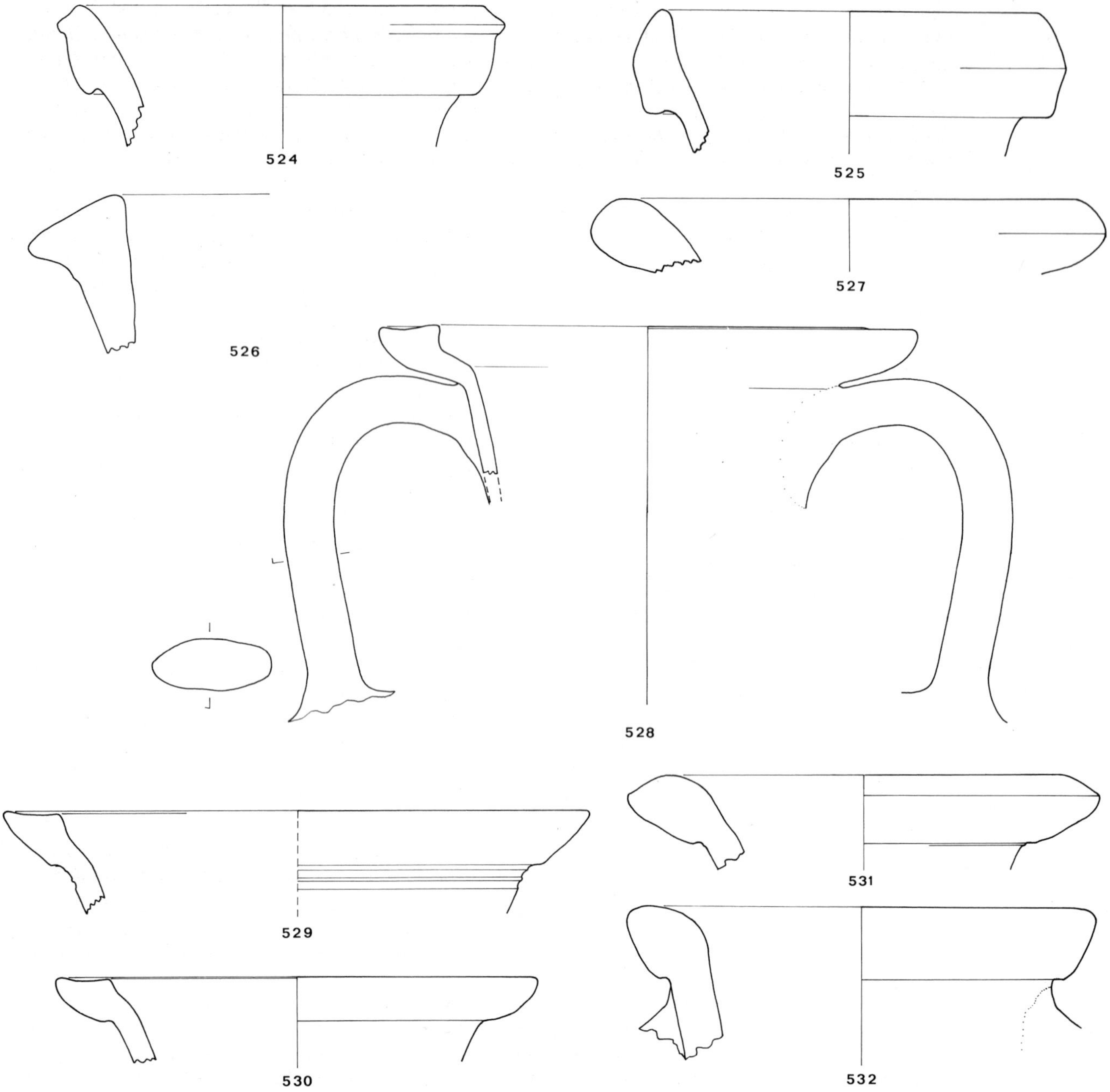


Fig. 68. Amphores hellénistiques, (puniques, corinthiennes, de Grèce de l'Est), éch. 1:2.

distinguer un module entier d'une hauteur de 65-70 cm environ et un module réduit haut de 45 cm environ (ex.: 643.52.363)

Une bonne partie de la production des amphores «gréco-italiques» italiennes est traditionnellement localisée en Campanie et plus précisément dans le golfe de Naples. Mais il n'en est pas moins certain que la forme «gréco-italique» est également adoptée à ce moment dans divers secteurs de la Grande-Grèce et de la Sicile (VAN DER MERSCH, 1986; Tchernia, *op. cit.*, p. 47-53). Plusieurs familles d'argiles se distinguent sur les fragments de la tour D, dont certaines trouvent des parallèles étroits avec des objets dont la production locale ne fait aucun doute (pithoi, matrices).

Les fouilles de la tour D, ainsi que diverses autres zones de l'habitat (Piazzetta, Casa del Drago) fournissent des contextes chronologiques intéressants. Plusieurs fragments ont en effet été retrouvés dans des couches des IV^e^ et III^e^ s. (éboulis à mettre en rapport vraisemblablement avec les événements de la seconde guerre punique). De Kaulonia provient également un fragment portant la marque de Trebios Loisios (*infra*, fig. 69,i; cf. ORSI 1914, col. 892 et D. Manacorda, *Recherches sur les amphores grecques*, dans *BCH*, Suppl. 13, 1986, p. 582-583).

Les amphores «gréco-italiques» constituent certainement au III^e^ s. le conteneur le plus fréquent dans le Bruttium. Une production locale semble certaine dans plusieurs zones et illustre clairement la communauté de formes qui règne dans une certaine mesure à ce moment.

4.9.4.2. Amphores puniques (fig. 68, n° **524**)

Cinq fragments d'amphores puniques d'époque hellénistique ont été retrouvés jusqu'ici dans la tour. Ils appartiennent tous à des amphores de type Maña C1 (J. M. Maña, dans *Cronica del VI Congreso Arqueologico del Sudeste*, Alcoy, Carthagène, 1950, p. 296 et fig. 3; J. H. Van der Werff, *Amphores de tradition punique à Uzita*, dans *Babesch*, 52-53, 1977-1978, p. 180 sqq. et fig. 4.3). Le profil de la lèvre de ces conteneurs est caractéristique: verticale, arrondie, haute de 2,5 à 3 cm, elle dessine une embouchure de 14 à 18 cm de diamètre. Le col est très court et fortement évasé.

L'argile est bien reconnaissable, même pour des fragments de panse: orange rouge à rouge brique avec parfois des zones plus foncées et de minuscules inclusions calcaires. Elle correspond en fait à la pâte C reconnue par J. H. Van der Werff à Uzita (Van der Werff, *art. cit.*, p. 173). Des traces d'engobe crème ont été conservées en diverses occasions.

L'origine des amphores Maña C1 reste discutée, bien que l'on envisage le plus fréquemment la Tripolitaine (région de Tripoli-Sabratha) et/ou la Byzacène (Sullecthum) (Van der Werff, *art. cit.*, p. 173, 180-181). Ceci n'exclut toutefois pas qu'une production de conteneurs de ce type ait également eu cours en Sicile occidentale (A. M. Bisi, dans *Libya Antiqua*, 6-7, 1969-1970, p. 219-220). Leur contenu n'est pas établi avec certitude: l'huile d'olive, les céréales? (J.-P. Thuillier, dans *Byrsa*, 1, 1979, p. 172-173; Van der Werff, *art. cit.*, p. 182).

Les fragments retrouvés dans la tour D peuvent être datés du III^e^ s. en raison du profil de la lèvre, mais surtout vu les contextes de découverte.

Le petit groupe de Kaulonia constitue pour le moment la plus importante concentration d'amphores de ce type signalée non seulement dans le Bruttium, mais dans l'Italie du sud en général. Une récente carte de distribution - péchant par excès de prudence - n'en signale en fait aucun exemplaire en Italie du sud (Van der Werff, *art. cit.*, p. 197 et fig. 13) alors que le type semble avoir pas mal voyagé en dehors des zones de production, puisqu'on le rencontre par exemple à Athènes et dans l'Égée. Les seules trouvailles signalées en Calabre et en Lucanie sont celles de Laos (*NSA*, 1978, p. 458, note 51 et fig. 44), Serra di Vaglio (*MEFRA*, 94, 1982, p. 75) et Métaponte (J. Brehob, *A note on the Amphoræ*, dans *The territory of Metaponto, 1981-1982*, Austin, 1983, n° inv. PZ.18.400 P).

#### 4.9.4.3. Type corinthien A (fig. 68, n° **525**)

Dans les dernières années du IV^e et le début du III^e s., la forme de l'amphore corinthienne A se transforme de manière sensible. Le corps devient nettement ovoïde, la lèvre augmente graduellement de hauteur, le pied conique devient plus important (KOEHLER 1979, p. 21). Quelques fragments de la tour D sont caractéristiques des productions de la première moitié du III^e s.: lèvres verticales hautes de plus de 3 cm montrant un profil articulé, c'est-à-dire possédant une cassure dans la courbure (KOEHLER 1979 pl. 18). Un profil qui apparaît déjà, par exemple, sur les amphores de l'épave de Stentinello, qui est datée vers 300-275 (G. Kapitän, *Il relitto corinzio di Stentinello nella baia di S. Panagia (Siracusa)*, dans *Sicilia Archeologica*, 9, 1976, p. 90 et fig. 4-5). Le profil n° 525 est quasiment identique aux pièces de l'épave de Savelletri, vers 275-250 (G. Kapitän, *A corinthian shipwreck at Savelletri*, dans *IJNA*, 2, 1973, p. 186). L'argile des fragments de Kaulonia est jaunâtre rose, avec des inclusions blanches et foncées. L'autre type d'argile (de couleur orange) mentionné par C. Koehler (KOEHLER 1981) n'apparaît pas.

Les exportations d'amphores corinthiennes A diminuent au III^e s., avant de connaître une chute brutale vers 250 (KOEHLER 1979, p. 74). Toutefois un certain nombre de pièces continuent d'arriver en Italie du sud (dans les Pouilles principalement) et les quelques occurrences de Kaulonia sont là pour indiquer que l'huile corinthienne est encore distribuée dans le Bruttium à ce moment. Un fragment d'Acquappesa est à situer dans la première moitié du III^e s. (*NSA*, 1978, p. 458, note 52 et fig. 44). Mais les quantités semblent effectivement en forte récession par rapport au siècle précédent, si l'on en juge d'après le nombre très limité de fragments signalés jusqu'à présent.

#### 4.9.4.4. Type corinthien B (fig. 68, n° **526**)

Ce type devient apparemment très rare dans le Bruttium au III^e s.: nous n'en connaissons que quelques fragments à Crotone (fouille de l'habitat; inédits). Pour le moment, deux fragments de la tour D seulement semblent pouvoir être attribués à des amphores de ce type, et ce bien qu'ils possèdent en fait une argile assez spéciale, assez grossière et de couleur orange. Mais C. Koehler fait précisément remarquer qu'à côté de l'argile pâle, fine et caractéristique du type B aux époques précédentes, il existe au III^e s. une autre variante dont les caractéristiques sont celles observées ici (KOEHLER 1982, p. 288, note 12).

Le pied 642.21.130 (non illustré) appartient à une amphore du type appelé «knobfooted» par C. Koehler (KOEHLER 1979, pl. 41).

#### 4.9.4.5. Thasos (?)

Un pied de profil très évasé (671.2.20) comportant une dépression à la base, possède une argile rouge très sombre, tirant sur l'ocre, qui est caractéristique des productions de l'île de Thasos (A. et A.-M. Bon, *Les timbres amphoriques de Thasos*, *Études Thasiennes*, 4, 1957, p. 14 sqq.). Le caractère fragmentaire de ces deux pièces ne permet toutefois pas de préciser s'il s'agit de pièces du IV^e ou du III^e s.

Peu d'amphores thasiennes ont été signalées jusqu'à présent en Calabre, mais la présence d'une anse timbrée de la fin du IV^e s. dans l'habitat bruttien de Tiriolo (Catanzaro) montre qu'il ne s'agit toutefois pas d'un matériel exceptionnel (*Klearchos*, 19, 1977, p. 140).

4.9.4.6. Mendè (?)

Un pied appartient peut-être à une amphore de Mendè (640.5.5), un type peu courant jusqu'à présent en Calabre, à l'exception des exemplaires retrouvés sur l'épave de Porticello (C.J. Eiseman, *IJNA*, 2, 1973, p. 13-23).

4.9.4.7. Amphores hellénistiques d'origine gréco-orientale (?)

Quelques tessons retrouvés dans des couches hellénistiques présentent une argile beige clair qu'il est tentant d'identifier comme rhodienne. E. Tomasello a en fait signalé quelques fragments timbrés de conteneurs rhodiens dans les fouilles de l'habitat (TOMASELLO 1972, p. 635, fig, 150).

4.9.4.8. Amphores hellénistiques d'origine apulienne (?)

Plusieurs fragments de lèvres et plusieurs cols complets retrouvés dans l'habitat possèdent une argile dont les caractéristiques semblent à rapprocher de celles des productions apuliennes de l'époque républicaine, sans qu'il soit cependant possible à première vue de les rattacher à un type connu. Ils proviennent tous de couches du IV^e^ et surtout apparemment du III^e^ s. dans des contextes où la céramique à vernis noir est représentée notamment par des patères Lamboglia 36 et des coupelles Lamboglia 27. Un fragment au moins de la tour semble faire partie de cette famille.

4.9.4.9. Provenance indéterminée (fig. 68, n° **528**-**532**)

## 4.10. BRIQUES ET TUILES

### 4.10.1. *Les briques*

La brique crue devait être d'un emploi courant à Kaulonia dès l'époque archaïque, et sans doute encore à l'époque hellénistique. On en a trouvé des traces dans l'élévation de l'enceinte archaïque (cf. *supra*, p. 23) et récemment dans l'habitat hellénistique [1]; malheureusement, aucune brique n'a pu être isolée pour l'instant, et on ne peut donner aucune mesure.

La brique cuite semble avoir été utilisée systématiquement dans la fortification, mais aussi dans l'habitat hellénistique, dans ce dernier cas peut-être en remploi. Les briques cuites ont été récupérées dès l'Antiquité, et la fouille de la tour D n'en a donné qu'une seule, provenant du remplissage tardif (couche I, *supra*, p. 27):

KL 82 QV 643.16.105: dimensions 35/38 × 52 × 10 cm; argile orangée; timbre ⊏E en cartouche rectangulaire. Un fragment de brique analogue portant le même timbre provient de la Piazzetta (IANNELLI 1985, p. 40). Sur le timbre ⊏E, v. *infra*, p. 114. Autres briques mesurées sur la Piazzetta: 33 × 32; 33 × 32; 48 × 32; 50 × 33; 31 × 16,8; 34 × ?; 33 × 16,5; dimensions données par ORSI 1914, col. 747: 50 × 32; 50 × 16,5; briques à canal central mesurées dans le secteur de la Casa del Drago: longueur 44, largeur 42; 41; 41; 40,5; 40; 40; 39,5; 38,5.

---

[1] Fouilles San Marco 1986; l'élévation n'est pas conservée, mais la présence d'une couche épaisse de terre brune, l'horizontalité du niveau d'arasement des murs, l'absence de strate d'écroulement des murs au-dessus des tuiles de couverture plaident en faveur d'une élévation en terre, plus probablement en briques crues.

### 4.10.2. *Les tuiles*

La fouille de la tour D a donné de nombreuses tuiles fragmentaires. Deux ensembles sont remarquables: le niveau de destruction du IIIe s. au sud de la tour (*supra*, p. 33, couche IIa), formé de *tegulæ* et de couvre-joints polygonaux; à l'intérieur de la tour la «grille» formée de couvre-joints semi-circulaires (*supra*, p. 28).

L'argile la plus couramment utilisée est rouge, variant de l'orangé au brun, avec des inclusions blanches, brunes et noires; c'est une pâte apparemment locale, que l'on retrouve dans des pithoi et des briques. Certains fragments de tuiles plates, provenant parfois de niveaux archaïques (niveaux 672.9, 16 et 31), ont une argile plus claire, de jaune à beige.

La distinction entre couvre-joints polygonaux et semi-circulaires ne semble pas avoir de signification chronologique. Les couvre-joints polygonaux, de règle dans les niveaux hellénistiques, se trouvent aussi au Ve et même au VIe s. (niveaux 672.20 et 609.16), tandis que les couvre-joints semi-circulaires fréquents à l'époque archaïque (niveaux 609.16 et 17, 672.23) constituent la «grille» de la tour (IVe ou IIIe s.) [2].

Les *tegulæ* ont généralement des rebords arrondis ou carrés; une seule, provenant d'un niveau archaïque (609.23) a un profil franchement triangulaire. Deux fragments (672.9.14 et 672.28.4) ont un rebord également sur le petit côté: il s'agit de tuiles de rive [3]; un autre (672.8.1) montre le départ d'un *opaion* [4].

Un couvre-joint semi-circulaire (641.58.383) et plusieurs fragments de *tegulæ* (643.73.507, 641.31.1) sont recouverts d'une peinture de brun à rouge. Ils proviennent surtout de niveaux archaïques ou classiques, et sans doute, comme le fragment d'antéfixe (no **351**), d'un édifice public.

Les tuiles étant en général fragmentaires, il est difficile de donner leurs dimensions; les couvre-joints semi-circulaires font environ 90 cm de long, de même que la plupart des *tegulæ* mesurées dans les sondages au sud du phare, ou, en 1986, dans la fouille San Marco; les deux *tegulæ* dont on a pu mesurer la largeur faisaient respectivement 26,5 cm (672.28.1) et 56 cm (643.2); la largeur la plus fréquente ailleurs (San Marco, Zaffino) est 58 cm.

### 4.10.3. *Les timbres sur tuile et sur brique*

À une exception près (timbre no 5), tous les timbres de Kaulonia ont été trouvés sur des tuiles. Certains ont été publiés déjà par P. Orsi ou par A. De Franciscis: on les trouvera réunis sur la fig. 69 et dans le tableau ci-après.

1. Πυρ, sur *tegula*, en cartouche rectangulaire (SP 107), fig. 69,b. Trouvaille sporadique faite sur la fouille après de grosses pluies dans l'hiver 1983-1984. D'après les indications de l'inventeur, le fragment viendrait de la muraille elle-même. Un timbre analogue, avec en plus un dauphin, provient de la Piazzetta et d'une tombe de Lipari (fig. 69,l); le timbre πυ, rétrograde, en cartouche circulaire (fig. 69, g et n), a été trouvé par Orsi au sud du phare, par A. De Franciscis sur la Piazzetta, et se retrouve dans la tombe 432 de Lipari, où l'on a également un timbre au dauphin seul déjà publié par Orsi à Kaulonia (fig. 69, k et p).

---

[2] Martin 1964, p. 68-72; à Mégara Hyblæa, les couvre-joints semi-circulaires sont la règle à l'époque archaïque, la forme polygonale apparaissant à l'époque hellénistique; à Crotone en revanche, le couvre-joint polygonal apparaît au moins dès le Ve s.

[3] Martin 1964, p. 74 et fig. 26.

[4] Martin 1964, p. 78 et fig. 36; Orsi 1914, col. 764 et fig. 43.

| Légende | Cartouche | Format (mm) | Lieu de trouvaille | Publication | Nomb |
|---|---|---|---|---|---|
| 1 ΠΥΡ | – rect. | 21 x 11 | Tour D n° 1 | | 1 |
| | – rect. | 30 x 20 | Piazzetta ? | NSA, 1960, 416 | 1 |
| 2 ΠΥΡ + dauphin | – rect. | 22 x 16 | Piazzetta ? | NSA, 1960, 417, fig. 1b | 1 |
| 3 ΠΥ | – circ. | 20 | Piazzetta ? | NSA, 1960, 417, fig. 1c | 4 |
| rétrog. | – circ. | ? | au sud du phare | NSA, 1891, 67 | 1 |
| 4 dauphin seul | – circ. | 21 | Porta Marina | MAL, 1914, 763, fig. 38 | 3 |
| 5 ΠΟ[- + dauphin | – rect. | 20 x 33 | au nord du phare | MAL, 1914, 783 NSA, 1960, fig. 1a | 1 |
| 6 ɩT | – rect. | 21 x 18 | Tour D n° 2 | | 1 |
| | – rect. | ? | au nord du phare | MAL, 1914, 783 | 1 |
| 7 KE | – rect. | 22 x 16 | Temple | MAL, 1914, fig. 129 | 1 |
| 8 Ɛ | – carré | 19 x 19 | Piazzetta ? | NSA, 1960, 417, fig. 1d | 1 |
| 9 ΑΓΑ | – rect. | 30 x 20 | Piazzetta ? | NSA, 1960, 416 | |
| 10 N | – circ. | 18 | au nord du phare | MAL, 1914, 783 | 1 |
| 11 IT | – circ. | 20 | au nord du phare | MAL, 1914, 783 | 1 |
| 12 épi | – circ. | ? | Piazzetta ? | NSA, 1960, 416 | 1 |
| 13 tête ? | – circ. | 29 | Tour D, n° 4 | | 2 |
| 14 «hache» | – circ. | 21 | Tour D, n° 3 | | 1 |
| 15 ΓΝΑΘΙΣ ou ΓΝΑΘΙΟΣ | | | Fontanelli | NSA, 1891, 69 | |
| 16 ΣΕ | – rect. | 47 x 28 | Tour D, n° 5 | | 5 |
| 17 idem s/brique | – rect. | 120 x 65 | Tour D, Piazzetta | | 2 |

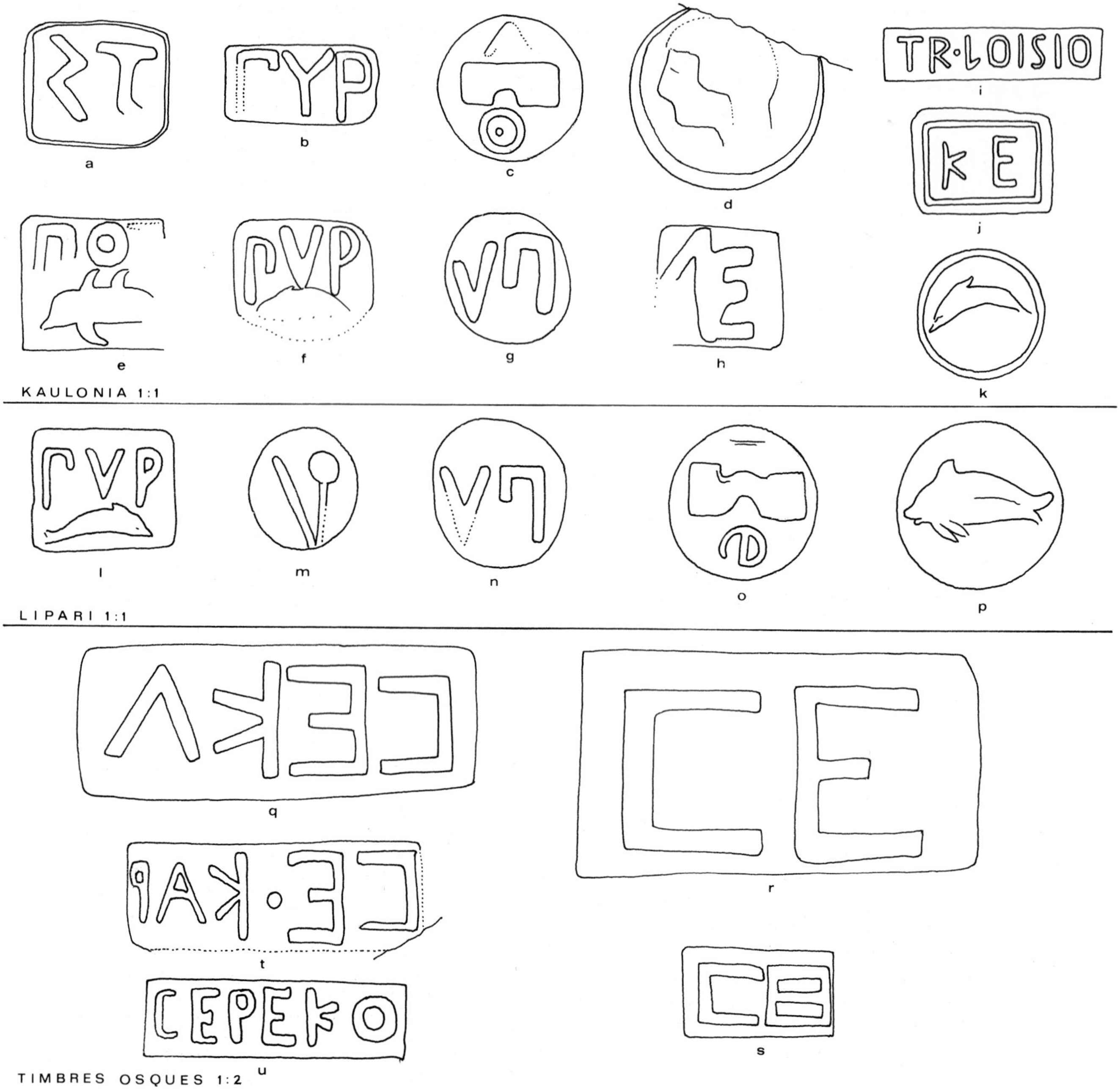


Fig. 69. Timbres sur brique et sur tuiles, éch. 1:1 (Kaulonia, Lipari) et 1:2 (timbres osques).

La tombe de Lipari étant datée au Ve s., on acceptera cette datation pour les timbres parallèles de Kaulonia. Il n'y a donc rien d'impossible à ce que le fragment no 1 ait été en effet remployé dans la fortification hellénistique.

Selon A. De Franciscis, le timbre *py-* ou *pyr-* devrait se lire *pyrgopoiia*, et désignerait un lot de tuiles destinées à la fortification [5]. Mais comme on trouve ce timbre dans des secteurs variés de l'habitat, parfois éloignés de la muraille, et jusque dans la nécropole de Lipari, on préfèrera rechercher une autre solution, sans doute le nom d'une officine. Les noms d'homme commençant par *Pyr-* ne sont pas rares: e.g. *Pyrrhôn*, *Pyrrhias* etc. [6].

2. ꞀT, sur *tegula*, en cartouche rectangulaire (672.28, fig. 69,a). Ce timbre a déjà été trouvé par Orsi au sud du phare. La forme du sigma inviterait à lire Tσ- ce qui n'offre guère de sens; on lira donc plutôt Στ-; sans doute initiale d'un nom grec comme *Straton* ou *Stésichoros* [7]. On pourrait aussi admettre ici un nom osque comme le prénom *Stenis*, ou *Statis*, le gentilice *Stattis* ou *Staiis* [8], mais il semble que l'on ait rarement abrégé ainsi un gentilice osque en Calabre (cf. *infra*); par ailleurs, le contexte de la trouvaille semble plutôt antérieur à l'époque hellénistique.

3. Timbre circulaire, sur une *tegula* de petit module, largeur 26,5 cm (672.28.1, fig. 55, c et o); même contexte que le précédent; parallèle à Lipari, t. 383. On décrira faute de mieux ce timbre comme un fer de hache, comparaison suggérée davantage par le timbre de Lipari, de forme un peu différente. Le motif est encadré par deux lettres: on lit peut-être A et Θ à Kaulonia, (?) et Φ (?) à Lipari; est-ce la combinaison d'un timbre symbolique et d'un timbre alphabétique? faut-il lire *Ath-* et -]*ph-* ? En tout cas, la tombe de Lipari permet de dater également ce timbre au Ve s.

4. Timbre circulaire, sur deux fragments de *tegulæ* (672.16 et 609.7.24, fig. 69,d). Le décor est extrêmement érodé, mais pourrait être une tête de profil, tournée vers la gauche (type monétaire ?). Des timbres de ce type sont présents à Crotone. Le premier fragment provient de la tranchée de fondation du mur M2: il faut donc sans doute, comme les précédents, le rattacher à la phase classique.

Parmi les autres timbres figurant dans le tableau, on notera le timbre circulaire à l'épi, probablement comme 4 type monétaire (Métaponte); *Ti-* rétrograde (plutôt que *It-*) est sans doute le début d'un nom grec (*Timo-* ?); *Ke-* (fig. 69,j) peut être le début d'un nom grec

---

[2] MARTIN 1964, p. 68-72; à Mégara Hyblæa, les couvre-joints semi-circulaires sont la règle à l'époque archaïque, la forme polygonale apparaissant à l'époque hellénistique; à Crotone en revanche, le couvre-joint polygonal apparaît au moins dès le Ve s.

[3] MARTIN 1964, p. 74 et fig. 26.

[4] MARTIN 1964, p. 78 et fig. 36; ORSI 1914, col. 764 et fig. 43.

[5] A. DE FRANCISCIS, *NSA*, 1960, p. 416; la *pyrgopoiia* est mentionnée dans les tablettes de Locres; cf. A. DE FRANCISCIS *Stato e società in Locri Epizefiri*, Naples, 1972.

[6] Πυρρίας à Sélinonte, M. T. MANNI PIRAINO, *Iscrizioni greche lapidarie del Museo di Palermo*, Palerme, 1973, no 56; Πύρρων est plus fréquent: *Le Tavole di Locri, Atti del Colloquio di Napoli, 1977*, D. MUSTI éd., 1979, p. 273 (Locres, Tarente, Héraclée); également à Akrai (*Kokalos*, XII, 1966, p. 190-199) et à Sélinonte (*BCH*, 96, 1972, p. 375 sqq.).

[7] Στράτων sur amphore *IG*, XIV, 2393, 448a (Agrigente) et b (Tarente); sur tuile *IG*, XIV, 1793 (Rome, impérial); sur balle de fronde 2207,12 (Troina); inscription de Taormine: 421 Ia70, 35, 45. Στησίχορος: *IG*, XIV, 1213 et 2414, 53.

[8] Prénoms Στενις, LEJEUNE 1976a, no 59 (Messine); Στατις, *ibid.*, no 54 (Lucanie); gentilices Στaττις, *ibid.*, p. 196 (Messine) et *Staíis*, *ibid.*, p. 151-152.

(*Kephalos* ?), mais aussi osque [9]; *Aga-*, *Le-(ptinès* ?), *N-*, *Pol-(emarchos*?) ne font pas difficulté, non plus que *Gnathis*, qui est beaucoup plus tardif [10].

L'abondance et la variété des timbres trouvés à Kaulonia surprennent dans le panorama des timbres sur tuiles de Grande-Grèce, mais cela tient sans doute à la rareté des publications [11]. La présence à Lipari de nombreux timbres qui ne sont attestés à ce jour qu'à Kaulonia est sans doute un effet du hasard: on sait que Lipari manque d'argile et importe matière première ou produits finis du continent; Kaulonia est trop loin de Lipari pour que l'on puisse songer à un trafic régulier, et on envisagera plutôt un frêt de retour, isolé dans le temps. Il se peut donc que les timbres de Kaulonia attestés à Lipari soient tous strictement contemporains; faut-il les attribuer à une même phase de construction, par exemple à celle de l'enceinte du V$^{e}$ s.? On a rappelé sur la fig. 69,i le timbre amphorique *Tr. Loisio*, du III$^{e}$ s. (cf. p. 107).

5. ΣE, sur *tegula*, en cartouche rectangulaire, cinq exemplaires (640.6.10 et 11, 671.2.37, 640.83.303, Sp. 546), et un exemplaire analogue sur brique (643.16.105). Le timbre est nouveau à Kaulonia. Il est connu à Castiglione di Paludi [12]. D'autres timbres peuvent s'y rattacher: ΣE · K[ à Rossano di Vaglio [13], ΣE · KAP à Civita di Tricarico [14], ΣEPEKO à Hipponion [15], ΣEKV à Lipari [16]; ces timbres, regroupés sur la fig. 69,q à u, ont été généralement interprétés comme des marques de fabrique, *Ve-* étant le début d'un *prænomen* osque (Rossano, Tricarico) ou d'un gentilice (Paludi, Hipponion) [17].

La difficulté est triple: 1) interprétation d'un même sigle tantôt comme prénom, tantôt comme nom; 2) ampleur de la zone de diffusion; 3) abréviation du gentilice. De ces trois objections la dernière est sans doute la plus importante. Il est en effet conforme à l'usage osque d'abréger les anthroponymes, notamment dans les marques de potier: mais on conserve alors - séparées par une interponction - la première - ou les premières - lettre(s) du prénom, du gentilice et (parfois) du patronymique [18]. En Calabre, il semble que l'on utilise plutôt le gentilice seul [19], mais alors celui-ci n'est pas abrévié, ou seulement abrégé, pour reprendre la distinction proposée par M. Lejeune [20]. Par exemple, le gentilice *Kotteieis* (génitif) sur une tuile d'Hipponion peut être abrégé *Kottei-* ou *Kotti-*, mais jamais **Ko-*. *Ve-* serait

---

[9] *Ke*[- début d'un gentilice à Atena Lucana: LEJEUNE 1976, n° 53.

[10] Le timbre n° 5 a été lu PO par ORSI 1914, col. 783, ΠΟΛ par A. DE FRANCISCIS, *NSA*, 1960, p. 416; mais le lambda n'est pas sûr. Le timbre Γνᾶθις est attesté dans toute la Calabre; le nom se retrouve dans les tablettes de Locres.

[11] Outre les sites déjà mentionnés, voici quelques listes de timbres publiés: Métaponte, *NSA*, 1975, Suppl., p. 59, 226; *MAL*, 48, 1973, p. 224; *NSA*, 1966, p. 152. n. 11; Monte Sannace: *NSA*, 1962, p. 107, 34, 15; Palmi et Tresilico: *NSA*, 1960, p. 418; Tusa (Halæsa): *NSA*, 1959, p. 316, 334; *NSA*, 1961, p. 227, 293; Géla: *NSA*, 1960, p. 165.

[12] A. DE FRANCISCIS, O. PARLANGÈLI, *Gli Italici nel Bruzio*, 1960, p. 29, n° 14; E. LATTANZI, *Tarente 1983*, p. 580.

[13] LEJEUNE 1971, p. 58; LEJEUNE 1976b, p. 320.

[14] D. ADAMESTEANU, *Tarente 1973*, p. 449, pl. 91; *Id.*, *SE*, 42, 1974, p. 516; E. LATTANZI, dans *Il Museo Nazionale Ridola di Matera*, 1976, p. 149; M. LEJEUNE, *MAL*, 1975, p. 320; *SE*, 49, 1981, p. 341.

[15] DE FRANCISCIS-PARLANGÈLI, *op. cit.*, p. 24, n° 5.

[16] *Meligunìs-Lipára*, 2, pl. m.

[17] Pour une discussion d'ensemble, LEJEUNE 1976, *passim*.

[18] LEJEUNE 1976, p. 63, § 64.

[19] LEJEUNE 1976, p. 41, § 37.

[20] LEJEUNE 1976, p. 60, § 61.

une exception, d'autant plus étrange que les gentilices commençant par *Ve-* sont assez nombreux en osque [21].

Une direction de recherche différente est proposée par A. La Regina dans un article récent sur les institutions du Samnium antique [22]. Réexaminant une inscription bien connue de Milan [23], l'auteur y voit la mention d'une *vereia kam(p)sana Metapontina*, «structure militaire publique ou privée», placée sous le commandement d'un *meddix*, originaire de Lucanie (Kampsa ?) - ou de Campanie ? -, à la solde de Métaponte. Le texte est d'interprétation discutée, mais la lecture *vereia* (au lieu de *verenis*, *vetenis*) est très possible. Pour La Regina, le timbre *vereko* d'Hipponion ne serait pas un gentilice (*Vereko-nis* ?), mais un adjectif dérivé de *vereia*, comme *toutiks* de *touta*. On ne suivra peut-être pas l'auteur dans la suite de sa démonstration, mais on retiendra le lien *ve-*, *vereko-*, *vereia*.

On se demandera si *Vereko* ne serait pas alors un équivalent du latin *publicum* et du grec δημόσιον, et l'abréviation *Ve-* le correspondant exact du grec ΔΗ, si fréquent sur les tuiles de Vélia. Bien entendu, *vereia* n'est pas un équivalent de *touta*, mais on peut imaginer que l'installation dans les villes grecques de la côte de colonies militaires des Brettii favorise un glissement de sens de *vereia* qui finit par désigner la communauté citadine.

Si l'on accepte cette hypothèse, les timbres rétrogrades *Ve.Kar* de Tricarico et *Ve.K[ar* ? de Rossano di Vaglio pourraient s'interpréter également comme des timbres «politiques», dans lesquels le mot *Ve(reia?)* serait suivi du nom de la *vereia*. Quant au timbre *Veku* de Lipari, on le lira plus volontiers rétrograde sous la forme *Vekl*, ou plutôt, en restituant une interponction, *Ve.Kl*, ce qui le rapproche du précédent [24].

Seule la découverte d'autres timbres permettra de trancher entre l'interprétation classique, sans doute la plus simple, et l'interprétation comme timbre politique, plus séduisante, mais aussi plus complexe et peut-être moins probable [25].

Notons enfin que ces timbre ΓΕ et dérivés se distinguent des timbres grecs d'époque classique étudiés précédemment non seulement par le texte et le graphisme mais aussi simplement par la dimension du cartouche. Tous les timbres de la première partie du tableau ont des dimensions comprises entre 11 et 30 mm, pour l'essentiel entre 18 et 22 mm, soit environ 1 dactyle pour un pied moyen de 32 cm (11 mm = 1/2 d., 30 mm = 1,5 d.); les timbres osques, même sur tuile, sont beaucoup plus grands; raison de plus pour rattacher à la série grecque les timbres *St* et *Ke-*.

---

[21] Par exemple *Vestirikiis*, *Vesulliais*, *Venileis*, *Veltineis* (Lejeune 1976, n° 28, 36, 280, 281); sur **Vetenis*, voir *infra*.

[22] A. La Regina, *Appunti su entità etniche e strutture istituzionali nel Sannio antico*, dans *AIONArchStAnt*, 3, 1981, p. 129.

[23] E. Vetter, *Handbuch der italischen Dialekten*, 1, 1953, n° 192; Lejeune 1970, p. 280, n° 2; M. Cristofani, dans *Popoli e civiltà dell'Italia antica*, t. 7, 1978, p. 89; A. Prosdocimi, *ibid.*, t. 6, 1978, p. 1056 sqq.; P. Poccetti, *Nuovi documenti italici*, Pise, 1979, n° 151; *SE*, 49, 1981, p. 347, n° 13; illustrations dans Lejeune 1970, pl. III et IV.

[24] L'initiale *Ku* est étrangère à l'osque; *Kuiirinis*, attesté à Pompéi, est un emprunt au latin (Lejeune 1976, n° 201; *SE*, 49, 1981, p. 326, n° 4); noter cependant *Tr.Kurel* à Monte Vairano (*SE*, 49, 1981, p. 414). L'initiale *Kl* est par contre très fréquente (*Klovatis* = Claudius). La plupart de ces timbres sont de toute manière rétrogrades: outre *Ve.Kar*, *Kottieis* et *Ortieis* d'Hipponion.

[25] *Ve* comme prénom, *Kar* comme gentilice ne sont pas attestés dans l'*Anthroponymie Osque* de M. Lejeune; mais un *Velieis Duiieiis* (gén.) se trouve sur une inscription de Bénévent (*SE*, 49, 1981, p. 294), et *Kar* serait un gentilice à Boiano (Poccetti, *op. cit.*, n° 42). M. Michel Lejeune a bien voulu relire ces quelques pages; je le remercie de ses observations.

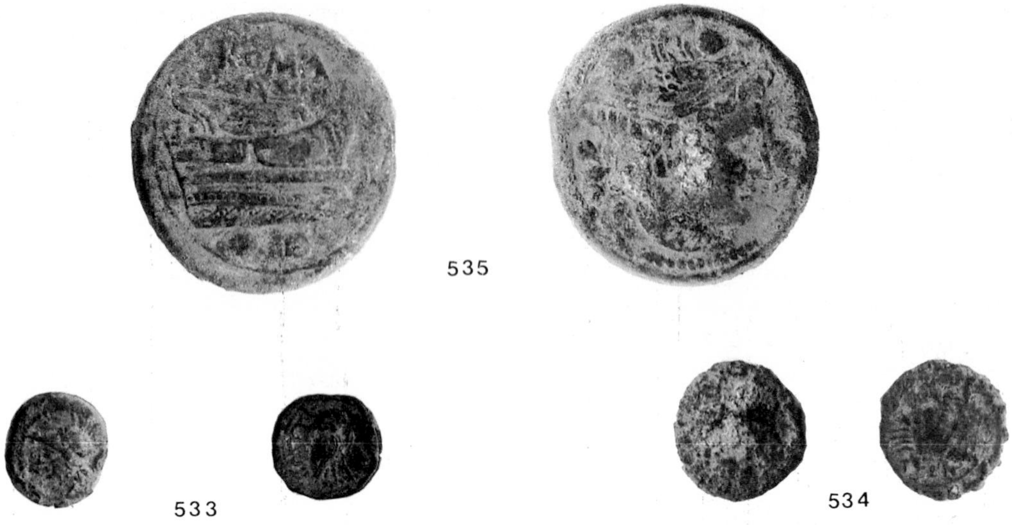


Fig. 70. Monnaies romaine (535) et des Brettii (533-534).

## 4.11 LES MONNAIES (fig. 70)

**533**

Dr./ Tête d'Athéna avec casque corinthien à g.

Rv./ Chouette à dr.

AE - Sixième (ou huitième ?) - Brettii

Poids: 1,25 g; ∅ 12,5 mm

P. Garrucci, *Le monete dell'Italia antica*, Rome, 1885, p. 184, n° 29; *BMC Italy*, p. 333, n° 115; J. Babelon, *Catalogue de la Collection de Luynes*, I, Paris, 1924, n° 675-676; F. Scheu, *Bronze Coins of the Bruttians*, dans *NC*, 1961, p. 52 et 62; H. Pfeiler, *Die Münzprägung der Brettier*, dans *JNG*, 14, 1964, p. 22 et 32.

Ces pièces aux types Athéna/chouette sont classées par Scheu dans son groupe à l'épi de blé (p. 52), et ce bien qu'elles n'aient jamais au droit un épi comme symbole; Pfeiler les classe dans son *Nikegruppe* (p. 32). Scheu les considère comme sixièmes de l'unité légère utilisée par les Brettii, qui est d'environ 8 g; Pfeiler pour sa part y voit plutôt des huitièmes de la même unité. Il s'agit de pièces pesant environ 1,3 - 1,4 g (cf. par ex. *SNG Copenhagen*, 1695, 1,23 g).

Scheu situe l'apparition de l'étalon léger (8 g) vers la fin de la première guerre punique, alors que Pfeiler le place vers 213-207. P. Marchetti (*Histoire économique et monétaire de la seconde guerre punique*, dans *Mémoires de la Classe des Beaux-Arts de l'Académie Royale de Belgique*, XIV, 4, 1978) le situe pour sa part en 211-209; même date pour T. Hackens dans *SNG Evelpidis*, 327-328.

P. Marchetti a avancé de bonnes raisons métrologiques pour dater l'apparition de l'étalon léger après 212, et cette date est confirmée par la métrologie d'autres monnayages de bronze contemporains de Lucanie, par exemple ceux de Métaponte et de Tarente. Le trésor de San Vincenzo La Costa est un des éléments principaux amenant à dater cet étalon de la seconde guerre punique, et après 212 précisément (cf. I. Novaco Lofaro, dans *AIIN*, 21-22, 1974-1975, p. 86-94); on remarquera cependant qu'il n'y a pas, dans ce trésor, de pièces aux types Athéna/chouette, mais uniquement des doubles des unités et des demis. Toutefois une date après 212 est très plausible - et généralement acceptée dans les catalogues - pour cet étalon léger et il semble bien qu'on puisse lui raccrocher les dénominations de 1,3 - 1,4 g.

**534**

Dr:/ Tête de déesse marine, à g. (?)

Rv:/ Crabe; légende

AE - Quart - Brettii

Poids: 1,80 g; ∅ 15 mm

F. Scheu, *NC*, 1961, p. 52. Le poids moyen est 2,20 g. Notre exemplaire est très mal conservé; même chronologie que le précédent.

**535**

Dr./ Proue de navire à dr.; au-dessus ROMA; en-dessous deux globules

Rv./ Mercure à dr. avec pétase; au-dessus deux globules

AE - Sextans - Rome

Poids: 25,8 g; ∅ 30 mm

*SNG Tübingen*, 1, 313; *SNG Dreel/Klagenfurt*, I, 33; M. H. Crawford, *Roman Republican Coinage*, Cambridge, 1974, 38,5.

217-215 (?).

## 4.12 LA FAUNE (Ph. Columeau)

L'étude de la faune des fouilles de Kaulonia porte sur un ensemble de 703 esquilles déterminées, ayant appartenu à 338 individus au moins.

Les espèces déterminées sont domestiques et sauvages:

*Animaux domestiques*:

Chien (*Canis familiaris L.*)
Porc (*Sus domesticus L.*)
Mouton (*Ovis aries L.*)
Chèvre (*Capra hircus L.*)
Cheval (*Equus caballus L.*)
Âne (*Equus asinus L.*)
Boeuf (*Bos taurus L.*)

*Animaux sauvages*:

Cerf (*Cervus elaphus L.*)
Sanglier (*Sus scrofa L.*)
Tortue (*Testudo* (*Hermanii* ?))
Thon (*Thunnus thynnus L.*) [v. *infra*, p. 000]
Des oiseaux
Des coquillages marins (*Mytillus sp.* et *Tapes sp.*)

Deux restes humains se trouvaient parmi les débris animaux. Chez les animaux sauvages, il est possible que deux restes osseux aient appartenu à un mouflon (*Ovis musimon*): un fragment de condyle gauche et un fragment de radius droit, malheureusement trop fragmentés pour être mesurables. Leur robustesse les distingue nettement des autres esquilles d'ovinés.

Le bœuf est un animal de petite taille, probablement du type *Bos taurus brachycephalus*. Un seul bœuf de grande taille a pu être retrouvé dans ce lot de faune, à l'aide d'un *talus*. Parmi les oiseaux, la présence de la perdrix (*Cacabis rufa*) est très probable. Chez les reptiles, la tortue est une tortue terrestre, probablement une tortue d'Hermann.

Deux restes d'O/C de la période «classique» ont appartenu à des chèvres (*Capra hircus L.*). Il s'agit de deux métapodes, un métacarpien et un métatarsien. Deux chevilles osseuses de chèvre ont été retrouvées pour la période «archaïque». Pour le reste, sur 329 os d'ovicaprinés non différenciés, 23 ont pu être attribués à des *Ovis*, ce qui laisse supposer que le troupeau de moutons était plus important que celui des chèvres, toutes périodes confondues.

### LES MENSURATIONS

Quelques fragments ont pu être mesurés pour le bœuf, le mouton, la chèvre et le porc. Malgré leur très petit nombre, il est intéressant de les présenter ici:

#### LE BOEUF

Cheville osseuse, DAP à la base : 55,5
Mandibule, condyle DT : 39,2

| Humérus | DT | HMT | Egt |
|---|---|---|---|
| | 83,5 | 46 | 34 |
| | 62 | 43 | 31 |

| | | | |
|---|---|---|---|
| Talus HD 87,8 | HP 88 | Phal III LD 51 /70,2 | |
| DT 52,3 | Bd 57 | MBS 21 /23,4 | |
| Gli 88 | Glm 80 | DLS 62 /70,5 | |

| | | |
|---|---|---|
| Métacarpien, distal Diaphyse : | Bd 50,6 | Dd 29,6 |
| Poulie : | 56 | 29,2 |

| | | |
|---|---|---|
| Métatarsien, distal poulie : | Bd 44,5 | Dd — |
| | 41 | 40 |
| | 57,4 | 31,8 |
| | — | 45,7 |

Phalange I

| LT | Glpe | SD | DD |
|---|---|---|---|
| 64 | 61 | 22,7 | 17 |
| 62 | 56,7 | 23 | 16,5 |
| 55 | 55 | 23 | 20 |
| 56,5 | 54,7 | 23 | 18,5 |
| 55,5 | 52 | 21 | 16,4 |
| 62,2 | | | |
| **Bp** | **Dp** | **Bd** | **Dd** |
| 28,3 | 33,3 | 27 | 21,5 |
| 28 | 31 | 27 | 21 |
| 28 | | 30,3 | |
| 25 | 24 | | |
| 28 | 29,3 | | |
| | | 34 | 24 |

LE MOUTON

| Humerus | | |
|---|---|---|
| Dt | Hmt | Egt |
| 31 | 18,5 | 15,2 |
| 31 | 19 | 14,6 |
| | | 26,7 |

| Tibia | |
|---|---|
| Bd | Dd |
| 27 | 21 |
| 26,5 | 21 |
| 26 | 18,5 |
| 26,7 | 20,4 |

Métacarpien

| Diaphyse | | Poulie | |
|---|---|---|---|
| Bd | Dd | Bd | Dd |
| 30,5 | 17 | 31,5 | 16 |

Phalange I

| LT | Glpe | SD | DD |
|---|---|---|---|
| 43 | 40 | 12,5 | 10 |
| **Bp** | **Dp** | **Bd** | **Dd** |
| 16 | 16,5 | 15,4 | 13,3 |

LA CHÈVRE

| Métacarpien | | | | Métatarsien | | | |
|---|---|---|---|---|---|---|---|
| Diaphyse | | Poulie | | Diaphyse | | Poulie | |
| Bd | Dd | Bd | Dd | Bd | Dd | Bd | Dd |
| 27,2 | 18,8 | 26 | 12,5 | 23 | 15,7 | 23 | 12,4 |

LE PORC

| Les dents | | DMD | DVL |
|---|---|---|---|
| Inf. | M2 | 17,5 | 14,5 |
| | M3 | 31 | — |
| | | 33,4 | 16 |
| | | 30 | 13,4 |
| **Tibia** | | **Phalange II** | |
| Bd | Dd | LT : 33,7 | |
| | | 28,5 | 23,5 |

La présentation des résultats de l'étude de la faune est chronologique. Elle ne tient pas compte de l'emplacement des vestiges, la fouille ayant rencontré pour l'essentiel des remblais contenant un matériel céramique mélangé.

Trois ensembles chronologiques, qui se chevauchent en partie, ont pu être distingués, en tenant compte des proportions de chaque matériel dans chaque couche, et non du matériel le plus récent; ainsi, un niveau daté du III^e^ s. par le matériel le plus récent (ou par sa position stratigraphique) a pu être considéré comme archaïque par le facies général du matériel:

I - Niveaux archaïques, datés sans ambiguïté du VI^e^ s. ou du début du V^e^ s. av. J.-C.

II - Niveaux classiques, datables de la fin du VI^e^ s. à 380 av. J.-C.

III - Niveaux hellénistiques, contenant des couches hétérogènes datables aux V^e^-IV^e^ s., IV^e^-III^e^ s., et des niveaux très mélangés VI^e^-III^e^ s. Le matériel osseux de ces niveaux doit être majoritairement postérieur à 389.

I - *Niveaux archaïques*

| OSSEMENTS | | | | | | |
|---|---|---|---|---|---|---|
| Âge / Espèces | A | J | TJ | Ind | T | % |
| O/C | 72 | 22 | 9 | 4 | 107 | 52,7 |
| Porc | 10 | 15 | 5 | 2 | 32 | 15,7 |
| Boeuf | 45 | 5 | | 4 | 54 | 26,6 |
| Chien | | 1 | | 2 | 3 | 1,4 |
| Cerf | 3 | | | 2 | 5 | 2,4 |
| Sanglier | 1 | | | | 1 | 0,4 |
| Thon | 1 | | | | 1 | 0,4 |
| TOTAL | | | | | 203 | |

| INDIVIDUS | | | | | | |
|---|---|---|---|---|---|---|
| Âge / Espèces | A | J | TJ | Ind | T | % |
| O/C | 31 | 11 | 7 | 1 | 50 | 47,6 |
| Porc | 8 | 9 | 4 | 2 | 23 | 21,9 |
| Boeuf | 18 | 4 | | 3 | 25 | 23,8 |
| Chien | | 1 | | 2 | 3 | 2,8 |
| Cerf | 1 | | | 1 | 2 | 1,9 |
| Sanglier | 1 | | | | 1 | 0,9 |
| Thon | 1 | | | | 1 | 0,9 |
| TOTAL | | | | | 105 | |

| P. VIANDE | | |
|---|---|---|
| Âge / Espèces | T | % |
| O/C | 710,5 | 11,6 |
| Porc | 856 | 14 |
| Boeuf | 4220 | 69,3 |
| Chien | 25 | 0,4 |
| Cerf | 150 | 2,4 |
| Sanglier | 70 | 1,1 |
| Thon | 70 | 1,1 |
| TOTAL | 6081,5 | |

II - *Niveaux classiques*

| OSSEMENTS | | | | | | |
|---|---|---|---|---|---|---|
| Espèces \ Âge | A | J | TJ | Ind | T | % |
| O/C | 98 | 16 | 2 | 5 | 121 | 45,8 |
| Porc | 20 | 11 | 1 | | 32 | 12,1 |
| Boeuf | 88 | 4 | 1 | 4 | 97 | 36,7 |
| Ane | 1 | | | | 1 | 0,4 |
| Chien | 6 | | | | 6 | 2,2 |
| Ovine | 2 | | | | 2 | 0,7 |
| Tortue | | | | 1 | 1 | 0,4 |
| Oiseau | | | | 2 | 2 | 0,7 |
| Mytillus | | | | 1 | 1 | 0,4 |
| Tapes | | | | 1 | 1 | 0,4 |
| TOTAL | | | | | 264 | |

| P. VIANDE | | |
|---|---|---|
| Espèces \ Âge | T | % |
| O/C | 657 | 8 |
| Porc | 973 | 11,9 |
| Boeuf | 6432 | 78,6 |
| Ane | 75 | 0,9 |
| Chien | 20 | 0,2 |
| Ovine | 20 | 0,2 |
| Tortue | — | — |
| Oiseau | — | — |
| Mytillus | | |
| Tapes | | |
| TOTAL | 8177 | |

| INDIVIDUS | | | | | | |
|---|---|---|---|---|---|---|
| Espèces \ Âge | A | J | TJ | Ind | T | % |
| O/C | 29 | 11 | 4 | 1 | 45 | 39,8 |
| Porc | 14 | 8 | 1 | | 23 | 20,3 |
| Boeuf | 30 | 4 | 1 | 3 | 38 | 33,6 |
| Ane | 1 | | | | 1 | 0,8 |
| Chien | 2 | | | | 2 | 1,2 |
| Ovine | 1 | | | | 1 | 0,8 |
| Tortue | | | | 1 | 1 | 0,8 |
| Oiseau | | | | 2 | 2 | 1,7 |
| Mytillus | | | | | | |
| Tapes | | | | | | |
| TOTAL | | | | | 113 | |

III - *Niveaux hellénistiques*

| OSSEMENTS | | | | | | |
|---|---|---|---|---|---|---|
| Espèces \ Âge | A | J | TJ | Ind | T | % |
| O/C | 92 | 10 | 3 | 2 | 165 | 44,4 |
| Porc | 22 | 17 | 4 | | 43 | 18 |
| Boeuf | 45 | 10 | | 8 | 63 | 27 |
| Chien | 8 | 2 | | | 10 | 4,3 |
| Oiseau | 1 | | | 2 | 3 | 1,3 |
| Ane | 1 | | | 1 | 2 | 0,8 |
| Cheval | 6 | | | | 6 | 2,6 |
| Cerf | 1 | | | | 1 | 0,4 |
| Tortue | | | | 1 | 1 | 0,4 |
| Homme | 2 | | | | 2 | 2,8 |
| TOTAL | | | | | 296 | |

| INDIVIDUS | | | | | | |
|---|---|---|---|---|---|---|
| Âge / Espèces | A | J | TJ | Ind | T | % |
| O/C | 35 | 8 | 3 | | 46 | 37,3 |
| Porc | 13 | 9 | 2 | | 24 | 19,5 |
| Boeuf | 24 | 8 | | 3 | 35 | 28,4 |
| Chien | 5 | 1 | | | 6 | 4,8 |
| Oiseau | 1 | | | | 6 | 4,8 |
| Ane | 1 | | | 1 | 2 | 1,6 |
| Cheval | 1 | | | | 1 | 0,8 |
| Cerf | 1 | | | | 1 | 0,8 |
| Tortue | | | | 1 | 1 | 0,8 |
| Homme | 1 | | | | 1 | 0,8 |
| TOTAL | | | | | 123 | |

| P. VIANDE | | |
|---|---|---|
| Âge / Espèces | T | % |
| O/C | 702,5 | 8,9 |
| Porc | 972 | 12,3 |
| Boeuf | 5740 | 72,28 |
| Chien | 55 | 0,7 |
| Oiseau | — | — |
| Ane | 15 | 1,9 |
| Cheval | 180 | 2,3 |
| Cerf | 75 | 1 |
| Tortue | — | — |
| Homme | — | — |
| TOTAL | 7874,5 | |

Le chevauchement des périodes, d'un ensemble chronologique à un autre, atténue vraisemblablement les différences. La quantité de faune déterminée et d'individus retrouvés est à peu près la même pour les trois tableaux, ce qui les rend plus aisément comparables.

Les espèces ne sont pas présentes de façon identique dans les trois tableaux. La chasse et la pêche (au thon) bien que très faibles, fournissent à l'époque archaïque plus de 4% environ de la viande consommable, ce qui n'est pas négligeable, par rapport aux deux tableaux suivants, où elles n'apportent plus que 0,2% et 1% de la viande, ce qui les renvoie au rang des activités économiques marginales. La chasse est essentiellement consacrée à la prise de gros gibiers, cerfs, sangliers (peut-être un peu plus nombreux que ce qui apparaît sur les tableaux) et, vraisemblablement, le mouflon. Le lapin de Garenne, le lièvre, le renard sont absents de l'échantillon examiné.

Alors que les ovicapridés, le porc, le bœuf et le chien sont présents tout au long de la chronologie, les restes d'équidés, absents des niveaux archaïques, apparaissent avec l'âne au cours de la période classique, mais très discrètement, pour représenter dans les niveaux hellénistiques 4,2% de la viande (et 3,4% des restes) c'est-à-dire autant que la chasse au cours de la période archaïque. L'absence de restes d'équidés dans la faune des niveaux archaïques ne signifie pas que cette espèce ne figurait pas dans l'environnement animal de cette époque, mais plutôt que la consommation de viande d'âne et de cheval est, peut-être, devenue une habitude au cours de périodes plus récentes.

L'essentiel des restes de faune est centré autour de trois espèces, les O/C, le porc et le bœuf comptant pour plus de 94% des vestiges animaux au cours des deux premières périodes, et près de 90% au cours de la période «hellénistique». Dans les trois cas, ils représentent plus de 94% de la viande consommable. Ce sont les Ovicapridés qui ont laissé le plus de vestiges osseux, suivis par le bœuf et enfin par les porcs. Pour le calcul en fonction du poids de viande, le poids respectif moyen de chaque espèce [1] inverse ces données en portant le bœuf à la première place - il fournit, à lui tout seul, plus des deux tiers (période archaïque) ou les trois quarts de la viande. Le reste est partagé entre les O/C et le porc, mais de façon inégale; le porc vient toujours avant les ovicapridés, avec environ trois points de plus que les ovicapridés, tout au long de la chronologie.

Les choses changent peu d'un tableau à l'autre, la stabilité semble bien être la règle la mieux observée. Quelques nuances permettent d'observer, encore bien timidement, une certaine évolution dans le mode de ravitaillement en viande: au cours de la période archaïque le bœuf a un taux moins élevé que par la suite, laissant, malgré la relative importance de la chasse, un peu plus de place à la consommation de viande provenant de bétail de taille moyenne, mouton chèvre et porc. La quasi disparition de la grande chasse au cours de la période classique ne permet pas à l'élevage des porcs et des moutons de s'accroître, mais laisse, au contraire, la consommation de la viande de bœuf augmenter considérablement, de plus de 9%. Cette poussée de la consommation de viande de bœuf ne se retrouve pas au cours de la période hellénistique, mais le retrait de près de 6% que la viande de bœuf accuse n'est que très médiocrement repris par l'élevage des ovicapridés et des porcs (pour 1,1% seulement). Il n'y a pas retour à la situation antérieure, mais plutôt une tendance à la diversification de l'approvisionnement en viande de gros bétail avec l'apparition de la viande des équidés.

Ces remarques doivent être considérées avec des réserves, car peu de gisements permettent, actuellement, de comparer l'approvisionnement en viande au cours de ces trois grandes périodes en Italie méridionale, pour un nombre d'individus relativement élevé. Peu de travaux sur la faune archéologique du sud de l'Italie sont actuellement disponibles, mais il est intéressant de comparer les résultats obtenus ici avec ceux des deux autres gisements relativement proches, Locres et Monte Irsi.

À Locres (Calabre), la faune des niveaux classiques/hellénistiques mélangés regroupe seulement 38 individus, répartis sur neuf espèces [2]. Le traitement des données de la détermination de la faune selon des critères comparables à ceux employés à Kaulonia donne les résultats suivants:

| Espèces | NR | %NR |
|---|---|---|
| O/C | 96 | 30,6 |
| Porc | 71 | 22,6 |
| Boeuf | 123 | 39,3 |
| Ane | 6 | 1,9 |
| Chien | 14 | 4,4 |
| Cerf | 1 | 0,3 |
| Sanglier | 1 | 0,3 |
| Lièvre | 1 | 0,3 |
| TOTAL | 313 | |

| Espèces | NMI | %NMI |
|---|---|---|
| O/C | 14 | 36,8 |
| Porc | 8 | 21 |
| Boeuf | 7 | 18,4 |
| Ane | 2 | 5,2 |
| Chien | 4 | 10,5 |
| Cerf | 1 | 2,6 |
| Sanglier | 1 | 2,6 |
| Lièvre | 1 | 2,6 |
| TOTAL | 38 | |

[1] Ph. Columeau, *La chasse et l'élevage en Gaule Méridionale, d'après les vestiges osseux*, Thèse de Doctorat ès Lettres et Sciences Humaines, Aix-en-Provence, 1985, 2 vol. dact.

[2] Fr. D'Errico et A. M. Moigne, *La faune classique-hellénistique de Locres*, dans *MEFRA*, 97, 1985, 2, p. 719-750.

| Espèces | PV | %PV(A) | %PV(B) |
|---|---|---|---|
| O/C | 154 | 7,5 | 8,1 |
| Porc | 228 | 14,1 | 15,3 |
| Boeuf | 1260 | 62 | 66,9 |
| Ane | 140 | 6,8 | 7,4 |
| Chien | 40 | 1,9 | 2,1 |
| Cerf | 75 | 3,6 | |
| Sanglier | 70 | 3,4 | |
| Lièvre | 4 | 0,2 | |
| TOTAL | 1971 | | |

| Espèces / Périodes | % NR (total 304 restes identifiés) | | | | |
|---|---|---|---|---|---|
| | O/C | Porc | Cheval | Boeuf | Cerf |
| Age du fer (B I-IV) | 57 | 16 | | 25 | 0,7 |
| Hellénistique 1 (B V-VI) | 47 | 23 | 2,5 | 27 | 0,9 |
| Hellénistique 2 (A I-IV) | 27 | 36 | 2,1 | 30 | — |

Le calcul du poids de viande est effectué en deux temps. En (A) toutes les espèces sont prises en considération, y compris le cerf, le sanglier et le lièvre, considérés comme périphériques par les auteurs. En (B) le calcul en fonction du poids de viande n'est fondé que sur les espèces domestiques, mieux représentées.

Malgré la faiblesse de l'échantillon étudié, il est frappant de constater la grande analogie de la faune de Locres avec celle de Kaulonia présentée ici: en pourcentage poids/viande, les bœufs sont les plus importants, atteignant même les deux tiers du ravitaillement en viande selon le calcul (B). Ils sont suivis par les porcs et les ovicapridés dans des proportions qui rappellent beaucoup celles de Kaulonia. Cependant, les restes de bœufs sont à Locres plus nombreux que ceux de moutons et de chèvres, ce qui, avec la plus grande proportion de chèvres que de moutons, éloigne la faune de Locres de celle de Kaulonia.

À Monte Irsi (Lucanie interne), pour un lot de faune à peu près équivalent à celui de Locres, la chronologie est beaucoup plus longue (du VIII$^{e}$ avant J.-C. au règne d'Auguste); comme à Kaulonia, trois grandes périodes ont pu être distinguées [3]:

Les restes de moutons et de chèvres sont, au début, les plus nombreux mais diminuent progressivement, pour atteindre au cours de la période Hell 2 un taux beaucoup plus bas que celui observé à Kaulonia, qui reste, au contraire, à peu près constant. Remarquons, cependant, qu'il se rapproche beaucoup de celui de Locres. Pendant que le pourcentage de restes d'ovicapridés diminue de moitié, celui des restes de porc double et celui des bœufs augmente légèrement. À l'inverse de ce qui est observé à Locres et à Kaulonia, la proportion d'ossements de porcs est plus forte au cours de la période Hell 2 que celle des bœufs. Mais cela n'est pas le cas de la période Hell 1 qui, pour les pourcentages de restes entre ces trois espèces, est celle qui se rapproche le plus de ce qui est apparu à Locres et à Kaulonia.

[3] G. Barker, dans *Monte Irsi*, *BAR*, Suppl. 20, 1977, p. 263-273.

La quantité de fragments déterminés pour Monte Irsi est trop faible pour pouvoir donner des résultats aisément manipulables sur trois périodes. Mais, malgré ces réserves, il est intéressant de remarquer certaines identités qui approchent les lots de faune de ces trois sites. Ainsi, à Monte Irsi comme à Kaulonia, le cheval n'apparaît que tardivement, et dans des proportions qui rappellent celles de Kaulonia pour l'ensemble chronologique 3. Enfin, la chasse, présente là aussi, n'est plus du tout une activité économique. Il semble difficile d'aller plus avant dans les conclusions à l'aide d'un échantillon aussi réduit.

L'étude de la faune de Kaulonia indique surtout une grande stabilité dans le ravitaillement en viande sur ce site pendant quatre siècles. À l'intérieur de cette stabilité, une évolution semble perceptible, qui se retrouve, mais pour de petits lots de faune, sur d'autres sites d'Italie méridionale.

Les difficultés de datation rendent les conclusions moins nettes que le laisserait voir la simple lecture des tableaux de résultats. Remarquons également que les quelques mesures qui ont pu être prises sur des restes de bœufs et d'*ovis*, indiquent une homogénéité des troupeaux.

La validité de ces remarques est atténuée par la nature même des lieux fouillés - des remblais pour la plupart - par la petite quantité de faune disponible et, enfin, par le chevauchement des découpages chronologiques. D'autres recherches, dans des niveaux mieux stratifiés, conduites avec grand soin (tamisage, récolte systématique de tous les débris osseux), doivent être entreprises, qui permettront de préciser ce qui a été seulement entr'aperçu ici, et qui constitue une étape incontournable dans l'approche de la vie quotidienne des populations étudiées, mais aussi dans une étude plus globale de leur économie et de leurs échanges.

## *ADDENDUM*

### Analyse d'une vertèbre fragmentaire

par

J. DESSE et N. DESSE-BERSET
(Laboratoire d'Archéozoologie, CRA/CNRS, Valbonne)

- KL 85 QV 609. 20.24
Provenance: KAULONIA (Calabre)
Période: seconde moitié VI$^{e}$ siècle
- Vertèbre caudale de thon (*Thunnus thynnus* LINNE 1758, le thon rouge).
Mesures:
Hauteur max. du corps vertébral: 29,0
Diamètre transverse du corps: 37,2
Diamètre antéro-post. du corps: 36,0

Pièce vertébrale se rapportant à un individu d'une dizaine d'années, de taille moyenne, probablement capturé à la fin du printemps ou en été.

Les poissons de cette espèce sont très communs en Méditerranée, tout particulièrement dans la zone tyrrhénienne où ils font l'objet d'une pêche saisonnière intensive, attestée pendant la protohistoire. On les capture traditionnellement à l'aide de madragues ou, en pleine mer, à la traîne, à la palangre ou, enfin, à la senne tournante.

Oppien, dans les *Halieutiques* (chant III), en évoque la pêche de la façon suivante: «la disposition des filets ressemble à celle d'une ville, on y voit des vestibules, des portes, et comme des rues à l'intérieur», description saisissante des grandes madragues dont le littoral méditerranéen devait être parsemé.

BIBLIOGRAPHIE:

G. Desse et J. Desse, *L'identification des vertèbres de poissons: application au matériel issu de sites archéologiques et paléontologiques*, dans *Archives des Sciences de Genève*, 36 (2), 1983, p. 291-296.

## 4.13 Conclusion

Le matériel trouvé dans le secteur de la tour D provient essentiellement d'un habitat. Le matériel votif est peu nombreux (quelques fragments d'*arula* et de statuettes) et doit se référer à des cultes domestiques plutôt qu'à des sanctuaires. La présence de monuments n'est suggérée que par l'antéfixe n° **351** et par quelques fragments de tuiles peintes. Il est par contre certain qu'il existait dans le quartier au nord du phare au moins une officine de céramique dès l'époque archaïque, et encore au IIIe s. La présence dans le remplissage de la tour de deux fragments d'ossements humains doit être fortuite, et rien dans le matériel n'autorise à supposer l'existence d'une nécropole *intra muros*, même tardive (*supra*, p. 27).

Chronologiquement, le matériel de la tour D atteste une occupation dense du secteur entre le deuxième quart du VIe s. et la fin du IIIe s. La céramique du VIIIe s. est absente, celle du VIIe s. rarissime, ce qui suggère que le quartier au nord du phare n'est guère occupé avant le début du VIe s. Parmi les tessons du IIIe s., il en est sans doute qui pourraient se dater après 200 comme les marmites de type 2.2. (*supra*, fig. 58), les patères de forme Lamboglia 36 (fig. 40), les amphores gréco-italiques (*supra*, p. 105). Mais dans l'ensemble, et si l'on prend en considération aussi le matériel inédit provenant de sondages antérieurs, il semble bien que l'occupation du site ne se prolonge pas au-delà de la fin du IIIe s.

On a proposé de dater au début du IVe s. les niveaux d'abandon de la muraille classique, et de les mettre en relation avec la date de 389 fournie par les textes. La ville a sans doute été abandonnée, puis reconstruite, probablement après le milieu du IVe s. On devrait ainsi observer dans l'occupation du site un hiatus d'une quarantaine d'années. Mais, outre qu'une ville détruite politiquement peut rester un lieu habité (fermes, réoccupation sporadique ou partielle), la nature du matériel céramique ne permet guère pour l'instant d'apprécier un tel hiatus. On notera la quantité relativement faible du matériel hellénistique par rapport aux témoins des périodes antérieures, mais cela peut être dû en grande partie aux hasards de la fouille et n'autorise aucune conclusion.

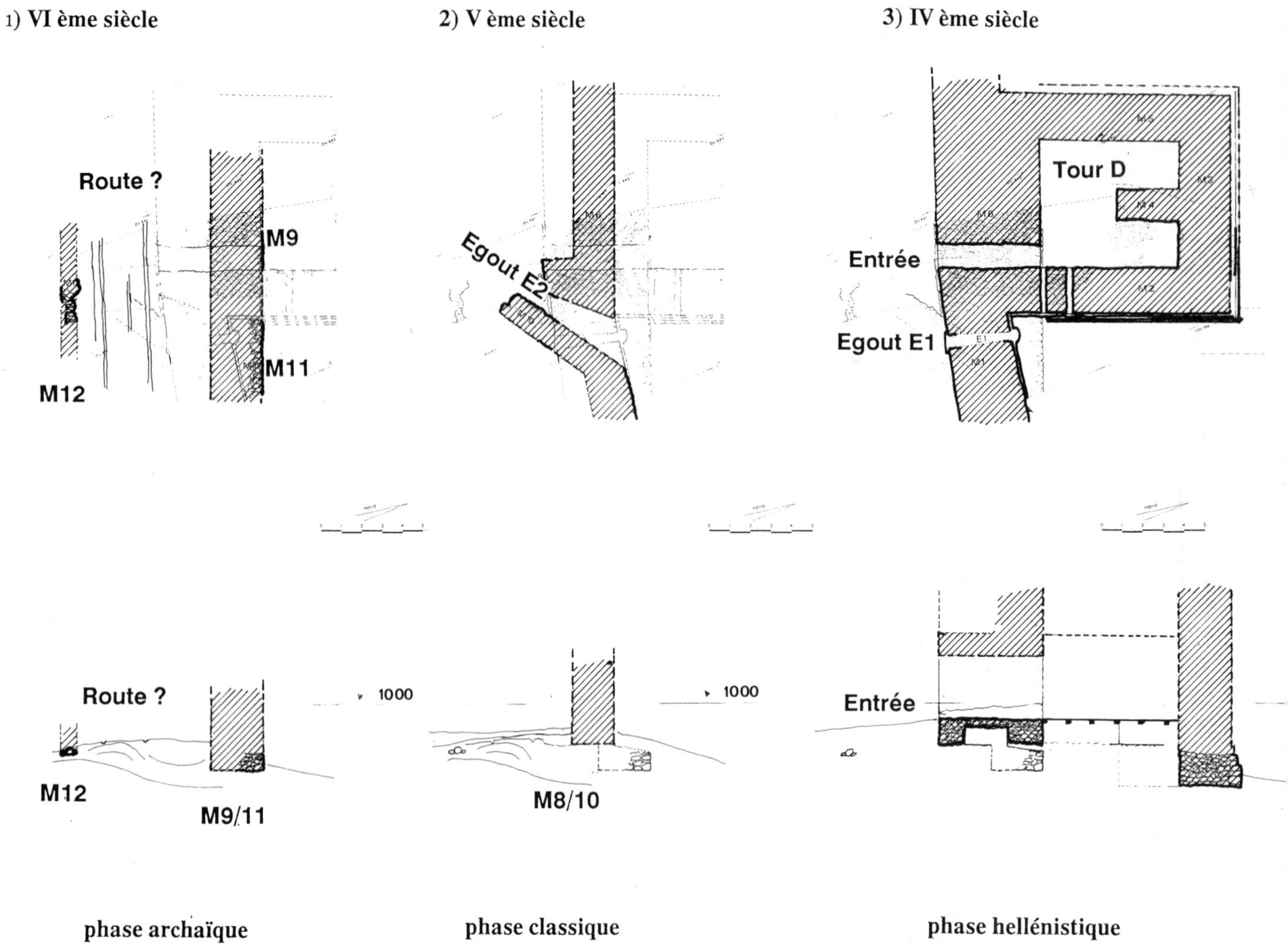


Fig. 71. Les trois phases de la fortification dans le secteur de la tour D, éch. 1:333.

# 5. LES FORTIFICATIONS

## 5.1. La fortification archaïque

On a proposé pour le mur archaïque M9/11 une date de construction au cours du VI$^{e}$ s. et une destruction (ou un abandon) dans la première moitié du V$^{e}$ s.

Il ne semble pas que les fouilles de P. Orsi aient jamais atteint le niveau de la muraille archaïque, soit parce que celle-ci était déjà détruite dans les zones de collines, où l'accumulation était faible ou nulle, soit parce qu'Orsi s'est arrêté, dans les zones de forte sédimentation, au niveau des fondations hellénistiques. Aucun des secteurs de muraille décrits par Orsi ne correspond donc à la technique de construction de M9/11, à l'exception peut-être du mur qui part au sud de la tour II, à l'ouest de la «Casa Quaranta». Ce mur, large de 5,50 m, est formé d'un noyau de 3 m de large de «ciottoloni lunghi e piatti, non gettati alla rinfusa, ma disposti con cura per letti e, pare, collegati con terra cretosa e fanghiglia» [1]. Quoique le dessin d'Orsi ne soit guère explicite, cette description rappelle les pierres allongées de M9. On aurait ainsi un ordre de grandeur (3 m) pour la largeur du mur M9/11.

L'intérêt du mur de Kaulonia, malgré son état de conservation médiocre, vient de ce qu'il complète la série très limitée des fortifications archaïques de Grande Grèce. Par sa technique, il est sans doute proche des murs de Siris-Policoro, datés au VII$^{e}$ ou au VI$^{e}$ s., construits en briques crues, sans ou avec socle de pierres [2]; d'autres murs archaïques se trouvent à Métaponte [3], à Vélia [4], à Cumes [5]. Les fortifications archaïques sont mieux attestées en Sicile au VI$^{e}$ s. (Naxos, Lipari, Léontinoi), voire au VII$^{e}$ s. (Mégara Hyblæa, peut-être Léontinoi [6]).

## 5.2. La fortification d'époque classique

Quoique les structures retrouvées sous la tour D soient à bien des égards énigmatiques, nous sommes heureusement mieux renseignés sur cette «deuxième phase» de la muraille. Il est fort probable que la muraille archaïque n'a pas été détruite au V$^{e}$ s., mais que, tombée en désuétude, elle a vu son élévation en briques crues dégradée par les intempéries, voire sapée par les crues du fleuve. La phase classique est donc sans doute surtout un gros effort de remise en état du mur primitif, réutilisé partout où cela était possible. Cette restauration a dû avoir une certaine importance, puisqu'on en retrouve des traces sur les fronts nord et est du circuit défensif, et notamment dans les sondages pratiqués au sud du temple par E. Tomasello en 1970-1971 [7].

---

[1] Orsi 1914, col. 718 et fig. 7.

[2] Hänsel, *NSA*, 1973, p. 429-443; v. aussi D. Adamesteanu et H. Dilthey, dans *MEFRA*, 90, 1978, p. 552

[3] D. Adamesteanu, *Metaponto I*, *NSA*, 1975, Suppl. (1980), p. 242 sqq.

[4] F. Krinzinger, dans *Fortification*, p. 122.

[5] G. Tocco, dans *Tarente 1975*, p. 488-489 (première moitié du VI$^{e}$ s.?)

[6] H. Tréziny, dans *Fortification*, p. 186-189; v. aussi (sur Mégara Hyblæa) *MEFRA*, 85, 1983, p. 647-650.

[7] Tomasello 1972, p. 561-638; plans p. 562 et 592.

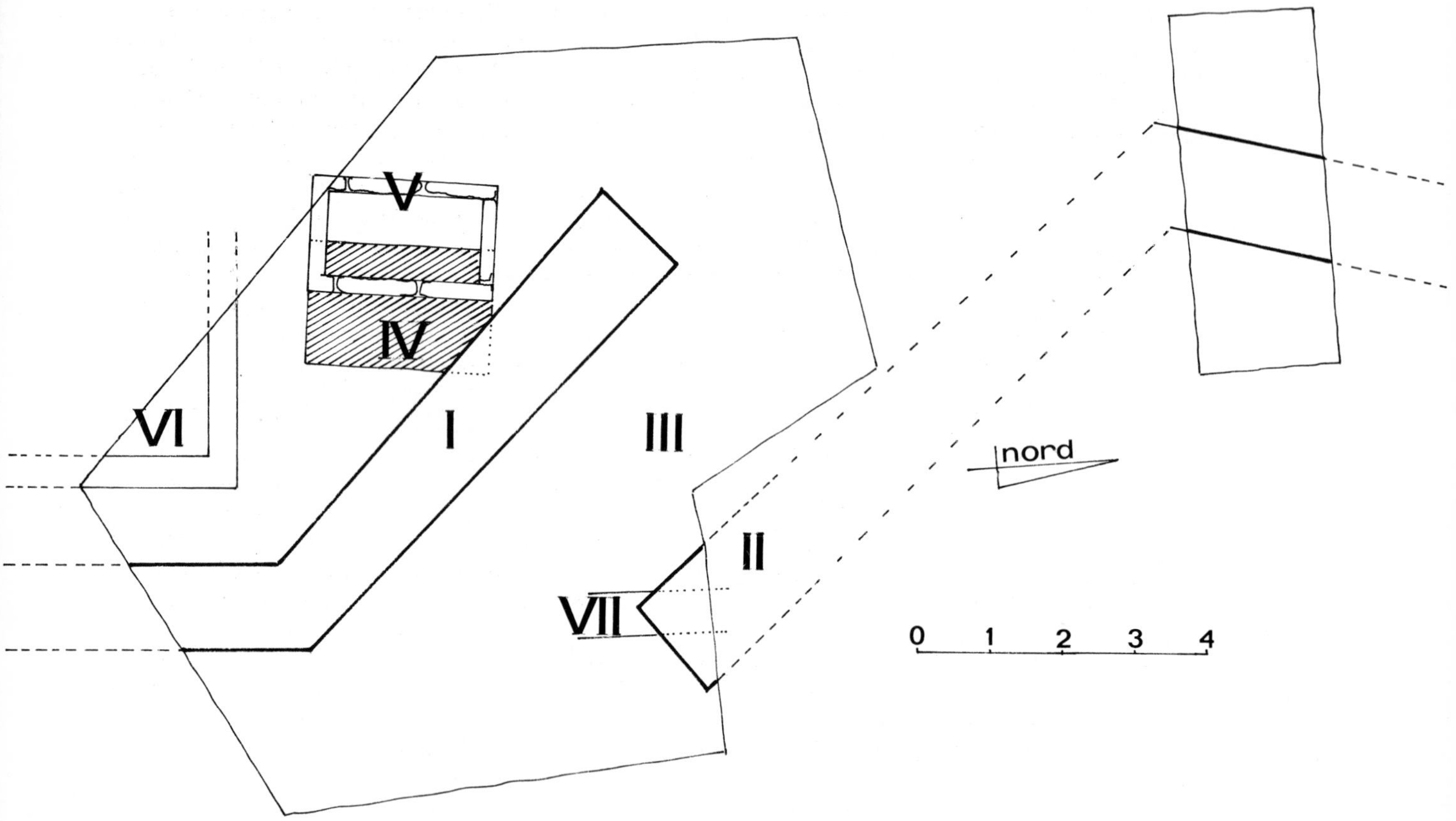


Fig. 72. Les sondages ANAS 1970-1971 au sud du temple, plan schématique, d'après TOMASELLO 1972, fig. 65: I et II, mur d'enceinte (ou de téménos ?); III, passage; IV et V, enclos sacrés; IV et VII, structures hellénistiques.

Dans ces sondages sont apparues sept structures principales, que nous numéroterons sur la fig. 72 de I à VII. Les structures I et II sont des murs qui ont sans doute fonctionné ensemble constituant un passage. Le mur sud I, le seul bien conservé et suffisamment fouillé, est constitué de blocs de calcaire de taille moyenne, grossièrement taillés, et forme un angle obtus. Par les matériaux employés et la technique de construction de l'angle, ce mur est très proche de notre mur M8 (montant ouest de l'égout E2). Ces murs sont datés par E. Tomasello entre 650 et 450, probablement autour de 550. La structure III est un pavement qui occupe une partie du passage. Les structures IV et V sont deux petits édifices rectangulaires superposés, se chevauchant partiellement. Il est évident que la structure IV, oblitérée par le mur I, a été remplacée par V. Le dallage (?) IV devait avoir une fonction rituelle (autel ?); la pratique qui consiste dans ce cas à reconstruire le monument en léger retrait, mais en maintenant le lien rituel par un contact physique, est bien connue [8]. La date de la structure V est donc un élément d'appréciation important pour celle du mur I. Or, à défaut de se poser explicitement la question, E. Tomasello donne des informations qui permettent d'esquisser une réponse. À l'intérieur de l'enclos V (supérieur), un niveau de gravillons contient un matériel qui va du VI$^{e}$ s. au troisième quart du V$^{e}$ s. environ. La structure IV (inférieure) est surmontée d'un niveau de brûlé. La couche appelée 3a, qui correspond à la hauteur des blocs de IV, est datable entre 650 et 480; la couche 3b, au-dessous de IV, a du matériel de la fin du VIII$^{e}$ au milieu du VI$^{e}$ s. On en déduira que la structure IV date probablement du milieu (ou de la deuxième moitié) du VI$^{e}$ s., et que la structure V est probablement postérieure au début du V$^{e}$ s., comme le confirme d'ailleurs la nature de son remplissage. C'est donc probablement dans la première moitié du V$^{e}$ s. que l'on a construit les murs I et II et déplacé l'édifice IV/V.

Signalons au passage, quoique cela n'ait pas d'influence directe sur la fortification, l'invraisemblance d'une datation à la fin du VII$^{e}$ s. pour la structure VI, probablement un angle de maison, en galets de rivière entourés de tuiles «en nid d'abeille». Outre le fait qu'une telle technique, caractéristique de la fortification et de l'habitat hellénistiques, présuppose un emploi massif de tuiles brisées, inconcevable à haute époque archaïque, il faut noter que le seul niveau d'occupation signalé dans la publication est daté dans la première moitié du III$^{e}$ s. Il s'agit donc probablement d'une structure hellénistique, comme du reste le mur VII dont quelques vestiges apparaissent dans la partie est du sondage.

La date des murs I-II apparaît peut-être d'une manière plus directe dans le sondage F [9]. La couche 3 se prolonge ici jusqu'à un «sol» au niveau des fondations du mur, que l'auteur considère comme le premier sol de la porte, et qu'elle date donc vers 550. Or, au-dessous de ce sol (couche 4) se trouvent des tessons datables dans le troisième quart du VI$^{e}$ s.: donc le sol n'est pas antérieur à 525, et le mur non plus... En fait, il est probable que ce «sol» constitue le fond de la tranchée de fondation du mur I, et que le premier niveau de la porte se trouvait plus haut. Or, le bas de la couche 3, au contact du «sol» 3/4, contient des tessons de la première moitié du V$^{e}$ s. Il est donc vraisemblable que le premier sol de la porte est en fait le dallage III, et qu'il date de la première moitié du V$^{e}$ s.

La fouille de E. Tomasello pose un autre problème intéressant, dont la solution est moins évidente. La porte semble abandonnée dans le cours du V$^{e}$ s., puisque le matériel de la couche 3

---

[8] M. Gras, dans G. Vallet, Fr. Villard et P. Auberson, *Mégara Hyblæa, 1. Le quartier de l'Agora archaïque*, 1976, p. 315-322.

[9] Tomasello 1972, p. 616-618.

qui vient recouvrir le passage, n'est guère postérieur au milieu du Ve s. Or elle est recouverte elle-même d'un épais niveau de déchets de taille (couche 2), qu'E. Tomasello met en relation avec la construction du temple, tandis qu'Orsi y voyait le résultat de sa destruction [10]. Mais cette couche contient un matériel varié, datable jusqu'au début du IVe s., ce qui est peu compatible avec une construction du temple vers 430 [11]. Faut-il admettre un niveau de destruction et, en ce cas, le dater après 389 ? La question, qui sort du cadre de cette étude, reste ouverte.

La nouvelle datation que nous proposons pour les structures publiées par E. Tomasello rejoint donc celle qui se déduit des stratigraphies de la tour D: première moitié du Ve s.

Orsi avait fouillé dans le même secteur (au sud-est et au sud du temple) plusieurs tronçons de murs dont l'appareil semble très comparable [12]. Seule varie la largeur du mur qui mesure entre 1,80 m et 2,20 m chez Orsi, 1,20 m environ pour le mur I du sondage Tomasello. Ce mur d'épaisseur médiocre pourrait être interprété comme un mur de téménos plutôt que comme un mur de fortification; l'existence des murs M8 et M10 sous la tour D permet de trancher en faveur d'une fortification.

À la phase du Ve s. pourraient se rapporter également la Porta Marina d'Orsi, s'il s'agit bien d'une porte [13], et peut-être la tour I de l'enceinte hellénistique (cf. *infra*, p. 149).

La présence sous la tour D d'un égout du Ve s. est intéressante car elle témoigne de l'importance de la question de l'évacuation des eaux dans les fortifications grecques occidentales. Rappelons qu'un autre égout avait été fouillé par Orsi dans la partie méridionale du site, sous un habitat hellénistique, mais sur le tracé d'une fortification arasée, de datation délicate (cf. *infra*, p. 157). De telles préoccupations sont anciennes: un égout de grandes dimensions (largeur 65 cm) construit en pierres de taille et fermé par une grille en bois passait sous l'enceinte archaïque de Mégara Hyblæa, et des installations plus modestes traversaient déjà sans doute le mur du VIIe s. [14]. Des constructions plus ambitieuses se trouvent à Amphipolis, Vélia, Métaponte entre autres [15]. La largeur de l'égout de Kaulonia (90 cm) peut étonner: mais il s'agit là de l'entrée de l'égout, dont le débouché pouvait être plus étroit.

## 5.3. Dimensions de la tour D

La tour D offre plusieurs séries de mesures remarquables regroupées dans le tableau p. 135. On notera par exemple la correspondance entre l'épaisseur de la courtine M1 à l'est de la tour (de 3,10 m à 3,20 m), et l'épaisseur du mur frontal de la tour (M3) au niveau des fondations (3,02 m), la longueur du mur-contrefort M4 (de 3m à 3,10 m), sa largeur (1,51 m) et la demi-largeur interne de la tour, entre le parement ouest de M2 et l'axe de M4 (3,01 m). L'épaisseur du mur frontal M3 en élévation (2,62 m) correspond à celle du mur est M2 en fondation (entre 2,54 m et 2,62 m); l'épaisseur de M2 en élévation (de 2,14 m à 2,22

---

[10] Orsi 1914, col. 755-756; Tomasello 1972, p. 632.

[11] D. Mertens, *Der Tempel von Segesta und die dorische Tempelbaukunst der griechischens Westens in Klassischer Zeit* = *DAI(R) Sonderschriften*, 6, 1984, p. 125-126, n. 260 et 265.

[12] Orsi 1914, col. 754-758.

[13] Orsi 1914, col. 759 sqq., pl. VII; mais les fouilles de 1988 suggèrent que la «Porte Marine» est simplement l'angle d'une rue d'époque classique.

[14] *MEFRA*, 95, 1983, p. 649; H. Tréziny, dans *Fortification*, p. 188; en général, Winter 1971, p. 149-151 et 172-173; Y. Garlan, dans *BCH*, 1976, p. 619-622 et 1977, p. 272-273.

[15] Amphipolis: D. Lazaridis, dans *AAA*, 1975, p. 69, fig. 11; Vélia: inédit, près de la Porte Marine sud; Métaponte: inédit, renseignements A. De Siena.

m) est aussi la distance entre M2 et M4 (2,22 m); l'épaisseur du mur de courtine M6 au sud de la tour (5,10 m à 5,20 m) est la moitié de la largeur de la tour à l'élévation (10,42 m).

De telles correspondances ne sont évidemment pas dues au hasard et suggèrent que l'on devrait pouvoir rendre compte dans une métrologie antique du schéma de construction de la tour. Pour ce faire, il est nécessaire de poser rapidement le problème de la métrologie de Kaulonia.

1. Le temple du V^e^ s. est malheureusement trop mal conservé pour donner des renseignements précis. Orsi [16] a calculé, d'après les quelques blocs qu'il a examinés, un diamètre maximum du fût de colonne de 1,22 m, et un entraxe de 2,88 m; la largeur et la profondeur des triglyphes seraient de 60 et 60,2 cm. Cela peut suggérer l'utilisation d'un pied de 30 cm environ, d'où un diamètre maximum de la colonne de 4′, un entraxe de 10′; les dimensions générales s'établiraient à 60x153′ aux fondations, 50x125′ au stylobate, d'après les mesures d'Orsi.

2. Dimensions des briques et des tuiles. La majorité des briques cuites trouvées sur la Piazzetta ou dans les fouilles de la Casa del Drago mesurent 32 ou 33 cm de côté; les demi-briques 16,5 cm, les briques longues de 48 à 50 cm: sauf à supposer un retrait très important de l'argile à la cuisson, cela oriente nécessairement vers un pied de 32 à 33 cm, peut-être le pied «phidonien» de 0,327 m. Par contre, les tuiles mesurent le plus souvent, comme à Locres, 58 à 59 cm de large pour 90 à 91 cm de long, ce qui implique un pied de 29/30 cm, entre 0,296 et 0,308.

3. Le plan d'urbanisme. La fouille n'a donné pour l'instant qu'un îlot fouillé dans toute sa largeur: il s'agit de l'îlot que nous appellerons B 15 (voir *infra*, p. 155 et n. 2), dans lequel se trouve la Casa del Drago: sa largeur est de 34,90 m. L'îlot est lui-même divisé en deux bandes larges chacune de 17,50 m environ, dans lesquelles sont découpés des lots carrés de 17,50 m de côté, séparés par des petits couloirs ou *ambitus* de 60 à 70 cm. La mesure de 17,50 m est prise à l'axe de l'*ambitus*.

La largeur de 35 m est extrêmement fréquente dans les plans d'urbanisme magno-grecs d'époque classique et hellénistique: citons seulement Camarine, peut-être Crotone, Héraclée de Lucanie, Naples, Métaponte, peut-être Thurioi [17]. Elle peut correspondre à 100 pieds de 0,349/0,350 ou à 120 pieds de 0,291; on peut aussi imaginer que la mesure de base n'est pas l'îlot lui-même mais l'entraxe des rues, auquel cas il conviendra d'ajouter aux 34,90 m les 4,10 m des rues est-ouest, ce qui pourra s'interpréter comme 120 pieds de 0,325 environ. Mais dans le cas de Kaulonia, la première solution semble nettement plus probable en raison de la forme carrée des lots.

Un examen de l'organisation interne des quelques habitations connues à Kaulonia montre que le lot carré est divisé en trois bandes nord-sud; dans la première bande, à l'ouest, se trouvent les pièces d'habitation, éventuellement de réception; l'espace central est occupé par un portique (*pastas*), et par le couloir d'accès; la partie est comprend une cour et/ou des pièces annexes disposées autour de la cour. Chacune de ces divisions vaut 5,60 m environ, l'ensemble valant 16,80 m, auxquels il convient d'ajouter la largeur d'un *ambitus*, soit au total 17,50 m. Cette «tripartition» de l'espace se retrouve dans toutes les maisons connues à ce jour à Kaulonia et doit correspondre à un schéma-type de l'installation

---

[16] ORSI 1914, col. 846 sqq.

[17] Camarine: *Kokalos*, 1980, p. 714; Crotone: *Tarente 1983*, p. 154; Héraclée de Lucanie: *MEFRA*, 90, 1978, p. 517 (36,80 m); Naples: *Tarente 1985*, p. 202; Métaponte: *Tarente 1983*, p. 175 et *Tarente 1981*, p. 105; Thourioi: F. CASTAGNOLI, dans *PP*, 151, 1973, p. 289-290. Pour la Grèce propre, v. W. HOEPFNER et E. L. SCHWANDNER, *Haus und Stadt im klassischen Griechenland*, Münich, 1986. Autres références dans IANNELLI-RIZZI 1986.

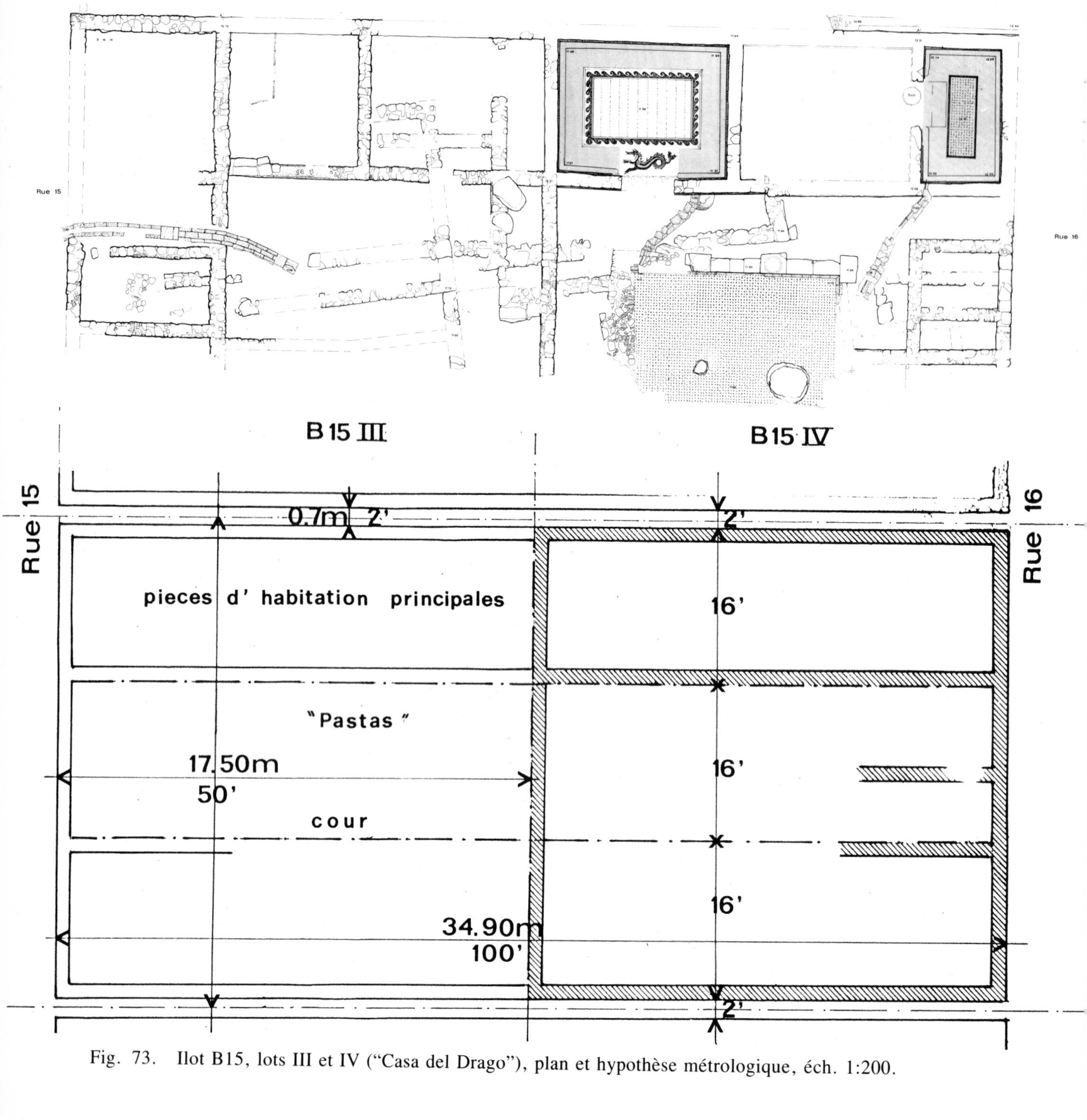


Fig. 73. Ilot B15, lots III et IV ("Casa del Drago"), plan et hypothèse métrologique, éch. 1:200.

post-dionysienne. Il est clair qu'elle s'exprime mieux à partir d'un pied de 0,35: si l'on soustrait aux 50′ les 2′ de l'*ambitus*, les 48′ restant se divisent en trois fois 16′; il n'en va pas de même avec le pied de 0,291 (fig. 73).

On a donc tenté dans le tableau suivant d'évaluer les diverses mesures significatives de la tour D dans les unités «possibles», c'est-à-dire dans les unités déjà attestées ou pouvant l'être en dehors de la fortification. On a simplement remplacé le pied de 0,35 par la coudée de 0,525 (1,5′) qui permet une expression plus satisfaisante des résultats.

| Dimension | | 0,279 | 0,291 | 0,307 | 0,372 | 0,525 |
|---|---|---|---|---|---|---|
| Largeur de la tour aux fondations | ** 11,26 | 40' | 39' | 37' | 34,5' | 21,5c |
| Idem élévation | ** 10,42 | 37' | 36' | 34' | 32' | 20c |
| Largeur M3 fondation | 3,02 | 10,75' | 10,5' | 10' | 9,25' | 5,75c |
| Idem élévation | ** 2,62 | 9,5' | 9' | 8,5' | 8' | 5c |
| Largeur M4 | 1,51 | 5,5' | 5,25' | 5' | 4,75' | 3c |
| Longueur M4 | * 3,05 | 11' | 10,5' | 10' | 9,5' | 6c |
| Largeur M2 fondation | * 2,58 | 9,25' | 9' | 8,5' | 8' | 5c |
| Idem élévation | * 2,18 | 7,25' | 7,5' | 7' | 6,75' | 4,25c |
| Profondeur interne de la tour | * 6,77 | 24,25' | 23,75' | 22' | 20,75' | 13c |
| Demi-largeur interne | 3,01 | 10,75' | 10,25' | 10' | 9,25' | 5,75c |
| Largeur interne | * 6,02 | 21,5' | 20,5' | 20' | 18,5' | 11,5c |
| Entre M2 et M4 | 2,22 | 8' | 7,5' | 7,25' | 6,75' | 4,25c |
| Entre M4 et M6 | * 3,76 | 13,5' | 13' | 12,25' | 11,5' | 7c |
| Épaisseur M6 | * 5,15 | 18,5' | 17,75' | 16,75' | 15,75' | 10c |
| Épaisseur M1 | * 3,15 | 11,25' | 10,75' | 10,25' | 9,5' | 6c |
| Largeur de l'entrée | * 1,15 | 4' | 4' | 3,75' | 3,5' | 3,5' ou 2c |
| Largeur des fondations | 0,42 | 1,5' = 6'' | 1,5' = 6'' | 1,5' = 6'' | 1,25' = 5'' | 5'' |

* Dimension moyenne ** Dimension restituée par symétrie

Dans un tel système, la largeur des rues est-ouest s'établit à 12′, celle des rues nord-sud à (environ) 24′ et 36′. Rappelons que des lots carrés de 50′ de côté (sur un pied de 0,325) ont été observés à Himère, avec un système analogue de division interne [18].

[18] Cf. A. W. GRAHAM, dans *AJA*, 76, 1972, p. 300-301.

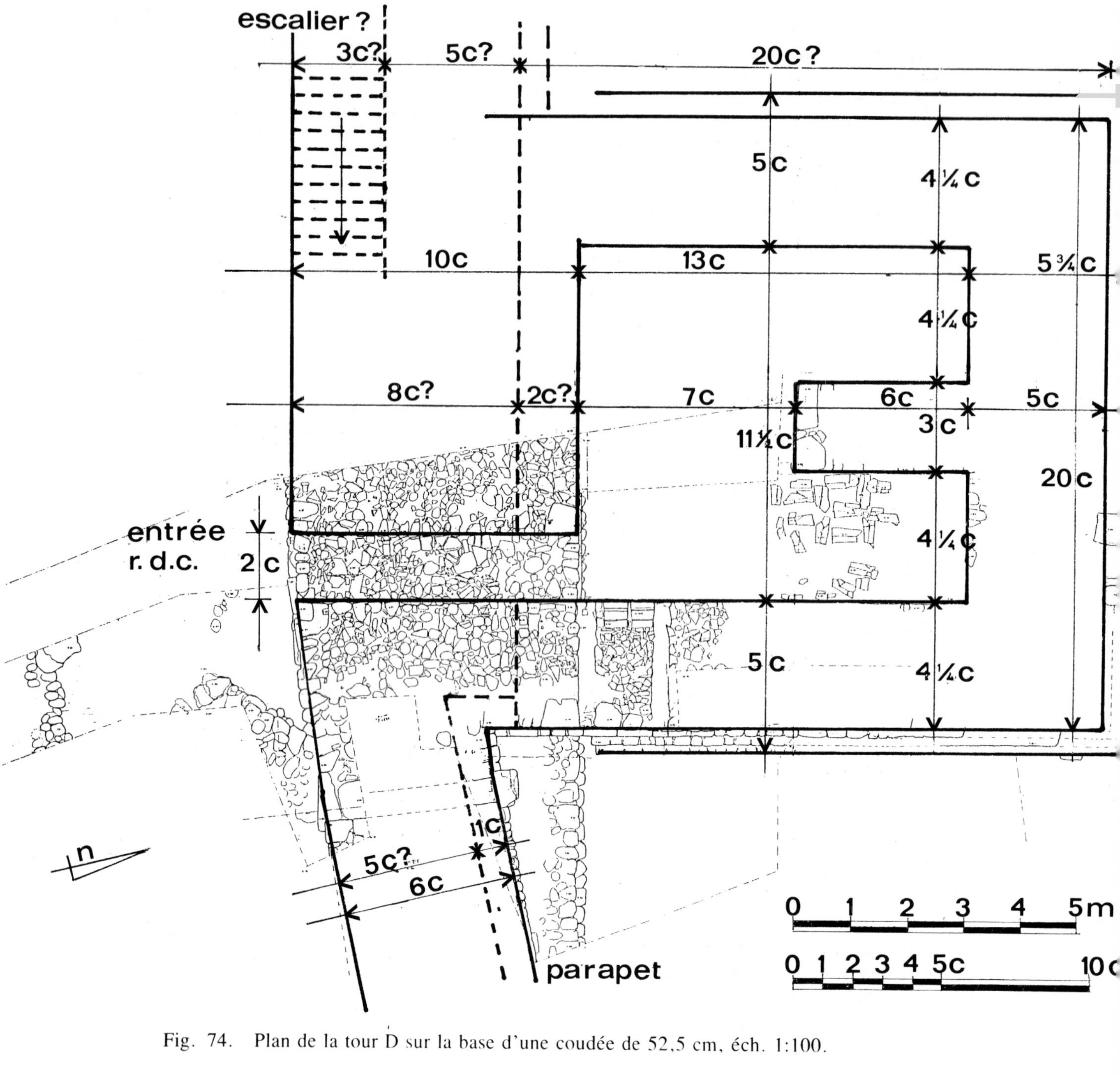


Fig. 74. Plan de la tour D sur la base d'une coudée de 52,5 cm, éch. 1:100.

Il est clair que la plupart des mesures dont on dispose sont approchées, soit parce que la structure est irrégulière et qu'il a fallu prendre des valeurs moyennes, soit parce que les mesures sont restituées par symétrie. On voit par ailleurs que chaque unité métrologique permet de construire un système qui pourrait avoir sa cohérence; bref, il y a plusieurs systèmes possibles, et nous manquons de critères pour choisir.

On pourrait par exemple partir de cotes de détail, comme les ressauts de fondation (3 fois 14 cm, soit 42 cm) qui orientent vers un pied de 28 cm (d'où la présence dans le tableau d'un pied de 0,279); mais cette mesure, qui permet de rendre compte de la largeur de la tour en fondation (41′), donne finalement peu de cotes rondes; il en va de même pour les pieds de 0,291 et 0,327. Les étalons les plus satisfaisants sont le pied de 0,307 et surtout celui de 0,35, particulièrement sous la forme de la coudée de 0,525; on sera notamment sensible à la largeur de la tour en élévation (20c), aux épaisseurs de murs (3, 4, 5, 6 coudées). Il est très probable que la largeur des murs latéraux et la largeur intérieure de la tour (4,25 et 11,5 c) sont des variations sur la mesure de base 4 et 12 c, que l'on retrouvera ailleurs (tours I et VII). L'épaisseur du mur de gorge est une restitution fondée sur l'observation que toutes les tours sont à peu près carrées; la tour D aurait alors 20 coudées de côté à l'élévation (fig. 59). L'épaisseur du parapet (1 coudée, soit 52,5 cm) est déduite de l'observation d'autres enceintes [19]; l'escalier sera discuté plus loin, en 5.5 (p. 141).

## 5.4. Les autres tours de l'enceinte hellénistique

À l'exception de la tour I, pleine et trapézoïdale, qui protège la porte Nord-Ouest fouillée par Orsi, toutes les tours décrites dans la publication sont quadrangulaires et creuses, en général presque carrées. Orsi en a fouillé sept, auxquelles on ajoutera la tour IX, non relevée en plan. Les dimensions des façades s'échelonnent entre 7,40 m (tour II) et 11,26 m (tour D), celles des côtés (projections) entre 7,45 m (tour II) et 11,30 m (tour III), sans logique évidente. On relèvera que la largeur des fondations dépend en règle générale de leur profondeur, et donc de la position de la tour par rapport aux mouvements du terrain; ainsi les murs latéraux de la tour VI (dont le mur frontal manque) mesurent - aux fondations - 1,42 m et 1,98 m, mais il est plus que probable que les deux murs avaient même épaisseur en élévation. Les mesures significatives, celles qui pourraient indiquer le module des tours, sont sans doute celles de l'élévation, plutôt que celles des fondations. On a donc essayé dans le tableau suivant de reporter les diverses mesures en élévation (mesures 2), ce qui n'est pas toujours possible. On a estimé en moyenne à 2 coudées (1,05 m) l'épaisseur du mur de gorge de chaque tour, à l'exception de la tour II (1,5 c).

Les tours se rangent en quatre catégories:

a) les tours III, VII et D mesurent (hors fondations) 20 coudées environ de côté, soit 400 coudées carrées de superficie S2; la largeur en œuvre est de 12 c., la superficie interne S3 de 150 c2; l'épaisseur du mur frontal est de 5 c., celle des murs latéraux varie de 3 à 4 c. (4,25 pour la tour D).

b) les tours VIII et IX sont difficiles à mesurer; elles semblent avoir une largeur en œuvre de 11 c, des côtés de 17 ou 18 coudées, une superficie (S2) de 300 c2 environ; les murs latéraux font 3,5 c, la superficie en œuvre (S3) 150 c2.

[19] Une coudée (50 cm environ) est l'épaisseur normale des parapets en pierre; cf. Adam 1981, p. 126 (Kydna de Lycie), 63 (Messène) etc.

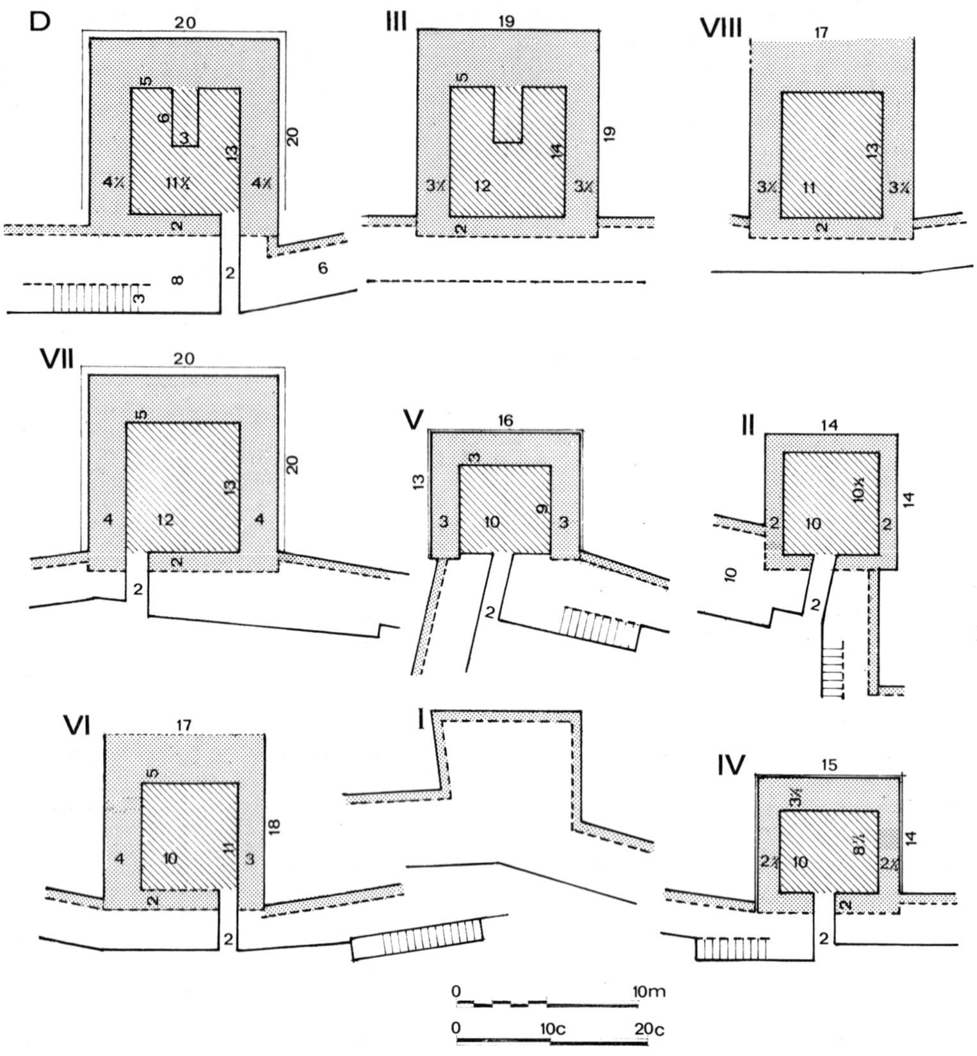


Fig. 75. Plan schématique des tours de Kaulonia (dimensions en coudées), éch. 1:333.

| | F 1 | | F 2 | | F 3 | |
|---|---|---|---|---|---|---|
| TOUR | m | c | m | c | m | c |
| I | 5,80 | 11 | | | | |
| II | 7,40 | 14 | | 14 | 5,10 | 10 |
| III | 10,05 | 19 | | | 6,11 | 12 |
| IV | 8,15 | 15½ | 7,85 | 15 | 5,07 | 10 |
| V | 8,62 | 16½ | 8,30 | 16 | 5,22 | 10 |
| VI | 8,74 | 17 | 8,17 | 15½ | 5,33 | 10 |
| VII | 11 | 21 | 10,20 | 19½ | 6,12 | 12 |
| VIII | 9,20 | 17½ | | 18? | 5,70 | 11 |
| IX | 9,50? | 18? | | 17? | | |
| D | 11,26 | 21½ | 10,42 | 20 | 6,02 | 11½ |
| | P 1 | | P 2 | | P 3 | |
| TOUR | m | c | m | c | m | c |
| I | | | | | | |
| II | 7,45 | 14 | | 14 | 5,58 | 10½ |
| III | 11,30 | 21½ | | | 7,35 | 14 |
| IV | 7,90 | 15 | 7,50 | 14½ | 4,35 | 8½ |
| V | 8,12 | 15½ | 6,90 | 13 | 4,64 | 9 |
| VI | 8,90 | 17 | 8,60 | 16½ | 5,71 | 11 |
| VII | 10,70 | 20½ | 10,30 | 20 | 6,59 | 12½ |
| VIII | 9,30 | 18 | | | 6,58 | 12½ |
| IX | 9,? | 17? | | | | |
| D | 10,84 | 20½ | 10,47 | 20 | 6,80 | 13 |
| | S 1 | | S 2 | | S 3 | |
| TOUR | $m^2$ | $c^2$ | $m^2$ | $c^2$ | $m^2$ | $c^2$ |
| I | | | | | | |
| II | 55 | 196 | 55 | 169 | 28 | 105 |
| III | 113 | 408 | | 408? | 45 | 168 |
| IV | 64 | 232 | 59 | 217 | 22 | 85 |
| V | 70 | 256 | 57 | 208 | 24 | 90 |
| VI | 78 | 289 | 70 | 256 | 30 | 110 |
| VII | 118 | 430 | 105 | 390 | 40 | 150 |
| VIII | 86 | 315 | | 300? | 37 | 137 |
| IX | 85? | 306? | | 300? | | |
| D | 122 | 441 | 109 | 400 | 41 | 150 |

*Dimension des tours.* F = front (largeur), P = profondeur (longueur), S = superficie; 1 = avec fondations, 2 = sans fondations, 3 = en œuvre; m, $m^2$, = mètre, mètre carré; c, c2 = coudée, coudée carrée.

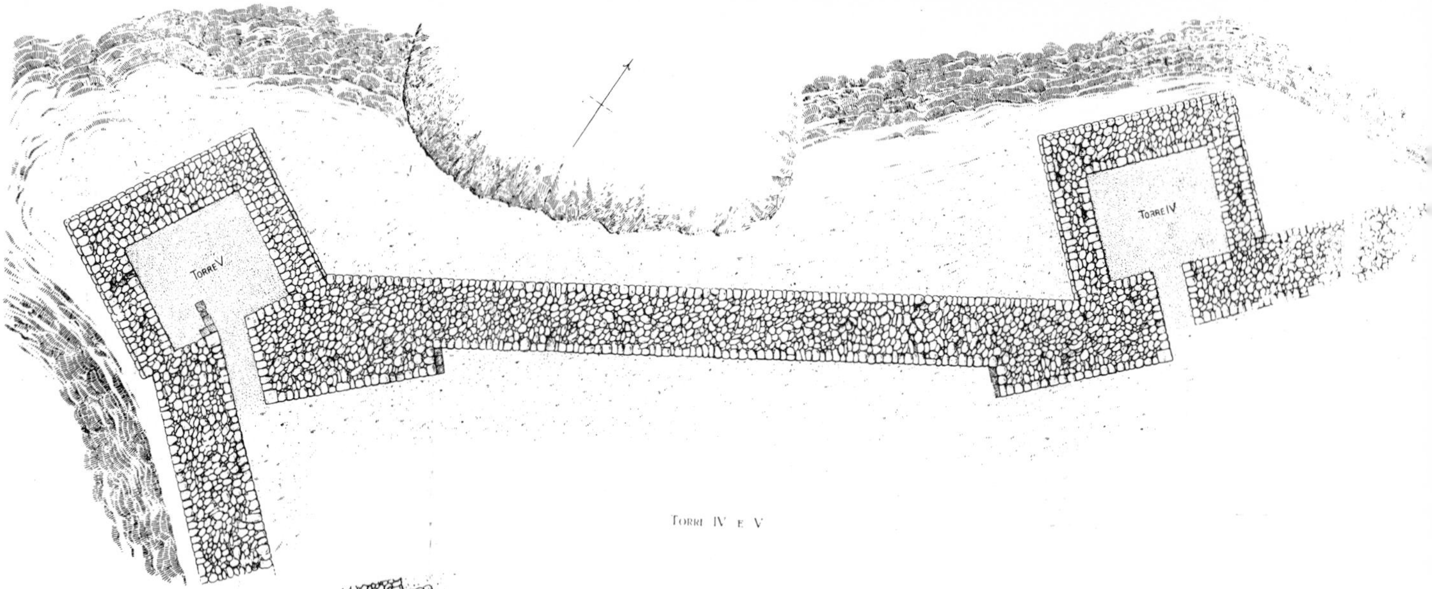


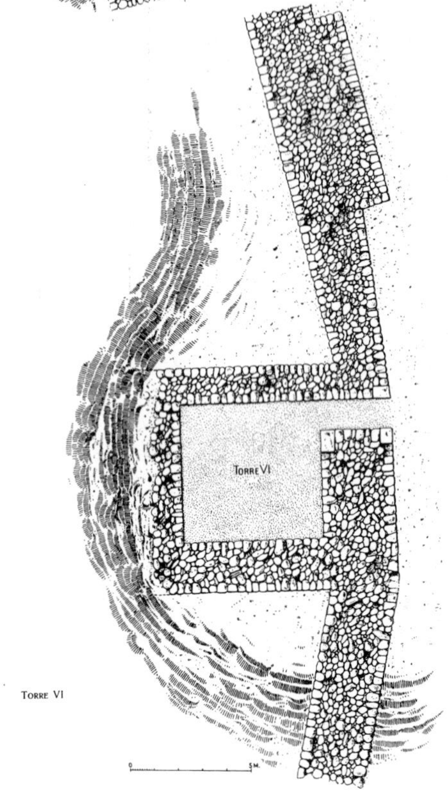

Fig. 76. Tours et escaliers: a) tours IV e V, ORSI 1914, pl. IV; b) tour VI, *ibid.* pl. V; c) tour V, *ibid.* fig. 12; c) tour II, *ibid.* fig. 6.

c) les tours V et VI ont en commun une largeur en œuvre de 10 c, des côtés de 16 c, une superficie interne de 100 c2. Cependant, la tour V a peut-être un plan différent: l'articulation de son mur sud sur la courtine V-VI ne laisse guère de place pour un mur de gorge, qui se présente plutôt, au niveau du chemin de ronde, comme un bastion. On évaluera donc la superficie saillante de la tour V (sans mur de gorge) à 200 c2, contre 250 pour la tour VI.

d) Les tours II et IV ont également une largeur en œuvre de 10 c, mais leurs murs sont moins épais, si bien que la largeur à l'élévation ne dépasse pas 14 et 15 c, la superficie S2 200 c2, la superficie interne S3 100 c2.

## 5.5. Tours et escaliers

À trois reprises, Orsi a rencontré dans la fouille de la fortification d'étranges banquettes de briques, adossées à de gros massifs de pierre qui accroissaient considérablement l'épaisseur de la courtine. C'est notamment le cas sur le «colle A» à proximité des tours IV et V (fig. 76 b et d), et près de la porte nord-ouest, entre celle-ci et la tour II (fig. 76 c). Malheureusement, Orsi ne donne pas les dimensions précises de ces banquettes et nous devons les déduire des plans et illustrations dans le texte, avec de fortes marges d'erreur. Celle de la tour II semble être formée de briques rectangulaires de 48 x 32 cm pour une largeur totale de 1,30 m environ; les briques d'angle ont un léger ressaut qui fait bordure. Les banquettes des tours IV et V sont analogues mais plus étroites (1,10 m environ pour deux ou trois briques de format 55 x 37 ca). Les briques, en général superposées en deux assises, sont liées au mortier de chaux, et c'est un des motifs qui amenaient Säflund à abaisser au III^e^ siècle la date de la muraille [20]. Orsi voyait dans ces banquettes des postes de garde, interprétation qui ne semble pas avoir été jamais contestée.

Mais plus que sur les banquettes, gênantes comme tout hapax, nous devons nous interroger sur les contreforts auxquels elles s'appuient. On comprendrait mal que le mur de gorge des tours soit nettement plus épais que le mur frontal, pourtant soumis à d'autres sollicitations. On notera d'ailleurs la présence de deux autres massifs analogues, l'un entre les tours V et VI (fig. 76 a), l'autre au sud de la tour IX (fig. 77).

Il est en réalité extrêmement probable que ces massifs étaient les bases d'escaliers donnant accès au chemin de ronde et au premier étage des tours; les «banquettes» sont alors la première marche de chaque escalier. Il était en effet impossible de construire un escalier avec des galets de rivière sans recouvrir les marches d'une surface plane: planches de bois, dalles de pierre, tuiles ou briques. La largeur des marches devait être de 30 à 35 cm environ, ce qui est conforme à l'usage courant [21]. La hauteur des contremarches est plus difficile à apprécier. À en juger par les dessins publiés par Orsi, elles devraient atteindre 40 à 50 cm, ce qui peut paraître excessif. Peut-être Carta, qui n'avait pas compris la signification du monument qu'il dessinait, l'a-t-il mal interprété; peut-être aussi n'a-t-il pas su reconnaître des modifications au plan original. Il se pourrait par exemple que seules les briques appartiennent vraiment à l'escalier, les pierres visibles sur les dessins résultant d'une mise hors service des escaliers, peut-être à l'époque où l'on bouchait également les poternes. La contremarche se réduira alors à l'épaisseur de deux briques, soit une vingtaine de centimètres. La difficulté est donc mineure et ne devrait pas remettre en cause l'interprétation des massifs comme bases d'escaliers.

---

[20] Säflund 1938, p. 104.

[21] Lawrence 1979, p. 345; Adam 1981, p. 138.

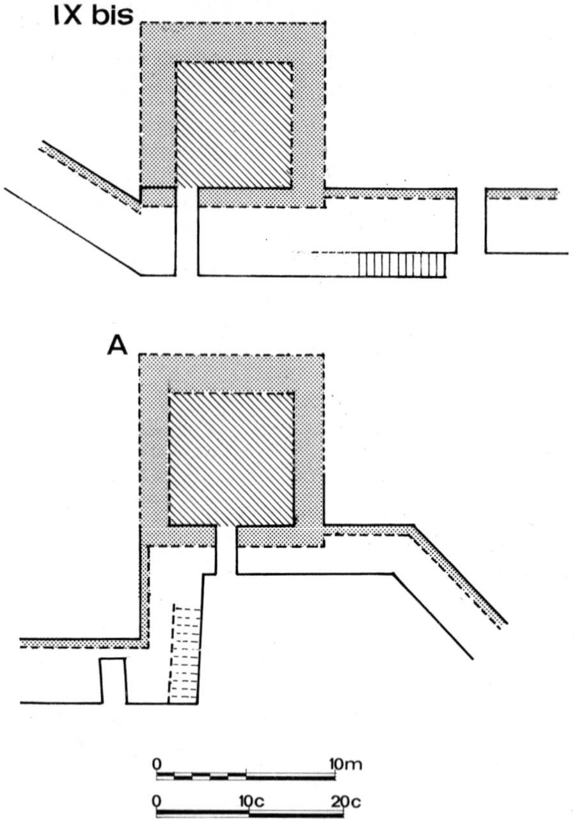


Fig. 77-78. Hypothèse de restitution des tours IX bis et A, éch. 1:333.

Le massif publié par Orsi sur la colline de la Piazzetta (fig. 77) est entouré de deux «poternes». Celle du nord, qui était bouchée par un mur de pierres, mesure 1,32 m de large; l'autre, trouvée pleine de briques et objets divers, est un peu plus étroite (1,10 m) [22]. La distance entre les deux poternes est de douze mètres, ce qui n'a guère de sens. La courtine, large normalement de 2,85 m, s'élargit entre les poternes à 4 m; il est clair que l'élargissement (1,15 m) correspond à un escalier et que la «poterne» sud est en fait l'entrée d'une tour entièrement disparue. On peut ainsi restituer un ensemble tour-escalier-poterne, tout à fait classique dans l'architecture militaire grecque [23]. On appellera cette nouvelle tour IX bis.

Notons au passage que l'accès au premier étage des tours se fait par un escalier extérieur, bien que le rez-de-chaussée soit creux et que l'on puisse en théorie monter par l'intérieur de la tour. On privilégie donc la mobilité de la défense, sans se soucier de couper la route à un ennemi qui aurait pris pied sur le chemin de ronde [24].

Revenons à présent sur le bastion A, fouillé par Orsi, et qui a servi de point de départ à notre réflexion sur Kaulonia (fig. 78). Il se présente comme un décrochement de la muraille, percé de deux ouvertures, l'une large de 1,10 m donnant sur une «terrasse», l'autre large de 1,30 m et bouchée par un mur vers l'extérieur. Rappelons que la terrasse, avec son «mur» curviligne en galets à fruit très marqué, est tout à fait semblable à ce que nous avons rencontré dans les premiers niveaux de fouille de la tour D, et qui n'est autre que le cône de déjection des éboulis de la tour. À la lumière de ce que l'on vient de dire sur la tour IX bis, il est très probable que le bastion A est en fait une tour, que la «poterne» est la porte d'accès à la tour, tandis que l'autre ouverture est une vraie poterne, occultée dans un second temps. Quant à la portion de dallage qu'Orsi avait fouillée sur la plateforme, elle n'est autre que le niveau d'arasement du mur est de la tour A. La technique de construction, en assises régulières de galets et de tuiles, rend très compréhensible la confusion. L'épaisseur de la muraille (jusqu'à 3,70 m) permet peut-être de restituer également un escalier d'accès au chemin de ronde, mais ce n'est pas une certitude.

Ces observations permettent sans doute de rendre compte de l'épaisseur exceptionnelle de la courtine à l'arrière de la tour D (5,15 m ou 10 coudées, *supra*, 5.2.1): aux deux (?) coudées du mur de gorge et aux cinq coudées du chemin de ronde il convient d'ajouter trois coudées pour la largeur d'un massif d'escalier (1,57 m).

## 5.6. Espacement des tours

L'étude des photographies aériennes avait suggéré que le front nord de la muraille, loin d'être, comme le croyait Orsi, dépourvu de défenses avancées, était fortifié par une série de tours régulièrement espacées. La fouille de la tour D a montré le bien fondé de cette supposition et autorise à restituer les tours B et C, qui présentent une image tout à fait semblable. Le point marqué F correspond à une rupture dans la ligne du talus, et l'on pensait jusqu'en 1986 qu'il s'agissait d'un angle de la muraille. Les fouilles de septembre 1986 (fig. 1, 15) ont montré que la muraille devait en réalité se prolonger en ligne droite vers la mer au-delà du point F et qu'elle avait été emportée par les crues du fleuve Assi. Le point F, s'il n'est pas un angle de la muraille, a

---

22 Orsi 1914, col. 741-742.

23 Lawrence 1979, p. 345.

24 Winter 1971, p. 149 (Eleuthères); mais le dispositif de Kaulonia se trouve également à Eleuthères (Adam 1981, p. 106, fig. 7), à Phylè (Winter 1971, fig. 141), à Priène (*ibid.*, fig. 42).

été cependant un point de résistance à l'érosion, et il est très possible qu'il corresponde à une tour, d'autant plus que la distance D-F (150 m) est égale à la distance B-D. L'existence entre D et F d'une tour (E) est une simple hypothèse, sans justification sur le terrain.

L'espacement moyen des tours B-C-D est de 70 à 75 m environ. Si l'on estime la largeur des tours à une dizaine de mètres (cas de la tour D), la longueur des courtines tourne autour de 60 à 65 m (120 coudées de 0,525 m feraient 63 m).

Sur le *colle A*, l'espacement entre les tours IV et V est de 31 m environ, soit à peu près la moitié de la valeur précédente. Or nous avons vu plus haut que les tours IV et V sont de petit module, c'est-à-dire que leur surface au sol hors fondation (que nous avons appelée S2) est de l'ordre de 50 m, alors que la tour D est de grand module (100 $m^2$ ca). On entrevoit donc la possibilité non seulement qu'il y ait un lien entre longueur des courtines, hauteur et puissance des tours (c'est une évidence), mais que ce lien soit régi par des règles simples. Malheureusement, il est impossible aujourd'hui de mesurer sur le terrain l'espacement des tours; on se bornera donc à rassembler les données tirées de la publication:

| Courtine | Superficie des tours (en coudées carrées) | Longueur des courtines en mètres | en coudées |
|---|---|---|---|
| C-D | 400?-400 | 62 ca | 120 |
| A-I | ? -200 | 57 | 110 |
| IV-V | 200 - 400 | 31 | 60 |
| V-V | 200 - 250 | 75 | 144 |
| V-Vbis | 200 - 200? | | 60? |
| Vbis-VI? | 200 - 250? | | 70? |
| VI-VII | 250 - 400 | 36 | 70 |
| VII-VIII | 400 - 300 | 23,4 | 45 |
| VIII-IX | 300 - 300 | 92 | 177 |
| VIII-VIIIbis? | 300 - 300? | | 80? |
| VIII bis-IX? | 300 - 300? | | 80? |
| IX-IX bis | 300 - 400? | 54 | 100 |

Outre les courtines C-D et IV-V dont on vient de parler, on observe une courtine anormalement courte entre les tours VII et VIII: mais il s'agit sans doute, comme l'a bien vu Orsi, de la «porte d'Aulon». Les courtines VI-VII et IX-IX bis, en dépit des incertitudes sur les dimensions de la tour IX bis, ont des longueurs normales. On jugera par contre exceptionnellement longues les courtines V-VI (144 coudées, plus si l'on prend les mesures au sol) et VIII-IX (177 c). Chacune autoriserait en fait une tour intermédiaire, déterminant deux courtines de 70 et 60 coudées dans le premier cas, 80 coudées dans le second cas. Bien évidemment, une telle hypothèse n'est pas nécessaire: les fortifications grecques présentent fréquemment, surtout en terrain montagneux, et même à l'époque hellénistique, des irrégularités dans la disposition des tours. Seule la fouille des secteurs considérés permettrait peut-être de répondre avec certitude. Quoiqu'il en soit, il est aujourd'hui assuré, et c'est le principal apport des recherches récentes, que l'enceinte hellénistique de Kaulonia comptait beaucoup plus de tours qu'on ne le croyait: Orsi en comptait onze, nous en avons aujourd'hui seize avec les tours A, B, C, D et IX bis, peut-être une vingtaine avec les tours E, F, V bis et VIII bis, plus encore si l'on compte les murs nord-ouest et sud; et on n'envisage pas dans ce comput le front de mer, qui mériterait une étude particulière.

## 5.7. Les courtines

La technique de construction des courtines est comparable à celle des tours (galets de rivière, tuiles, plaques de schiste), mais les fondations sont beaucoup moins profondes. L'utilisation exclusive de tuiles à l'est de la tour D est sans aucun doute un accident ponctuel.

La largeur de la courtine est extrêmement variable; elle oscille le plus souvent entre 2,80 m

(8 pieds de 0,35 m) et 3,15 m (9 pieds). Le *diateichisma* qui descend de la Piazzetta atteint 3,50 m (12′), comme le rempart du cimetière, près de la tour III. On a déjà dit plus haut (p. 129) que la largeur de 5,50 m (10 coudées) atteinte par le rempart au sud de la porte nord-ouest était due selon toutes probabilités à l'élargissement d'un mur plus ancien.

La hauteur de la muraille est difficile à apprécier, sinon par la longueur des massifs d'escalier qui varie, dans la plupart des cas, entre 7,30 m et 7,60 m [25]. Mais, en admettant une volée de 6 m et des marches de 30 cm, la hauteur de la courtine varie de 4 à 8 m selon que l'on estimera les contre-marches à 20 ou 40 cm (cf. *supra*, p. 141).

D'après les relevés d'Orsi, l'élévation devait être en pierres jusqu'à deux mètres au moins; la partie supérieure de la courtine pouvait être en pierres ou en briques crues. On ne dispose d'aucun élément pour restituer le parapet, qui pouvait être en briques crues (on imagine mal l'emploi de galets dans ce cas). Selon Lawrence [26], le mur devait avoir un fruit très marqué, mais cela n'apparaît nulle part dans la fouille ou dans la publication d'Orsi.

Winter et Lawrence [27]ont mis l'accent sur un mur à éperons fouillé par Orsi en bordure de mer, au nord-est du temple. Ils y voient un exemple de «mur à *ikria*», dans lequel le chemin de ronde est formé de planches supportées par des éperons; et Winter en tire argument pour dater la muraille après 350. Sans contester la chronologie, on notera que ce mur, conservé sur une faible élévation, pourrait être un mur de terrassement, ce qui ne lui enlèverait pas obligatoirement toute valeur défensive, mais donne une autre signification à la technique des éperons. D'ailleurs Orsi signale un peu plus au nord un mur de technique analogue, orthogonal au précédent, sur la fonction duquel on peut discuter (mur de terrasse, téménos?), mais qui n'est certainement pas un mur de fortification [28].

L'évacuation des eaux à l'est de la tour D se faisait par un égout (*supra*, 3.6.3) plus étroit que dans la phase classique: toutefois, la dimension de 40 cm est celle du débouché externe, et l'entrée devait être légèrement plus large (65 cm?). D'autres ouvrages pour l'évacuation des eaux ont été observés par Orsi au nord du temple [29], mais on ignore si et comment ils franchissaient une hypothétique fortification en bordure de mer.

## 5.8. Portes et poternes

### *5.8.1. La porte nord-ouest (fig. 79 et 80)*

Orsi a fouillé et publié la seule porte bien conservée des fortifications de Kaulonia. Il s'agit d'un ensemble dissymétrique, dont nous ne connaissons que le plan, et qui a subi un certain nombre de remaniements. La porte, large de 2,60 m environ, a été réduite à un étroit passage de 80 cm; l'avant-cour fut (à la même époque?) fermée par un *proteichisma* analogue à celui qu'Orsi avait fouillé devant le Tripylon de l'Euryale à Syracuse [30]. L'avant-cour était protégée au nord par un bastion plein, au sud par une tour creuse de 7,40 m de côté, aux murs étroits (1 m à 1,10 m).

---

[25] Le massif de la tour IX bis atteint 11,30 m. Sur la difficulté de ces estimations, cf. Lawrence 1979, p. 346.

[26] Lawrence 1979, p. 209.

[27] Winter 1971, p. 95 et n. 70, p. 148, n. 75; Lawrence 1979, p. 365.

[28] Orsi 1914, fig. 33. Les fouilles de 1988 renforcent l'hypothèse qu'il s'agit de murs d'habitat, sans fonction défensive.

[29] Orsi 1914, col. 903-906 et fig. 148.

[30] Orsi 1914, col. 761.

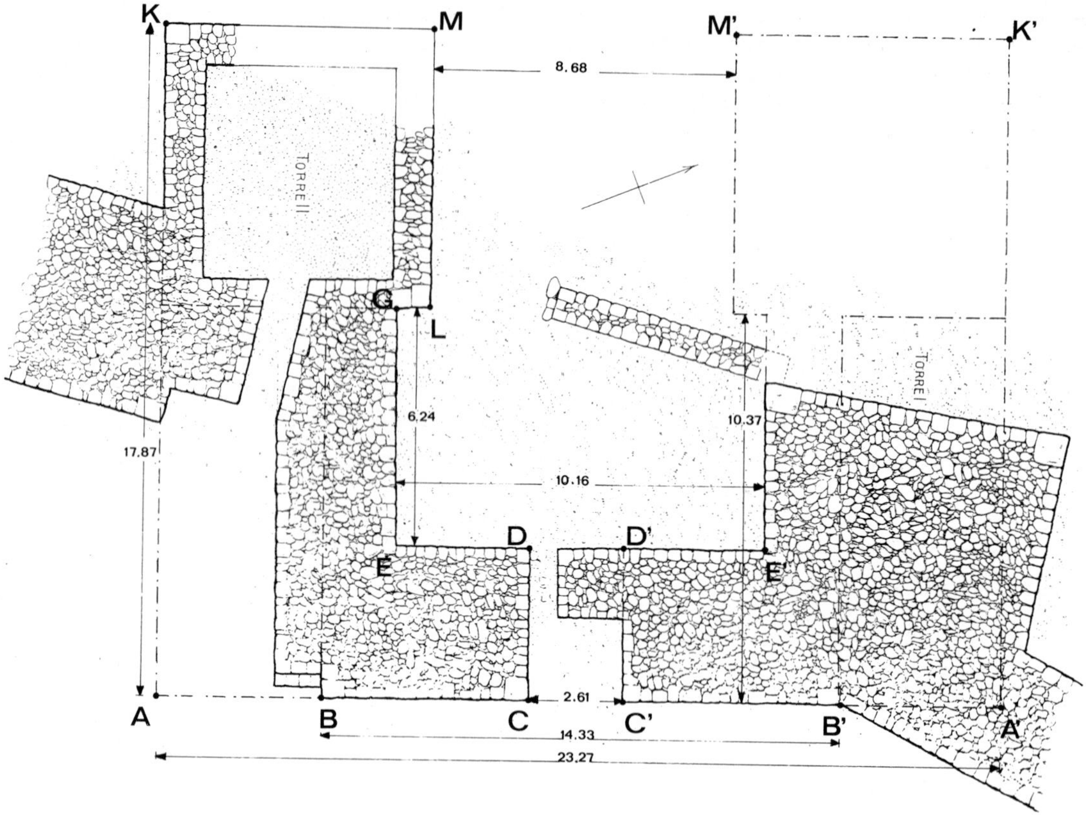


Fig. 79. Plan de la porte nord-ouest, d'après ORSI 1914, pl. III, éch. 1:200.

Le mur sud de la cour est élargi jusqu'à près de 3,40 m par un massif contre lequel vient s'appuyer une banquette de briques: mais nous avons vu précédemment (p. 141) qu'il s'agit sans doute du départ d'un escalier. Cet élément annexe éliminé, on constate que le couloir de la porte est encadré par deux massifs symétriques (BC et B'C'), ce qui invite à considérer la porte nord-ouest comme une porte à avant-cour protégée par deux tours, comme on en connaît des exemples achevés à Athènes ou à Marseille [31].

où nous lisons sur le plan 2,61 m, 7,34 m et 7,45 m.

On constate que la largeur de l'avant-cour (EE' = 10,16 m) et la profondeur de l'avant-cour augmentée de l'épaisseur de la courtine (GE + DC = 10,39 m) sont avec le côté de la tour (LM = 7,35/7,45 m) dans un rapport $\sqrt{2}$ (1,395/1,414); le même rapport se retrouve entre la largeur de l'avant-cour et la largeur hors-œuvre du massif (BB' = 14,33 m). La profondeur maximale de l'ouvrage (AK = 17,87 m) est la diagonale d'un rectangle de côtés 14,33 et 10,39; la largeur totale de l'ouvrage restitué (KK' = 23,27 m) est la diagonale d'un rectangle de côtés

| Description | Désignation sur le plan | Dimension calculée sur plan | Equivalent en coudée |
|---|---|---|---|
| Largeur du couloir | CC', DD' | 2,61 m | 5 |
| Épaisseur courtine | CD', C'D' | 4,15 m | 8 |
| Long. piédroit int. | BC, C'B' | 5,80 m/5,90 m | 11,5 |
| Long. piédroit ext. | DE, D'E' | 3,72 m/3,83 m | 7,5 |
| Largeur cour en oeuvre | EE' | 10,16 m | 20 |
| Largeur massif h.o. | BB' | 14,33 m | 28 |
| Retour sud de la cour | EG | 6,24 m | 12 |
| Ccôté de la tour II | LM | 7,34 m/7,45 m | 14 |
| Profondeur maximale | AK | 17,87 m | 34 |
| Prof. cour + courtine | CD + EG | 10,37 m | 20 |
| Murs latéraux de la cour. | | 2,08 m | 4 |
| Passage entre les tours | MM' | 8,68 m | 16 |

Orsi a publié un plan non coté et, comme le monument a été réenfoui après la fouille, on doit se borner à calculer les dimensions sur le plan, avec d'évidentes imprécisions. Mais on sait la qualité des relevés de R. Carta, et on peut estimer que les rapports entre les mesures sont bons. Quant aux mesures absolues, Orsi donne dans son texte les valeurs de 2,60 m, 7,40 m et 7,45 m là

---

[31] Athènes: WINTER 1971, p. 225, fig. 230; Marseille: G. HALLIER, dans *Fortification*, fig. 110. Je remercie Gilbert Hallier pour ses remarques et suggestions.

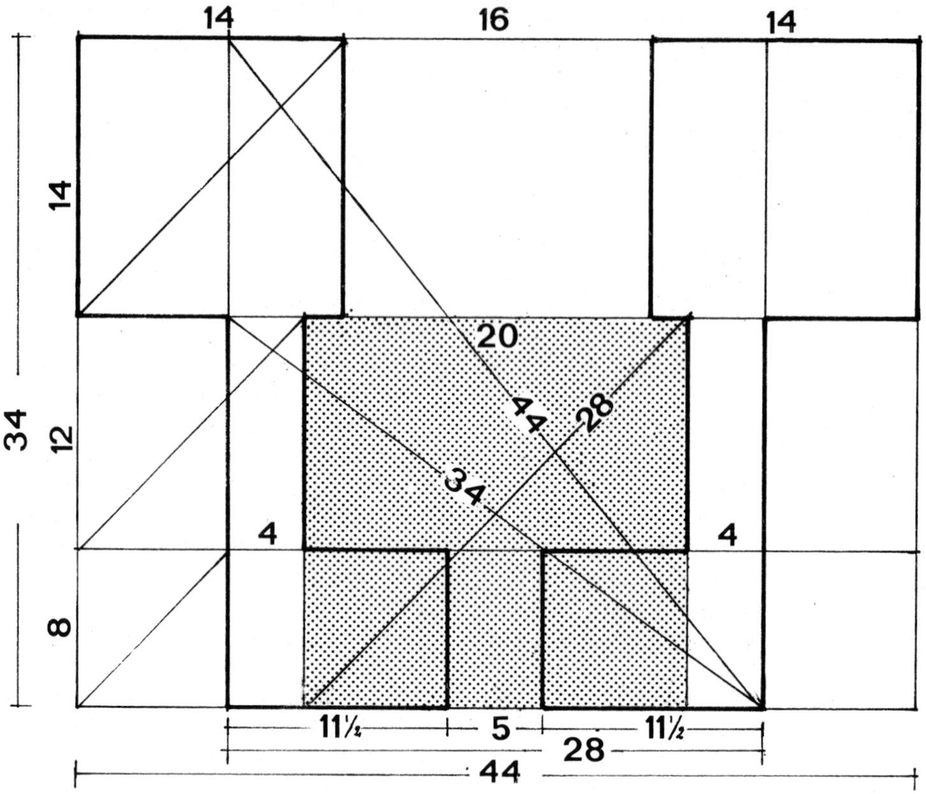


Fig. 80. Schéma de construction de la porte nord-ouest sur la base d'une coudée de 52,5 cm, éch. 1:200.

17,87 et 14,33. En d'autres termes, si l'on appelle *a* la largeur de l'avant-cour EE′ ( = 20 coudées), le côté de la tour vaut a $\sqrt{2}$ (14 c), la largeur du massif hors-œuvre vaut a $\sqrt{2}$ (28 c), et la largeur maximale restituée a $\sqrt{5}$ (44 c).

Quant aux autres mesures, elles peuvent se regrouper de la façon suivante:

murs latéraux:
2,08 m = 4 c = 6′ = 1 brasse

courtine:
4,15 m = 8 c = 12′ = 2 brasses

retour sud de la cour:
6,24 m = 12 c = 18′ = 3 brasses

passage entre les tours:
8,68 m = 16 c = 24′ = 4 brasses

La largeur en œuvre de la cour (20 c) peut également s'exprimer en pieds (30′) ou en brasses (5).

La largeur du couloir de la porte (5 c ou 7,5′) pourrait échapper à ce système et avoir une valeur indépendante; pourtant la longueur des piédroits intérieurs (BC) s'obtient en rabattant la diagonale d'un carré dont le côté est la longueur du couloir (CD) (5,85/4,15 = 1,41); et la longueur des piédroits extérieurs (DE) en rabattant la diagonale d'un carré dont le côté vaut la largeur du couloir CC′ (3,77/2,61 = 1,44).

La porte nord-ouest est donc dérivée d'un schéma hellénistique type, adapté pour les besoins de la cause. Elle ne déparerait pas les autres ouvrages de l'enceinte hellénistique (par exemple la tour D), s'il n'y avait la tour I, tout à fait anormale. Mais on a déjà suggéré (*supra*, p. 132) que la tour I pouvait être un vestige d'une phase plus ancienne de la muraille. De la même façon, on a vu plus haut (p. 129) que l'épaisseur extravagante de la courtine au sud de la tour II (plus de dix coudées!) s'explique sans doute par un chemisage extérieur et intérieur d'un mur plus ancien. Il est donc probable que la fortification pré-dionysienne était en ce point assez bien conservée pour qu'on se borne à la remettre en état, à la «moderniser». On a utilisé pour cela un plan hellénistique tronqué, bel exemple d'adaptation des schémas des «manuels» à la réalité du terrain.

### 5.8.2. *Les autres portes de l'enceinte hellénistique*

On traitera dans le chapitre 6 de l'emplacement des portes et de leur rapport avec le plan d'urbanisme. De leur structure, il y a malheureusement peu à dire.

Orsi a sans doute raison de supposer l'existence d'une porte (dite «Porte d'Aulon») sur l'ensellement entre le «colle A» et la Piazzetta, entre les tours VII et VIII. Ces dernières, puissantes (400 et 300 coudées carrées), sont relativement éloignées (23,40 m, soit 45 coudées); le plan d'Orsi [32] suggère une simple ouverture (de 5 c ?) et deux courtines de 20 coudées, mais il ne reste rien de la porte elle-même.

La porte nord-ouest donnait accès à la «néapolis occidentale», mais il devait y avoir également une ouverture dans la muraille extérieure, sans doute à peu près à l'emplacement de la route actuelle, entre le cimetière et la tour III [33]. D'autres grandes portes, dont nous ignorons tout, devaient s'ouvrir près de la côte, au nord et au sud de la ville, à l'intersection de l'enceinte et de la grande rue B.

Des deux ouvertures mentionnées sur le front de mer, la première, la «porte Tomasello» (p. 131 et fig. 72), appartient à la phase classique et devait être hors d'usage dans la phase hellénistique; quant à la «Porte Marine» d'Orsi, elle n'a sans doute jamais existé (*supra*, p. 132 et n. 13).

---

[32] Orsi 1914, pl. IV.

[33] Orsi 1914, col. 721, fig. 11.

### 5.8.3. *Les poternes*

Orsi avait identifié cinq poternes; deux d'entre elles sont en réalité les entrées des tours A et IX bis; deux autres sont situées à proximité immédiate de ces tours, près de la base de l'escalier. La dernière poterne publiée par Orsi est large d'un mètre environ; elle est percée dans le mur qui remonte de la porte nord-ouest vers le «colle A». Mais il s'agit d'un mur long de 250 m environ, sans aucune tour, et on ne peut exclure que cette poterne soit en réalité l'entrée d'une tour détruite. Les deux poternes A et IX bis font chacune environ 1,30 m de large, soit 2,5 coudées, ou la moitié de la largeur de la porte nord-ouest (5 coudées). On ne connaît pas leur système de fermeture. Les entrées de tours sont généralement plus étroites: 1,10 m environ pour les tours D, A, II, VII, IX bis; 1,20 m pour les tours IV et VI; cela peut représenter 2 coudées (1,05 m) ou 3,5 pieds (1,22 m).

Les deux poternes A et IX bis semblent marquer une interruption des fondations de la courtine, mais il n'en allait peut-être pas toujours ainsi, si bien que l'on ne saurait affirmer, lorsque la courtine est arasée jusqu'aux fondations, qu'une poterne n'était pas percée dans l'élévation. D'ailleurs la fouille d'Orsi était discontinue, et l'on pourrait imaginer une poterne sur le «colle A» au nord de la tour VI et du massif d'escalier. Enfin, dans la tour D elle-même, nous ne pouvons exclure la présence d'une poterne à l'ouest, près de la base de l'escalier. On ne saurait donc tirer du petit nombre apparent de poternes de conclusions définitives, en l'état actuel de la recherche.

## 5.9. Restitution de la tour D. Chronologie

### 5.9.1. *Restitution de la tour D (fig. 71)*

L'épaississement à 5,10 m d'une courtine qui ne dépasse pas généralement les 3 mètres suggère, on l'a vu, la présence d'un escalier dont le départ doit se trouver dans la partie non fouillée, à l'ouest des sondages. La tour D avait trois niveaux au moins: un sous-sol, sans doute un magasin privé d'ouvertures vers l'extérieur; un rez-de-chaussée au niveau de l'habitat, pourvu d'un plancher de bois; un étage au niveau du chemin de ronde. On ne peut exclure l'existence d'un deuxième étage. La tour ouvrait vers la ville et sur le chemin de ronde par des portes, sans doute vers l'extérieur par des fenêtres ou des meurtrières sur lesquelles nous ne sommes pas documentés. Rappelons à ce propos que la «meurtrière» publiée par Orsi et parfois citée dans la littérature [34] est en réalité une meule à grain [35]. Le chemin de ronde contournait la tour par l'arrière sans la traverser.

L'étage devait être recouvert par un toit de tuiles, dont nous ignorons la forme; les tuiles marquées ΓΕ (*supra*, 4.10.3.5) en proviennent sans doute. On supposera que les élévations de la courtine et de la tour étaient en pierre, et les plans de marche recouverts de briques cuites, mais on ne peut exclure pour les parties hautes l'utilisation de matériaux plus légers (bois, briques crues). Les parements devaient systématiquement être recouverts, dès l'origine ou à la suite d'une réfection (*infra*, note 38), d'une couche d'enduit blanc qui protégeait la construction des intempéries tout en masquant à l'observateur la pauvreté des matériaux; il est tentant d'imaginer (mais on n'en a pas de trace) que sur l'enduit blanc étaient dessinés des blocs donnant l'illusion d'un appareil isodome, comme cela se verra plus tard dans les tours de Nucérie et de Pompéi, au II$^{e}$ s.

[34] Orsi 1914, col. 730, n. 1 et fig. 16; Säflund 1938, p. 104; Lawrence 1979, p. 458 et n. 2. L'information n'est pas reprise par Winter 1971, p. 173-175.

[35] D. White, *A survey of millstones from Morgantina*, dans *AJA*, 67, 1963, p. 199-206 et pl. 47-48.

### *5.9.2. Les données stratigraphiques*

La stratigraphie de la tour D a donné peu d'éléments de datation. Toutes les informations plaident pour un *terminus ante quem non* au début du IV$^{e}$ s.:

- la céramique trouvée dans la tranchée de fondation à l'extérieur de la tour (mur M2) se date à la fin du V$^{e}$ s. ou dans la première moitié du IV$^{e}$ s.
- le matériel qui remplissait l'égout E2, antérieur à la tour, descend jusqu'au début du IV$^{e}$ s.
- parmi les nombreuses tuiles remployées dans la construction, une portait sans doute le timbre, et nous avons proposé de la dater au V$^{e}$ s. (*supra*, 4.10.3.1).

Les données stratigraphiques confirment donc les datations généralement acceptées, mais ne permettent pas de les préciser. La tour D est sûrement postérieure au début du IV$^{e}$ s., et donc à la prise de la ville par Denys en 389, mais rien ne permet d'en situer la construction vers 360 plutôt qu'à la fin du IV$^{e}$ s. ou au III$^{e}$ s. L'abandon de la tour se date avec une grande probabilité dans la deuxième moitié du III$^{e}$ s., sans doute vers 210-200.

### *5.9.3. Les données techniques*

La tour D et la courtine constituent une phase de construction homogène. Par la technique de construction, le plan des tours, la métrologie, la tour D semble appartenir au même ensemble que la porte nord-ouest (tour I exceptée), le mur du cimetière et la tour III, les fortifications du «colle A» et de la Piazzetta. Les dimensions des tours D, III et VII, ainsi que la présence du contrefort dans les deux premières, indiquent sans doute qu'elles contenaient une artillerie défensive lourde (catapultes?); relativement modestes par rapport aux grandes enceintes hellénistiques d'Asie Mineure [36], elles sont considérables au regard de ce que l'on connaît à la même époque en Occident [37]. Il est vrai que l'utilisation à Kaulonia de galets et de tuiles liés à la terre impose sans doute des structures plus massives que le grand appareil de pierre. Les grandes dimensions des tours invitent malgré tout à les dater au plus tôt dans la deuxième moitié du IV$^{e}$ s.

La présence de mortier de chaux en parement et dans les escaliers d'accès au chemin de ronde est un élément chronologique d'autant plus difficile à apprécier qu'il peut avoir été ajouté dans un second temps: il se pourrait que les parements en nid d'abeille avec plaques de schiste aient été d'abord visibles, et que les marches d'escalier (d'abord en bois?) aient été refaites en briques cuites seulement au III$^{e}$ s. [38].

On hésitera également à tirer des arguments chronologiques du nombre des poternes, faute d'exploration suffisante, et de l'espacement des tours, pour lequel nous manquons de comparaisons régionales. Aucune des enceintes grecques de Calabre (Locres, Crotone, Reggio, Hipponion) n'est en effet aujourd'hui suffisamment bien connue et datée pour autoriser des comparaisons typologiques.

---

[36] A. McNicoll, dans *Fortification*, fig. 155.

[37] La superficie maximale des tours en Occident dépasse rarement 80 m$^{2}$, même dans les grandes enceintes de Pæstum (III$^{e}$ s.?) ou de Pompéi (II$^{e}$ s.); signalons simplement les tours de la porte de Rome à Marseille (fin du II$^{e}$ s., 100 m$^{2}$; cf. G. Hallier, dans *Fortification*, p. 251 sqq.) et celles de la Porta Trapani à Lilybée (IV$^{e}$ s.?, 190 m$^{2}$; cf. C. A. Di Stefano, dans *Sicilia Archeologica*, XIII, 43, 1980, p. 12).

[38] Sur la question du mortier de chaux, cf. Garlan 1974, p. 330-331. Le mortier de Kaulonia n'a pas encore été analysé. Des deux hypothèses envisagées: enduit d'origine (*supra*, p. 19) ou ajouté dans un second temps (*supra*, p. 150), entre lesquelles il est impossible de trancher, la seconde pourrait cependant trouver confirmation dans les fouilles récentes (1988). Les murs d'habitat, qui utilisent généralement des calages de briques et de tuiles, présentent, en façade sur la rue principale, des calages en plaques de schiste, sans enduit, ce qui pourrait en effet conférer à cette technique une valeur esthétique...

### *5.9.4. Les réfections*

La fortification hellénistique a subi de nombreux remaniements ponctuels ou plus importants. Les remaniements ponctuels sont la probable réfection de la toiture de la tour D avec les tuiles au timbre osque, le bouchage d'une brèche dans la courtine à l'est de la tour et la mise hors service de l'égout E1, le bouchage des poternes A et IX bis, la réduction à l'état de poterne de la porte nord-ouest et la fermeture de l'avant-cour par un *proteichisma*. Ces remaniements peuvent être très tardifs et dater seulement de la dernière phase de la muraille, sans doute lors de la deuxième guerre punique.

Il est possible que certains secteurs de la muraille hellénistique appartiennent à une autre phase de construction. Orsi avait ainsi noté que le mur intérieur de la Piazzetta venait s'appuyer contre l'enduit du parement interne du mur extérieur, sans aucune liaison [39]. La technique de construction est analogue et l'intervalle de temps peut être assez bref, mais la présence de deux phases distinctes paraît assurée. La question se repose en termes plus graves avec le *diateichisma* qui sépare la ville de la «néapolis méridionale», et dont on a vu plus haut (p. 132) qu'il était arasé par un quartier de la ville hellénistique. Mais c'est un aspect qu'il convient d'envisager plus largement dans le cadre du plan d'urbanisme de l'habitat hellénistique.

---

[39] Orsi 1914, col. 733 et fig. 17.

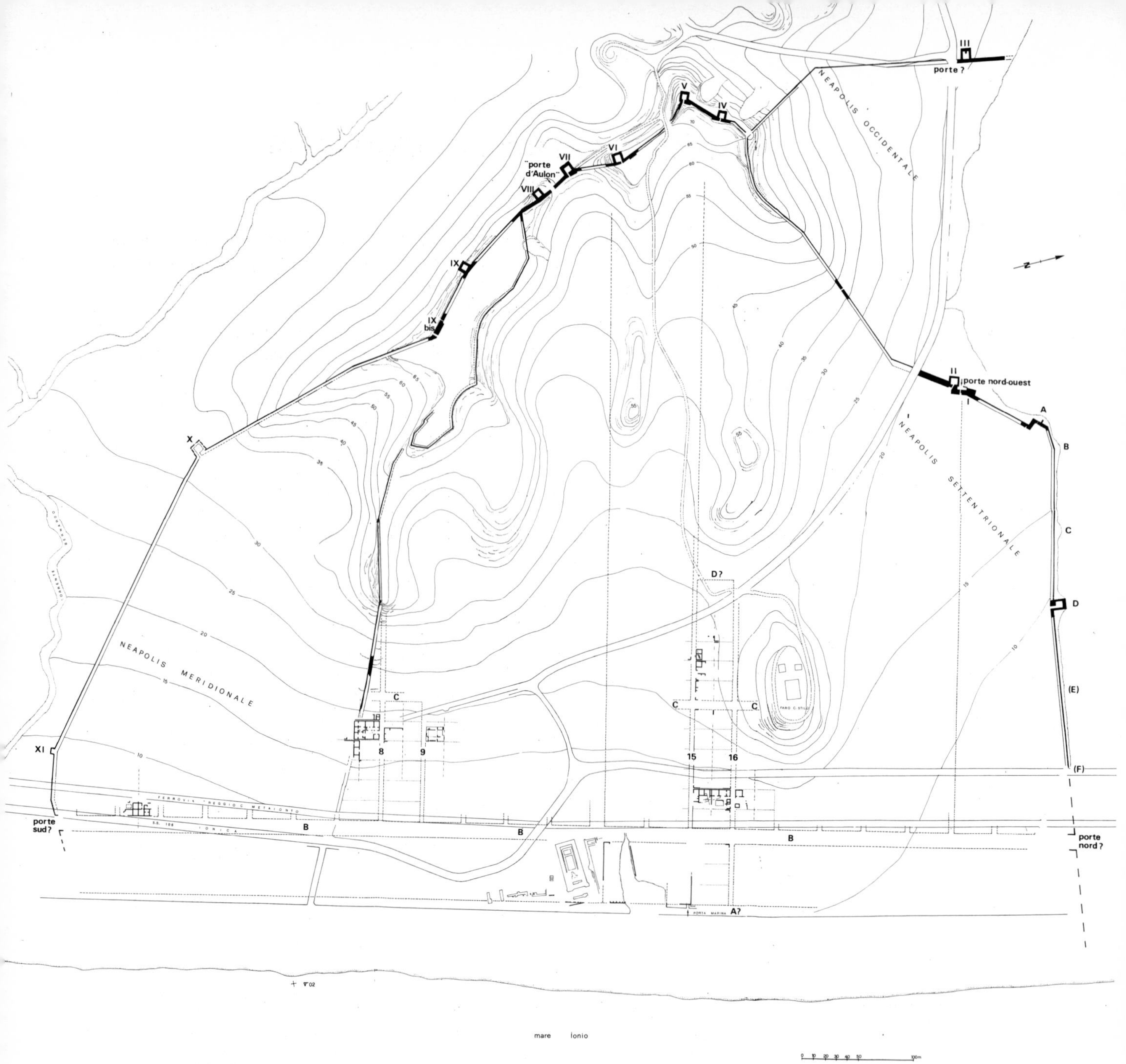


Fig. 81. Schéma du réseau des rues d'époque hellénistique, avec emplacement des portes, d'après IANNELLI-RIZZI 1986, pl. I, éch. 1:5000; B, C: platéiai nord-sud; 8, 9, 15, 16: sténopoi est-ouest.

# 6. FORTIFICATIONS ET URBANISME

## 6.1. LE PLAN D'URBANISME (fig. 81)

Les découvertes récentes sur l'urbanisme de Kaulonia ont été présentées ailleurs [1]; on se bornera ici à les résumer succinctement.

Même si nous ne disposons pas encore de données archéologiques précises qui permettent de dater le plan régulier de la ville hellénistique, il est assurément postérieur à 389. Une grande rue appelée B ( = pI) [2], large de 14 m environ, traverse toute la ville du nord au sud; elle représente le tronçon urbain de la route côtière Crotone-Locres. Une autre rue nord-sud, C ( = pII), a été repérée plus à l'ouest; large de 6,90 m environ, elle vient buter au nord sur la colline du phare. L'étude des photographies aériennes permet d'envisager l'existence de deux autres rues nord-sud, non encore repérées au sol: une rue A longeant l'enceinte, et une rue D contournant la colline du phare par l'ouest.

Trois rues est-ouest ont été fouillées. Au sud du phare, bordant la Casa del Drago, deux rues larges de 4 m à 4,20 m sont espacées de 35 m. Cet espacement minimum donne le nombre maximum possible des rues est-ouest et permet dès à présent de les numéroter 15 ( = sIII) et 16 ( = sII). La rue 8 ( = sI) a été fouillée par Orsi au sud du site. La longueur des îlots atteint 105 m entre les rues B et C, sans doute 52,50 m entre B et A.

Ce plan semble parfaitement régulier en l'état actuel de l'exploration, et couvre toute la zone archéologique. Il suppose une maille d'îlots de 35 m x 105 m (100′ x 300′) et un entraxe normal des rues est-ouest de 39,20 m environ (112′). Mais il est probable que certaines rues est-ouest étaient plus larges, ce qui devrait entraîner quelques irrégularités que l'on ne peut apprécier pour l'instant.

L'examen des photographies aériennes et des cadastres modernes avait conduit G. Schmiedt et R. Chevallier [3] à postuler, au moins dans la partie sud du site, des îlots à peu près carrés de 55 à 56 m de côté à l'axe des rues. Faute de fouilles étendues dans ce secteur, on ne sait pas s'il s'agit d'un système différent (cela paraît peu probable) ou d'une mauvaise interprétation des données visibles. On observera en effet que la largeur d'un îlot (35 m) augmentée d'une rue (4 m) et d'un demi-îlot (17,50 m) donnent 56,50 m: il se pourrait alors que les traces visibles correspondent parfois non pas à des rues mais à des axes médians d'îlots servant de murs de terrassement et laissant ainsi leur trace dans le plan cadastral.

Il apparaît de toute manière que le rythme des tours sur le front nord (entraxe de 140 c ou 210′, courtines de 120 c ou 180′) n'entretient pas de rapport direct avec celui du plan d'urbanisme, et que toute coïncidence entre l'emplacement d'une tour et

---

[1] IANNELLI-RIZZI 1986, où l'on trouvera une bibliographie que nous ne reprenons pas ici; H. TRÉZINY, *RA*, 1988, p. 205-212.

[2] On a dans un premier temps numéroté les rues larges nord-sud (ou *platéiai*) et les rues étroites (ou *sténopoi*) dans l'ordre de leur découverte (IANNELLI-RIZZI 1986, pl. I). Ayant à présent une vision plus claire du plan d'urbanisme, on préfèrera numéroter chaque rue est-ouest du sud au nord, en supposant un espacement constant de 35 m. Les rues nord-sud seront désignées par des lettres, A étant réservé pour une rue supposée en bordure de l'enceinte de front de mer. Chaque îlot sera alors désigné par la lettre de la rue nord-sud immédiatement à l'est et le numéro de la rue est-ouest immédiatement au nord. On rappellera entre parenthèses les anciennes dénominations.

[3] SCHMIEDT-CHEVALLIER 1959, p, 19-20.

l'axe d'une rue (comme c'est peut-être le cas pour la tour D et la rue D) relèverait d'un pur hasard.

Il est raisonnable de penser que les principales portes de la muraille sont également dans l'axe des rues principales. On attend donc deux grandes portes au nord et au sud, dans l'axe de la rue B. Elles ne pourront sans doute jamais être fouillées puisque la porte sud est actuellement sous l'habitat moderne. Quant à la porte nord, les fouilles commencées en 1986 dans l'angle nord-est de l'habitat suggèrent que l'échancrure visible au sud du point F (fig. 1, 16 et fig. 81) a été causée par les crues du fleuve Assi: la muraille a donc été complètement démantelée, et la porte aura subi le même sort. Il se peut aussi que la «Porte d'Aulon» se trouve au débouché d'un axe est-ouest plus important, entrevu par G. Schmiedt et R. Chevallier sur les photographies aériennes, et qui aboutirait au sanctuaire en bordure de mer.

On sait encore trop peu de l'urbanisme et des fortifications pré-dionysiens pour en comprendre l'articulation. Il est certain que le plan d'urbanisme était différent, sans doute hétérogène et divisé en plusieurs quartiers (trois?), ayant chacun son orientation. Ainsi, les axes de circulation intra-urbains n'étaient sans doute pas les mêmes qu'à l'époque hellénistique, mais cela ne veut pas dire obligatoirement que l'emplacement des portes a changé, puisque les grands axes extra-urbains (route de Crotone au nord, de Locres au sud, de l'intérieur au nord-ouest) devaient être à peu près fixes. Nous avons ainsi suggéré plus haut que la porte nord-ouest pouvait être le remaniement à époque hellénistique d'une porte plus ancienne dont ne subsisterait que la tour I.

## 6.2. L'EXTENSION DE LA VILLE

Rappelons qu'Orsi distinguait trois *neapolis*: *settentrionale*, *occidentale* (en fait nord-ouest) et *meridionale*. La *neapolis settentrionale* n'existe guère, sauf à entendre par là l'extension au VI$^{e}$ s. de l'habitat primitif qui se cantonnait peut-être à la colline du phare et à la région Castellone, au sud du phare. La première enceinte connue, datable au VI$^{e}$ s., entourait déjà le quartier au nord du phare, remontait sans doute vers le *colle A*; elle devait logiquement englober la Piazzetta d'où elle redescendait vers le front de mer, comprenant ou non la *neapolis meridionale*.

Le mur du V$^{e}$ s. ne fait sans doute que moderniser celui du VI$^{e}$ s., et rien ne permet de penser qu'il ne suivait pas le même tracé. Si l'égout E2, au-dessous de la tour D, se trouve bien, comme nous l'avons suggéré (p. 40), dans l'axe d'une petite rue de la ville classique, on aurait là une illustration des rapports qui peuvent s'instaurer à cette époque entre système défensif et plan d'urbanisme.

Lors de la reconstruction de la ville et de l'enceinte au IV$^{e}$ s., le tracé primitif de la muraille s'impose encore: le mur nord assurément, celui qui monte vers le *colle A* sans doute, le mur de front de mer peut-être reprennent le tracé ancien, réutilisant la ligne de défense naturelle. Mais il n'en va pas de même dans tous les secteurs de la ville.

La muraille nord-ouest délimite une *neapolis occidentale* qui n'existait probablement pas dans la ville classique, et dont nous ignorons si elle correspond à un nouveau quartier d'habitation, à un enclos pour les troupeaux, à un simple glacis défensif. L'ancien tracé de l'enceinte n'est pas abandonné pour autant: la fortification primitive, on l'a vu, est réutilisée, doublée, la porte nord-ouest réaménagée par la construction de la tour II et de l'avant-cour. Mais on ignore comment la muraille externe venait se raccorder vers l'est au mur principal. On peut imaginer théoriquement quatre dispositifs:

a) le mur nord-ouest va jusqu'au fleuve, sans se raccorder au mur principal. Il aurait alors pour but de protéger l'accès au fleuve, selon un principe qui n'a guère d'équivalents dans le monde grec (mur du Phalère?), mais qui permettrait à Kaulonia de pallier l'absence de sources et de puits *intra muros*.

b) le mur longe le fleuve jusqu'à la mer, servant de digue et doublant l'enceinte principale. On voit mal l'intérêt d'un tel dispositif, fragile et extrêmement coûteux.

c) il revient vers le sud-est en se refermant sur l'enceinte principale au sud de la porte, et contraignant la route à se décaler vers le nord, en suivant le pied de la nouvelle muraille sur près de 300 m; cette solution, intéressante sur le plan défensif, a l'inconvénient d'obliger la route à se rapprocher du fleuve, c'est-à-dire sans doute de la rendre impraticable une partie de l'année.

d) le mur se referme sur l'enceinte principale au nord de la porte, entre les tours I et A, dans un secteur qui n'a sans doute pas été exploré par Orsi. Cette solution, qui paraît la plus probable, attend une confirmation archéologique.

La *neapolis meridionale* fait davantage difficulté, et on ne peut, faute de sondages récents dans cette région, que rappeler l'état de la question. Deux murs, construits dans l'appareil habituel de la fortification hellénistique, descendent de la Piazzetta vers la mer, l'un à l'extérieur, longeant le torrent Bernardo, l'autre à l'intérieur, arasé lors de la construction d'un îlot hellénistique [4]. Les observations d'Orsi, complétées par la fouille de maisons dans la propriété Guarnaccia (fig. 1, 13), confirment que la ville hellénistique du IIIe s. s'étendait bien dans la *neapolis meridionale*. Mais en allait-il de même au IVe s.? au Ve s.?

Techniquement, il est improbable que le mur intérieur qui utilise massivement la tuile, date du Ve s., même s'il est possible qu'il reprenne un tracé plus ancien auquel pourrait appartenir l'égout fouillé par Orsi. On admettra donc que ce mur représente la limite sud d'une première ville hellénistique, agrandie dans un second temps jusqu'au torrent Bernardo.

## 6.3. Conclusion

On appréciera la complexité des problèmes, et l'ampleur du chemin qui reste à parcourir avant de pouvoir dater précisément les diverses phases de la fortification. Aussi bien notre ambition, dans ce premier fascicule de la publication des fouilles récentes de Kaulonia, n'était pas de donner des réponses définitives, mais de présenter un état de la question. Nous savons à présent que la cité de Kaulonia était dotée de fortifications dès l'époque archaïque, que cette première enceinte, sans doute remaniée au cours du Ve s., n'a pas résisté aux assauts de Denys en 389. La prise de la ville est un épisode important, qui a dû entraîner un certain hiatus dans l'existence de la cité, sans interrompre obligatoirement toute occupation humaine.

La ville a dû être refondée vers le milieu ou dans la deuxième moitié du IVe s., et c'est sans doute de cette époque que datent le plan d'urbanisme et la plus grande partie de l'enceinte, tour D comprise. La nouvelle Kaulonia n'est pas une humble bourgade, comme on l'a parfois écrit à la suite d'Orsi [5], mais une ville prospère, que de nouveaux épisodes militaires, comme sa «destruction» par les Campaniens de Reggio vers 275 [6], ne semblent pas affecter outre mesure. On peut être tenté d'attribuer à cette période certaines des réfections de l'enceinte, ainsi que des contacts plus étroits avec les populations osques (tuiles et briques timbrées, monnaies des Brettii). Mais l'existence de grandes maisons à mosaïques comme la Casa del Drago, vers le milieu du siècle, montre que la ville conserve sa prospérité jusqu'à la tourmente de la deuxième guerre punique.

---

[4] Orsi 1914, col. 732, 735-740.

[5] Orsi 1914, col. 826; Tomasello 1972, p. 643; voir déjà à ce propos l'observation de G. Foti, *Tarente 1977*, p. 461.

[6] Pausanias VI, 3, 1.

# Addenda (novembre 1989)

Ce manuscrit était achevé pour l'essentiel en Décembre 1987; on a tenu compte cependant des résultats de la campagne 1988 sur l'habitat, et on trouvera ci-dessous quelques références à la bibliographie plus récente.

Dans l'étude du matériel, nous n'avons pu faire état des volumes sur *Locri Epizefiri* II e III, parus en 1989 à Florence sous la direction de M. Barra Bagnasco. Les parallèles sont évidemment nombreux et instructifs, notamment pour les amphores, la céramique commune et les vases de cuisine. Signalons particulièrement les trépieds à décor de silène (notre n. 352, p. 73, et fig. 53, p. 77 ∼ *Locri Epizefiri* III, p. 9 et n. 29, pl. II, 2), le thymiatérion en forme de fleur (n. 358, p. 79 et fig. 54, p. 78 ∼ *Locri* III, p. 38, n. 196 et pl. VIII, 3).

Nous faisons référence p. 59 à une communication dans un colloque dont les actes sont parus depuis:

J. Fernandez Jurado et P. Cabrera Bonet, *Comercio griego en Huelva a fines del siglo V. a.C.*, dans *Grecs et Ibères au IV$^{e}$ s. av. J.-C. Commerce et iconographie*, Actes de la table ronde de Bordeaux (1986), *Revue des Etudes Anciennes*, 89, 1987, 3-4 (∼ Publications du Centre Pierre-Paris, 19), p. 149-156 et fig. 1-3.

Les timbres sur tuiles de Lipari (*supra*, p.110 sqq.) ont été republiés par M. Cavalier et A. Brugnone, *I bolli delle tegole della necropoli di Lipari*, dans *Kokalos*, 32, 1986, p. 182-281. Il y a peu à dire sur les timbres du V$^{e}$ s. (*supra*, p. 111, n. 2 à 4 et 14), dont A. Brugnone (p. 267 sqq.) signale l'existence à Kaulonia sans en tirer de conséquence. Le timbre «osque» (*supra* fig. 69q) que nous lisons *VEKY* ou mieux *VEKL* est interprété par A. Brugnone (p. 239, n. 71) comme la transcription grecque du latin *Secundus*: le premier signe serait alors un sigma lunaire «angulaire», le dernier la transcription par *Y* du *U* latin. Les exemples cités présentent parfois un sigma lunaire normal, ou un sigma à quatre branches, mais jamais le sigma angulaire. D'autre part, les transcriptions grecques de *Secundus* sont toujours *Sekoundos* ou *Sekondos*, jamais **Sekyndos*. Nous conserverons donc une lecture «osque» du document, même si la date proposée pour la tombe (fin du II$^{e}$ s.) paraît bien basse.

Y. Grandjean (*Recherches sur l'habitat thasien à l'époque grecque, Études Thasiennes XII*, 1988, p. 264-265 et pl. 83) publie sous les numéros de catalogue 172 à 180 des instruments de terre cuite qu'il considère comme des supports culinaires, provenant de l'habitat. Ces vases semi-circulaires, qui devaient être utilisés par paires, permettent sans doute de reconstituer les «vases-supports» de Kaulonia (*supra*, p. 81 et fig. 55). Le fait que les supports de Kaulonia, comme ceux (inédits) de Mégara Hyblæa, proviennent d'un contexte de fours ne contredit pas l'interprétation d'Y. Grandjean. Les supports servaient sans doute à poser des vases de cuisine sans pied à fond arrondi (*chytrai*, etc...), mais pouvaient être utilisés également dans les fours pour supporter une pile de vases. La même ambivalence peut-elle rendre compte des «supports-tuyères de four», étudiés également par Grandjean (*supra*, p. 90, n. 464)? Cf. également *Locri Epizefiri* III, p. 27 et pl. VI, 5 et 6.

# Annexe

Correspondance entre les numéros de catalogue et les numéros d'inventaire

| nº catalogue | figure | nº d'inventaire | nº catalogue | figure | nº d'inventaire |
|---|---|---|---|---|---|
| 1 | 28 | (casa del Drago) | 35 | 30 | 609.20.2 |
| 2 | 28 | 640.20.1 | 36 | 30 | 672.27.3 |
| 3 | 28 | 641.18.5 | 37 | 30 | 643.47.296 |
| 4 | 28 | 642.44.270 | 38 | 30 | 609.13.14 |
| 5 | 28 | 640.20.2 | 39 | 30 | 609.26.1 |
| 6 | 28 | 640.16.11 | 40 | 30 | 609.26.3 |
| 7 | 28 | 609.9.1 | 41 | 30 | 641.35.320 |
| 8 | 28 | 609.16.6 | 42 | 30 | 672.24.1 |
| 9 | 28 | 640.15.4 | 43 | 30 | 640.15.1 |
| 10 | 28 | 640.17.12 | 44 | 30 | 609.20.3 |
| 11 | 28 | 609.27.5 | 45 | 30 | 641.80.522 |
| 12 | 28 | 609.21.1 | 46 | 30 | 609.8.4 |
| 13 | 28 | 609.28.3 | 47 | 30 | 609.15.2 |
| 14 | 28 | 641.77.536 | 48 | 30 | 609.20.1 |
| 15 | 28 | 609.27.2 | 49 | 30 | 609.16.151 |
| 16 | 28 | 641.35.32B | 50 | 30 | 640.15.10 |
| 17 | 28 | 640.20.3 | 51 | 30 | 672.20.13 |
| 18 | 28 | 643.38.242 | 52 | 30 | 672.21.6 |
| 19 | 28 | 609.8.7 | 53 | 30 | 640.16.1 |
| 20 | 28 | 609.25.1 | 54 | 30 | 609.17.5 |
| 21 | 29 | 641.18.6 | 55 | 30 | 609.17.6 |
| 22 | 29 | 609.16.1 | 56 | 30 | 672.20.17 |
| 23 | 29 et 33 | 609.23.6 | 57 | 31 | 641.18.12 |
| 24 | 29 | 609.16.4 | 58 | 31 | 641.63.406 |
| 25 | 29 | 609.17.4 | 59 | 31 | 641.31.222 |
| 26 | 29 | 609.12.2 | 60 | 31 | 640.57.377 |
| 27 | 29 | 640.15.5 | 61 | 31 | 672.6.11 |
| 28 | 29 | 609.16.3 | 62 | 31 | 643.59.443 |
| 29 | 29 | 609.16.2 | 63 | 31 | 609.27.4 |
| 30 | 29 | 609.15.3 | 64 | 31 | 609.27.3 |
| 31 | 29 | 609.26.2 | 65 | 31 | 609.22.3 |
| 32 | 29 | 672.22.2 | 66 | 32 | 672.31.5 |
| 33 | 29 | 609.13.10 | 67 | 32 | 640.17.19 |
| 34 | 30 | 609.23.1 | 68 | 32 | 640.31.1 |

| nº catalogue | figure | nº d'inventaire | nº catalogue | figure | nº d'inventaire |
|---|---|---|---|---|---|
| 69 | 32 | 609.13.3 | 109 | 36 | 641.62.395 |
| 70 | 32 | 609.16.7 | 110 | 36 | 641.64.422 |
| 71 | 32 | 640.20.4 | 111 | 36 | 640.3.3 |
| 72 | 32 | 609.8.8 | 112 | 36 | 643.29.310 |
| 73 | 32 | 672.13.11 | 113 | 36 | 640.75.514 |
| 74 | 32 | 609.16.8 | 114 | 36 | 641.84.545 |
| 75 | 32 | 643.59.441 | 115 | 36 | 643.56.372 |
| 76 | 32 | 609.19.4 | 116 | 36 | 672.22.1 |
| 77 | 32 | 609.8.3 | 117 | 36 | 640.6.12 |
| 78 | 32 | 609.12.3 | 118 | 36 | 672.20.31 |
| 79 | 32 | 643.56.374 | 119 | 36 | 640.6.12 |
| 80 | 33 | 609.13.12 | 120 | 36 | 672.15.2 |
| 81 | 33 | 609.20.4 | 121 | 36 | 672.17.2 |
| 82 | 33 | 609.21.2 | 122 | 36 | 643.26.204 |
| 83 | 33 | 609.27.1 | 123 | 36 | 643.36.330 |
| 84 | 32 et 33 | 609.8.2 | 124 | 36 | 643.52.362 |
| 85 | 33 | 609.12.4 | 125 | 36 | 672.17.13 |
| 86 | 34 | 672.20.19 | 126 | 36 | 609.9.6 |
| 87 | 34 | 643.39.253 | 127 | 36 | 671.4.5 |
| 88 | 34 | 671, sp | 128 | 36 | 672.17.21 |
| 89 | 34 | 672.17.42 | 129 | 36 | 641.64.429 |
| 90 | 34 | 671.3.4 | 130 | 36 | 643.44.276 |
| 91 | 34 | 671.2.3 | 131 | 36 | 643.32.229 |
| 92 | 34 | 672.20.28 | 132 | 36 | 641.81.524 |
| 93 | 34 | 672.20.15 | 133 | 37 | 671.2.10 |
| 94 | 34 | 671, sp | 134 | 37 | 672.14.1 |
| 95 | 34 | 609.13.14 | 135 | 37 | 643.29.309 |
| 96 | 34 | 671.5.1 | 136 | 37 | 609.7.27 |
| 97 | 35 | 641.78.518 | 137 | 37 | 609.6.13 |
| 98 | 35 | 672.10.3 | 138 | 37 | 641.65.454 |
| 99 | 35 | 609.22.2 | 139 | 37 | 672.17.10 |
| 100 | 35 | 640.3.6 | 140 | 37 | 641.50.344 |
| 101 | 35 | 609.22.1 | 141 | 37 | 672.10.2 |
| 102 | 35 | 643.66.469 | 142 | 37 | 643.38.243 |
| 103 | 35 | 672.17.9 | 143 | 37 | 671.2.39 |
| 104 | 35 | 643.46.281 | 144 | 37 | 640.2.3 |
| | | et 609.9.4 | 145 | 37 | 672.17.5 |
| 105 | 35 | 672.2.51 | 146 | 37 | 643.26.205 |
| 106 | 36 | 672.15.1 | 147 | 37 | 643.44.272 |
| 107 | 36 | 672.15.10 | 148 | 37 | 641.50.347 |
| 108 | 36 | 609.8.5 | 149 | 37 | 672.17.16 |

| nº catalogue | figure | nº d'inventaire | nº catalogue | figure | nº d'inventaire |
|---|---|---|---|---|---|
| 150 | 37 | 640.6.17 | 191 | 40 | 643.56.375 |
| 151 | 37 | 609.4.1 | 192 | 40 | 640.6.6 |
| 152 | 37 | 672.9.4 | 193 | 40 | 641.49.298 |
| 153 | 37 | 704.1.1 | 194 | 40 | 609.9.10 |
| 154 | 38 | 671.2.1B | 195 | 40 | 609.7.1 |
| 155 | 38 | 640.16.2 | 196 | 40 | 609.sp.1 |
| 156 | 38 | 671.2.2B | 197 | 40 | 609.8.17 |
| 157 | 38 | 671.29 | 198 | 40 | 641.77.534 |
| 158 | 38 | 671.2.7 | 199 | 40 | 642.20.95 |
| 159 | 38 | 671.3.6 | 200 | 40 | 643.56.371 |
| 160 | 38 | 671.2.11 | 201 | 40 | 672.5.15 |
| 161 | 38 | 640.22.1 | 202 | 41 | 643.77.529 |
| 162 | 38 | 643.66.4631 | 203 | 41 | 671.2.17 |
| 163 | 38 | 609.8.6 | 204 | 41 | 641.77.233 |
| 164 | 39 | 643.36.335 | 205 | 41 | 641.85.548 |
| 165 | 39 | 641.21.1 | 206 | 41 | 672.28.3 |
| 166 | 39 | 643.72.497 | 207 | 41 | 608.1.2 |
| 167 | 39 | 640.76.517 | 208 | 41 | 640.10.5 |
| 168 | 39 | 640.75.510 | 209 | 40 | 672.21.2 |
| 169 | 39 | 704.1.2 | 210 | 41 | 671.2.16 |
| 170 | 39 | 672.12.2 | 211 | 41 | 671.2.32 |
| 171 | 39 | 609.7.30 | 212 | 41 | 641.31.217 |
| 172 | 39 | 640.75.511 | 213 | 41 | 672.8.8 |
| 173 | 39 | 671.2.15 | 214 | 41 | 672.5.14 |
| 174 | 39 | 609.9.2 | 215 | 41 | 643.67.479 |
| 175 | 39 | 672.20.12 | 216 | 41 | 640.13.2 |
| 176 | 39 | 643.29.308 | 217 | 41 | 609.7.17 |
| 177 | 39 | 609.5.4 | 218 | 41 | 609.8.11 |
| 178 | 39 | 640.5.2 | 219 | 41 | 607.7.181 |
| 179 | 39 | 640.75.512 | 220 | 41 | 643.67.281 |
| 180 | 39 | 643.32.231 | 221 | 41 | 609.7.17 |
| 181 | 39 | 643.51.355 | 222 | 41 | 672.9.10 |
| 182 | 39 | 643.44.273 | 223 | 41 | 672.9.8 |
| 183 | 39 | 640.8.1 | 224 | 41 | 672.5.1 |
| 184 | 39 | 640.75.515 | 225 | 42 | 609.22.5 |
| 185 | 39 | 642.19.90 | 226 | 42 | 672.30.2 |
| 186 | 40 | 672.6.9 | 227 | 42 | 609.20.2 |
| 187 | 40 | 609.6.5 | 228 | 42 | 641.63.408 |
| 188 | 40 | 609.9.17 | 229 | 42 | 672.20.22 |
| 189 | 40 | 640.6.1 | 230 | 42 | 609.9.19 |
| 190 | 40 | 609.9.11 | 231 | 42 | 672.17.46 |

| nº catalogue | figure | nº d'inventaire |
|---|---|---|
| 232 | 42 | 671.2.23 |
| 233 | 42 | 640.15.4 |
| 234 | 42 | 641.23.4 |
| 235 | 42 | 640.6.8 |
| 236 | 42 | 671.2.36 |
| 237 | 42 | 641.62.387 |
| 238 | 42 | 643.54.365 |
| 239 | 42 | 672.5.11 |
| 240 | 42 | 671.17.47 |
| 241 | 42 | 671.2.24 |
| 242 | 42 | 641.64.425 |
| 243 | 42 | 672.4.3 |
| 244 | 42 | 609.7.21 |
| 245 | 42 | 643.66.473 |
| 246 | 42 | 609.713 |
| 247 | 43 | sp |
| 248 | 43 | 641.58.382 |
| 249 | 43 | 641.62.386 |
| 250 | 43 | 608.1.1 |
| 251 | 43 | 671.2.35 |
| 252 | 43 | 672.10.8 |
| 253 | 43 | 643.32.224 |
| 254 | 43 | 671.2.18 |
| 255 | 43 | 641.64.426 |
| 256 | 44 | 643.56.259 |
| 257 | 44 | 640.5.4 |
| 258 | 44 | 642.21.96 |
| 259 | 44 | 640.88.552 |
| 260 | 44 | 672.20.23 |
| 261 | 44 | 641.85.547 |
| 262 | 44 | 640.13.6 |
| 263 | 44 | 672.2.2 |
| 264 | 45 | 609.17.2 |
| 265 | 45 | 609.13.5 |
| 266 | 45 | 672.17.48 |
| 267 | 45 | 643.47.292 |
| 268 | 45 | 641.62.388 |
| 269 | 45 | 641.62.398 |
| 270 | 45 | 641.31.214 |
| 271 | 45 | 672.15.4 |
| 272 | 45 | 609.9.16 |

| nº catalogue | figure | nº d'inventaire |
|---|---|---|
| 273 | 45 | 671.2.27 |
| 274 | 45 | 672.9.11 |
| 275 | 45 | 641.62.389 |
| 276 | 45 | 641.18.91 |
| 277 | 45 | 640.16.8 |
| 278 | 45 | 640.17.14 |
| 279 | 45 | 672.24.5 |
| 280 | 45 | 672.23.5 |
| 281 | 45 | 672.24.3 |
| 282 | 45 | 641.62.392 |
| 283 | 45 | 609.7.7 |
| 284 | 46 | sp |
| 285 | 46 | 640.2.4 |
| 286 | 46 | 643.47.296 |
| 287 | 46 | 643.29.307 |
| 288 | 46 | 672.20.27 |
| 289 | 46 | 643.29.312 |
| 290 | 46 | 643.73.499 |
| 291 | 46 | 672.17.27 |
| 292 | 46 | 643.51.357 |
| 293 | 46 | 671.2.14 |
| 294 | 46 | 643.66.476 |
| 295 | 46 | 671.4.2 |
| 296 | 46 | 672.5.17 |
| 297 | 46 | 641.64.37 |
| 298 | 46 | 643.45.343 |
| 299 | 46 | 671.2.30 |
| 300 | 46 | 643.67.480 |
| 301 | 46 | 643.69.491 |
| 302 | 47 | 672.23.2 |
| 303 | 47 | 672.20.9 |
| 304 | 47 | 640.15.16 |
| 305 | 47 | 672.17.44 |
| 306 | 47 | 672.13.10 |
| 307 | 47 | 640.15.1 |
| 308 | 47 | 643.38.248 |
| 309 | 47 | 609.4.5 |
| 310 | 47 | 672.17.29 |
| 311 | 47 | 641.65.452 |
| 312 | 47 | 641.65.450 |
| 313 | 47 | 641.65.451 |

| nº catalogue | figure | nº d'inventaire |
|---|---|---|
| 314 | 47 | 672.15.3 |
| 315 | 47 | 609.23.8 |
| 316 | 47 | 640.15.2 |
| 317 | 47 | 640.13.5 |
| 318 | 47 | 672.20.8 |
| 319 | 47 | 609.13.13 |
| 320 | 47 | 643.51.349 |
| 321 | 47 | 609.20.8 |
| 322 | 47 | 672.31.4 |
| 323 | 48 | 672.1740 |
| 324 | 48 | 672.29.5 |
| 325 | 48 | 643.36.329 |
| 326 | 48 | 641.63.409 |
| 327 | 48 | 672.31.8 |
| 328 | 48 | 640sp |
| 329 | 48 | 609.13.7 |
| 330 | 48 | 609.23.2 |
| 331 | 48 | 640.17.20 |
| 332 | 48 | 672.30.7 |
| 333 | 48 | 672.21.31 |
| 334 | 48 | 672.31.2 |
| 335 | 49 | 672.2.4 |
| 336 | 49 | 643.36.334 |
| 337 | 49 | 672.29.3 |
| 338 | 49 | 672.29.4 |
| 339 | 49 | 609.13.1 |
| 340 | 49 | 642.16.79 |
| 341 | 49 | 609.20.6 |
| 342 | 49 | 609.4.2 |
| 343 | 49 | 643.68.487 |
| 344 | 49 | 643.32.226 |
| 345 | 49 | 671.2.29 |
| 346 | 49 | 672.30.1 |
| 347 | 49 | 640.75.508 |
| 348 | 49 | 643.26.200 |
| 349 | 50 | 672.26.1 |
| 350 | 50 | 640.15.3 |
| 351 | 52 | 609.28.1 |
| 352 | 53 et 54 | 609.9.29 |
| 353 | 51 et 54 | sp |
| 354 | 51 | 643.47.297 |

| nº catalogue | figure | nº d'inventaire |
|---|---|---|
| 355 | 53 | 643.54.354 |
| 356 | 53 | 643.36.332 |
| 357 | 53 | 642.18.81 |
| 358 | 54 | 643.36.331 |
| 359 | 55 | 672.21.5 |
| 360 | 55 | 609.13.21 |
| 361 | 55 | 609.13.23 |
| 362 | 55 | 609.13.22 |
| 363 | 55 | 609.13.24 |
| 364 | 55 | 609.21.4 |
| 365 | 55 | 640.2.5 |
| 366 | 55 | 609.7.12 |
| 367 | 55 | 609.7.23 |
| 368 | 56 | 672.27.1 |
| 369 | 56 | 643.56.368 |
| 370 | 56 | 671.2.28 |
| 371 | 56 | 641.23.5 |
| 372 | 56 | 672.17.45 |
| 373 | 56 | 643.66.461 |
| 374 | 56 | 672.20.25 |
| 375 | 56 | 609.25.3 |
| 376 | 56 | 640.15.18 |
| 377 | 56 | 609.12.5 |
| 378 | 56 | 672.17.30 |
| 379 | 56 | 672.31.10 |
| 380 | 56 | 643.54.366 |
| 381 | 56 | 609.8.16 |
| 382 | 56 | 672.15.6 |
| 383 | 56 | 640.2.6 |
| 384 | 57 | 672.15.5 |
| 385 | 57 | 640.8.4 |
| 386 | 57 | 643.56.373 |
| 387 | 57 | 673.3.2 |
| 388 | 57 | 642.14.72 |
| 389 | 57 | 672.4.81 |
| 390 | 57 | 640.6.13 |
| 391 | 57 | 672.6.3 |
| 392 | 57 | 672.6.4 |
| 393 | 57 | 641.42.267 |
| 394 | 57 | 609.7.20 |
| 395 | 57 | 672.1.1 |

| nº catalogue | figure | nº d'inventaire | nº catalogue | figure | nº d'inventaire |
|---|---|---|---|---|---|
| 396 | 57 | 609.6.8 | 437 | 60 | 672.5.6 |
| 397 | 57 | 672.6.4 | 438 | 60 | 609.6.4 |
| 398 | 58 | 640.6.9 | 439 | 61 | 671.2.1A |
| 399 | 58 | 609.7.21 | 440 | 61 | 640.5.1 |
| 400 | 58 | 640.6.20 | 441 | 61 | 642.13.58 |
| 401 | 58 | 640.61.446 | 442 | 61 | 642.8.32 |
| 402 | 58 | 641.49.302 | 443 | 61 | 609.10.7 |
| 403 | 58 | 643.37.240 | 444 | 61 | 609.3.5 |
| 404 | 58 | 640.12.5 | 445 | 61 | 643.38.252 |
| 405 | 58 | 641.35.325 | 446 | 61 | 609.hs |
| 406 | 58 | 672.5.3 | 447 | 61 | 609.9.22 |
| 407 | 58 | 609.7.8 | 448 | 62 | 641.42.268 |
| 408 | 58 | 609.12.7 | 449 | 62 | 643.47.293 |
| 409 | 58 | 672.4.2 | 450 | 62 | 609.6.3 |
| 410 | 58 | 672.2.1 | 451 | 62 | 672.4.1 |
| 411 | 58 | 672.6.2 | 452 | 62 | 609.6.9 |
| 412 | 58 | 672.5.5 | 453 | 62 | 672.4.1 |
| 413 | 58 | 672.3.1 | 454 | 62 | 672.5.8 |
| 414 | 58 | 672.6.2B | 455 | 62 | 672.3.3 |
| 415 | 58 | 640.11.3 | 456 | 62 | 643.28.208 |
| 416 | 58 | 672.5.4 | 457 | 62 | 672.17.41 |
| 417 | 59 | 672.29.1 | 458 | 62 | 672.20.26 |
| 418 | 59 | 672.9.6 | 459 | 62 | 641.23.3 |
| 419 | 59 | 671.2.31 | 460 | 62 | 672.6.8 |
| 420 | 59 | 672.17.43 | 461 | 62 | 640.11.6 |
| 421 | 59 | 641.85.549 | 462 | 62 | 640.6.15 |
| 422 | 59 | 641.23.1 | 463 | 62 | 609.16.9 |
| 423 | 59 | 672.8.4 | 464 | 62 | 609.16.9 |
| 424 | 59 | 672.6.7 | 465 | 62 | 643.59.442 |
| 425 | 59 | 671.3.5 | 466 | 62 | 640.12.4 |
| 426 | 59 | 643.36.326 | 467 | 62 | 671.4.3 |
| 427 | 59 | 643.44.271 | 468 | 63 | 643.22.203 |
| 428 | 59 | 609.10.9 | 469 | 63 | 643.52.360 |
| 429 | 59 | 609.12.6 | 470 | 63 | 640.10.2 |
| 430 | 59 | 609.7.22 | 471 | 63 | 609.19.3 |
| 431 | 60 | 640.61447 | 472 | 63 | 671.3.1 |
| 432 | 60 | 640.11.5 | 473 | 63 | 640.3.2 |
| 433 | 60 | 609.8.15 | 474 | 63 | 641.35.318 |
| 434 | 60 | 640.6.14 | 475 | 63 | 641.58.475 |
| 435 | 60 | 640.6.16 | 476 | 63 | 643.69.493 |
| 436 | 60 | 609.9.25 | 477 | 63 | 640.15.7 |

| nº catalogue | figure | nº d'inventaire | nº catalogue | figure | nº d'inventaire |
|---|---|---|---|---|---|
| 478 | 63 | 609.sp.8 | 507 | 66 | 641.64.381 |
| 479 | 63 | 609.5.10 | 508 | 66 | 641.58.419 |
| 480 | 64 | 609.sp.9 | 509 | 66 | 641.62.403 |
| 481 | 64 | 640.5.6 | 510 | 66 | 671.2.19 |
| 482 | 64 | 672.20.3 | 511 | 66 | 641.62.400 |
| 483 | 64 | 609.4.6 | 512 | 66 | 641.64.415 |
| 484 | 64 | 640.sp.2 | 513 | 66 | 643.46.283 |
| 485 | 64 | 672.31.6 | 514 | 67 | 672.34.233 |
| 486 | 64 | 643.28.207 | 515 | 67 | 643.73.500 |
| 487 | 64 | 609.13.12 | 516 | 67 | 640.88.556 |
| 488 | 64 | 643.69.492 | 517 | 67 | 640.10.1 |
| 489 | 64 | 609.6.7 | 518 | 67 | 672.20.6 |
| 490 | 64 | 640.sp.3 | 519 | 67 | 672.20.1 |
| 491 | 64 | 609.16.1 | 520 | 67 | 640.12.1 |
| 492 | 65 | 642.5.23 | 521 | 67 | 643.52.363 |
| 493 | 65 | 643.52.359 | 522 | 67 | 672.5.9 |
| 494 | 65 | 641.62.401 | 523 | 67 | 672.2.3 |
| 495 | 65 | 643.29.305 | 524 | 68 | 641.42.269 |
| 496 | 65 | 609.10.10 | 525 | 68 | 641.25.304 |
| 497 | 65 | 641.64.417 | 526 | 68 | 640.8.2 |
| 498 | 65 | 672.20.4 | 527 | 68 | 643.36.328 |
| 499 | 65 | 609.sp.7 | 528 | 68 | 672.sp.1 |
| 500 | 65 | 640.3.1 | 529 | 68 | 671.2.33 |
| 501 | 65 | 640.88.55 | 530 | 68 | 640.6.5 |
| 502 | 65 | 642.21.112 | 531 | 68 | 609.9.21 |
| 503 | 65 | 671.3.21 | 532 | 68 | 609.1.2 |
| 504 | 65 | 609.2.2 | 533 | 70 | 641.41.260 |
| 505 | 66 | 671.3.3 | 534 | 70 | 672.34.1 |
| 506 | 66 | 672.29.7 | 535 | 70 | 643.29.25 |

# Table des illustrations

# TABLE DES MATIÈRES

Tip. F. Centenari - Roma - Via della Luce 32/A